安徽财经大学著作出版基金资助

RESEARCH ON THE CROSS-MARKET
SURVEILLANCE LEGAL SYSTEM OF
STOCK MARKET AND STOCK INDEX FUTURES MARKET

# 股票与股指期货
# 跨市场监管
# 法律制度研究

王小丽 著

法律出版社
LAW PRESS·CHINA

# 前　言

在现代市场经济体制中,金融是经济活动的核心,是经济运行的血脉。资本市场是金融体系中不可或缺的重要组成部分,而股票与股指期货市场更是资本市场的重中之重。我国多层次资本市场体系已经逐步建立和发展,在这种发展趋势下,不同市场的金融产品将不断推陈出新,随之而来的挑战之一就是跨市场金融风险的产生。资本市场内个别市场和个别金融机构的风险通过不同市场之间的交叉传递途径,扩散到其他市场乃至整个金融系统,进而引发系统性金融风险。股指期货市场是以股票价格指数为标的物的期货市场,与股票市场具有内在关联性,加之证券市场中的投资者行为尤其是投资者跨市场交易的违法违规行为,更会使股票和股指期货跨市场风险发生的可能性增大。综观我国证券市场,“立法不足”“监管失灵”等问题则是跨市场风险的隐患所在。因此,不仅是监管者,还包括被监管者必须积极行动起来,相互统筹,实施更好的监管。本书的主题就是探讨我国股票与股指期货跨市场监管法律制度的构建,以防范金融风险在股票市场和股指期货市场之间的传染,促进资本市场监管理念和监管方式的进一步改进,从而推动我国资本市场法治化的进程。

2010 年 4 月 16 日中国金融期货交易所正式推出沪深 300 股指期货合约,标志着我国资本市场随之迈进了金融衍生品时代。股指期货是从股票市场派生出来的金融衍生品市场,两者具有极高的关联性。股指期货是一把“双刃剑”,具有强大价格发现和风险管理功能的同时,其较高的资金杠杆作用也为资本市场增添了新的风险源,在给金融市场带来巨大财富的同时,也会给金融市场以梦魇般的毁灭。1987 年美国股灾就是鲜明例证。因此,建立股指期货和股票市场跨市监管法律制度机制具有重要的理论意义和现实意义。

时至今日,我国资本市场继续在法治化、市场化和国际化的道路上摸索前行,经济运行中存在的一些突出矛盾和问题,也依旧需要资本市场发挥优化资源配置、引导要素有序流动的重要渠道作用。资本市场运行整体稳定有序,但是风险依然并存。2013 年 8 月 16 日光大证券“乌龙指”事件出现,2015 年 6 月至 8 月我国股市经历惨烈暴跌,这些都表明不正当股票和股指期货跨市场交易行为的严重危害及其对资本市场的巨大冲击。2015 年股灾后监管机构对股指期货的限制不断加码,同年 9 月 2 日,中国金融期货交易所发布“一天 10 手交易、40% 保证金”的最严新规。2016 年 1 月 1 日正式实施熔断机制,不过由于引起资本市场极大波动,熔断机制被监管层紧急暂停。高风险呼唤强监管。此后,强化监管、防范风险意识更是始终贯穿于我国资本市场各项制度建设之中。2016 年证券监管机构加强对资本市场的全面监管、依法监管和从严监管,2017 年我国资本市场稳中求进,监管态势也更趋严厉。建立健全我国多层次资本市场体系的进程也是不断深化我国资本市场监管改革的过程。

本书主要遵循以下 3 条逻辑思路进行论述:第一,从理论阐述到制度建设;第二,从境外经验到中国借鉴;第三,在制度建设中从外部监管模式至自律监管模式再到不可或缺的内部风险控制模式。首先,对股票和股指期货跨市场监管制度进行追溯,有利于明晰跨市场监管制度产生的社会起因与理论缘由;其次,指出我国股指期货市场建立后,股票和股指期货跨市场交易的主体与行为及其特殊性,并论述了跨市场交易行为产生的风险,从而明确构建我国股票和股指期货跨市场监管法律制度的必要性;再次,剖析我国股票与股指期货跨市场交易风险的成因,有助于我国跨市场监管法律制度的有效建立和实施;最后,在考察分析海外发达国家与地区股票与股指期货跨市场监管法律制度以及结合我国证券市场实际状况的基础上,深入探讨我国股票和股指期货跨市场监管法律制度的构建。资本市场监管一直是古老而又常新的研究主题,股票与股指期货跨市场监管法律制度值得我们深入研究。本人在金融证券法领域知识有限,希望这本专著是我探索金融证券法领域的一个新起点,并在不断努力后,迈上金融证券法学术研究的新台阶。

# 目录


**第一章　股票与股指期货跨市场监管制度的历史追溯** / 001

第一节　股票市场的起源与发展 / 002

一、股票的起源 / 002

二、股票市场的发展 / 003

三、我国股票市场在全球股票市场中的地位 / 005

第二节　股指期货市场的产生与发展 / 006

一、股指期货的产生 / 006

二、国际股指期货市场的发展 / 007

三、国内股指期货市场的发展 / 009

第三节　股票和股指期货跨市场监管制度的根源 / 011

一、跨市场监管制度的社会起因——1987 年的美国股灾 / 012

二、跨市场监管制度的理论来源——《布雷迪报告》/ 014

三、市场暴跌后美国关于股票与期货市场联合监管的举措 / 015

四、跨市场监管制度的实践意义 / 016

第二章　股票和股指期货跨市场交易产生的风险及其成因 / 018

第一节　股票和股指期货跨市场交易的主体与行为方式 / 019

一、跨市场交易的主体 / 019

二、跨市场交易的行为方式 / 024

第二节　我国股票和股指期货跨市场交易可能产生的风险 / 026

一、股票和股指期货跨市场风险的界定 / 026

二、跨市场联合操纵的风险 / 028

三、跨市场恶意做空的风险 / 031

四、跨市场内幕交易的风险 / 032

五、跨市场过度投机的风险 / 035

第三节　我国股票和股指期货跨市场交易风险形成的内因 / 040

一、股指期货市场与股票市场的关联性 / 040

二、跨市场交易参与者促进了股指期货和股票市场之间的联系 / 042

三、我国沪深 300 股指期货市场与股票市场的关联性 / 043

第四节　我国股票和股指期货跨市场交易风险形成的外因 / 044

一、我国股票和股指期货市场立法的缺陷 / 044

二、我国股票和股指期货市场监管体系的不健全 / 048

三、我国股票和股指期货市场信息披露制度的不规范 / 056

四、我国股票和股指期货跨市场稳定机制的不足 / 058

五、我国机构投资者内部风险控制制度的不健全 / 060

第三章　股票和股指期货跨市场监管的价值目标和基本原则 / 063

第一节　我国股票和股指期货跨市场监管的价值目标 / 064

一、安全 / 065

二、效率 / 069

三、公平 / 072

四、秩序 / 076
第二节 我国股票和股指期货跨市场监管的基本原则 / 080
一、加强审慎监管、防范系统性风险的原则 / 082
二、保护投资者合法权益的原则 / 089
三、监管市场化的原则 / 093
四、协调监管的原则 / 096
五、外部监管与内部控制相结合的原则 / 099

**第四章 股票和股指期货跨市场信息披露监管法律制度** / 104
第一节 跨市场信息传导机制及信息披露监管的功能 / 105
一、股指期货市场存在条件下信息传导的特性 / 105
二、监管条件下跨市场信息传导的机制 / 106
三、信息披露监管对证券市场的影响 / 107
四、信息披露监管的功能 / 108
第二节 境外股票和股指期货跨市场信息披露监管法律制度的经验 / 111
一、境外跨市场防范内幕交易的立法 / 111
二、境外跨市场信息监管体制 / 113
第三节 我国股票和股指期货跨市场信息披露监管法律制度的完善 / 117
一、我国股票和股指期货跨市场信息披露法律制度的健全 / 117
二、我国股票和股指期货跨市场信息监管体制的构建 / 121

**第五章 股票和股指期货跨市场反操纵法律制度** / 129
第一节 境外主要成熟证券市场反操纵立法与监管制度的经验 / 130
一、境外主要成熟证券市场跨市场反操纵的立法与监管制度 / 130
二、境外主要成熟证券市场跨市场反操纵监管法律制度的评价 / 138

三、境外主要成熟证券市场跨市场反操纵监管法律制度对我国的启示 / 140
第二节　我国股票和股指期货跨市场反操纵立法与监管体制的完善 / 143
一、建立健全法律法规体系 / 143
二、改进政府监管 / 145
三、强化自律监管 / 147
第三节　我国股票和股指期货跨市场反操纵具体法律制度的完善 / 151
一、促进重大信息公开制度 / 151
二、完善投资者分类监管制度 / 151
三、严格限仓及大户持仓申报制度 / 152
四、强化分阶段监管制度 / 154

**第六章　股票和股指期货跨市场稳定机制** / 155
第一节　股票和股指期货跨市场稳定机制概述 / 156
一、熔断机制的概念 / 156
二、熔断机制的作用 / 158
三、熔断机制在我国证券市场中的实际效用 / 160
第二节　美国等境外主要成熟证券市场跨市场稳定机制的经验 / 165
一、美国证券市场的稳定机制 / 165
二、其他国家与地区证券市场的跨市场稳定机制 / 168
三、美国等境外主要成熟证券市场跨市场稳定机制的比较 / 169
第三节　我国股票与股指期货跨市场稳定机制的完善 / 171
一、结合我国证券市场的实际 / 171
二、树立科学合理的基本原则 / 173
三、建立健全跨市场断路器法律机制 / 175
四、加强证监会主导下监管机构之间的协同合作 / 177

五、发挥交易所的市场一线监管作用 / 180

**第七章 机构投资者内部风险控制制度** / 184

第一节 机构投资者成为我国股票和股指期货跨市场投资者结构主体的发展趋势 / 185

一、机构投资者发展的必要性 / 185

二、机构投资者发展的可行性 / 187

三、机构投资者发展的渐进性 / 189

第二节 机构投资者内部风险控制的不可或缺性 / 191

一、内部控制及其有效性基本理论 / 191

二、外部监管替代不了内部风险控制 / 193

三、基于契约理论的第三方治理失灵 / 193

四、机构投资者投资行为的失范性 / 195

第三节 我国机构投资者内部风险控制制度的建立健全 / 198

一、机构投资者内部风险控制的基本要求 / 198

二、机构投资者内部风险控制机制的完善 / 199

三、机构投资者内部风险控制具体制度的建立健全 / 205

**主要参考文献** / 209

一、中文著作 / 209

二、期刊论文 / 211

三、外文文献 / 216

**后 记** / 219

# 第一章 股票与股指期货跨市场监管制度的历史追溯

有机物的存在绝不定位于一个单纯的瞬间。在它的生命中,时间的3种样态——过去、现在和未来形成了一个不能被分割成若干个别要素的整体。[1] 凝聚着人类创新与智慧的股票和股指期货跨市场监管制度也有其产生、发展的过程。显然,股票和股指期货跨市场监管制度脱胎于股票市场和股指期货市场的存在与发展过程之中,没有股票市场和股指期货市场的源,便没有股票和股指期货跨市场监管制度的流。股指期货金融衍生品本身是有益于股票现货市场的,二者具有内在关联性,但是在监管缺位或者监管失灵的前提下,二者发展轨迹便不容易被人掌控,极易"误入歧途"。1987年10月的美国大股灾就是例证。也正因如此,人们充分意识到股票和股指期货市场的风险关联性,充分意识到股票和股指期货跨市场监管制度的必要性。因此,美国出台了一系列

---

〔1〕 参见[德]恩斯特·卡西尔:《人论》,甘阳译,上海译文出版社1985年版,第63页。

股票和股指期货市场联合监管的举措,标志着股票和股指期货跨市场监管制度的产生。

## 第一节 股票市场的起源与发展

### 一、股票的起源

#### (一)股份公司的出现

在人类社会分工日益发达趋势的影响下,自给自足的生产方式逐渐被社会化大生产所取代。此时,资本所有者尤其是中小资本所有者由于自身资本或借贷资本的局限性,难以满足社会化大生产下企业运行所需要的大量资本,由此产生了股份制和股份公司。

16 世纪的欧洲,由于进入采矿业和冶炼业需要巨额资金,所以这些行业通常由大资本集团所控制。为了与这些大资本集团相抗衡,众多中小资本所有者本着"利益共享、风险共担"的原则,通过股票(最初是股份证)的形式把社会上分散的资金迅速集中起来,投资建立股份公司,以实现生产的规模经营。尽管当时这样的股份公司数量和规模都极其有限,但可以认为这种民间分散经济实体的联合就是初级阶段股份公司的萌芽。

16 世纪末 17 世纪初,随着在英国和荷兰成立的海外外贸公司的成功经营和迅速发展,越来越多的企业群起效仿,股份公司大量涌现,此时,股份公司的鼎盛时期真正到来。至 1695 年,英国大约 100 家新股份公司成立。18 世纪下半叶的英国,开始了工业革命,原来的工场手工业被机器大生产逐渐取代。随着工业革命之势向其他国家和地区的蔓延,股份制在资本主义世界遍地开花。

19 世纪中叶,股份制逐步进入了美国主要经济领域,如筑路公司、运输公司等。至第一次世界大战结束时,美国制造业产值的绝大部分都是由股份公司所创造。[1] 19 世纪下半叶，日本和中国出现了股份制。日本明治维新运动后产生了一批股份公司，而我国于 1873 年成立的轮船招商局则发行了最早的股票。

（二）股票交易的产生

关于股票交易的产生，有不同观点。一种观点认为，由于早期没有公开的交易场所，最初私人之间股份证和股票转让的交易活动很受限制，极大减少了投资者投资股份公司的积极性，这并不有利于股份公司充足资本的长期持有以及资本规模的进一步扩大，因此，为有效解决这一矛盾，股票的公开交易便应运而生。另一种观点则认为，股票交易的产生源于 16 世纪、17 世纪蔚然成风的赌博以及人们贪婪的赌性。这种浓厚的赌博与冒险风气导致人们尤其是商人之间的实物投机交易，后来发展至虚拟的股票交易。[2] 笔者认为，前一种观点更具说服力，股票交易的产生与社会化大生产的背景息息相关，社会经济的发展促成了股票交易的产生。

## 二、股票市场的发展

20 世纪后，由于社会生产力发展，全球股票市场也随之迅速发展。全球股票市场发展大致经历了 3 个阶段。

（一）缺乏监管下的自由放任阶段（1900～1929 年）

在这期间，由于股份公司在英美等国家快速增加，使股票市场规模迅速扩大，筹资能力显著增强。一方面，股票的发行市场与流通市场空前繁荣且交易量剧增；而另一方面，股票市场缺乏监管，出现了许多股票欺诈和市场操纵的行为，过度投机也时有发生。1929 年 10 月 29 日随着严重的经济危机在资本主义国家爆发，作为经济晴雨表的股票市场在各国相

---

〔1〕 在 19 世纪中叶的美国，这样的一大批筑路公司、运输公司、采矿公司和银行，都是靠发行股票和债券形式筹集资金而建立起来的，正如马克思在 100 年前指出："假如必须等待积累去使某些单个资本增加到能够修造铁路的程序，那恐怕直到今天世界上还没有铁路。但是，集中通过股份公司转瞬间就把这件事完成了。"

〔2〕 参见李韬存：《股票的起源及金融工具的社会成本问题》，载《江西社会科学》2003 年第 10 期。

继出现暴跌现象,使投资者遭受重创。

(二)加强法制下的规范建设阶段(1930~1969年)

在反思经济危机的基础上,资本主义国家开始全面加强对股票市场的法律规制,以促进股票市场的规范发展。以美国为例,政府十分重视对证券市场的严格监管,出台了一系列严密可行的证券法律规范,例如,制定了《1933年证券法》《1934年证券交易法》等,并在1934年成立了直接监管股票市场的行政机构——证券交易管理委员会,这为其后来能够成为全球最大的证券市场奠定了扎实的基础。其他国家也吸取教训,不断加强证券市场的法制构建,股票市场建设也逐步规范化。

(三)放松监管下的迅速发展阶段(1970~1999年)

20世纪70年代以后,科技的进步、通信和网络信息的发展、监管的放松、欧美等国家国有企业"私有化"浪潮以及社会养老金制度的改革等因素共同推动了全球股票市场的迅速发展,并在20世纪90年代达到巅峰。[1] 1987年10月美国股灾之后,全球股票市场的恢复能力令许多人大跌眼镜。在股灾恐慌结束后,随之而来的是企业效益的稳定增长、网络技术的发明以及美国一系列新经济政策的出台。在西方工业发达国家经济规模化的扩大和集约化程度提升的背景下,东南亚和拉美发展中国家的经济也日益壮大,到1995年年底,全球股票市场日益繁荣。[2] 90年代后期,股票市场迅速发展的势头依然在全球继续,至1999年,美国道·琼斯指数已经跃升到11,497.1点,纳斯达克综合指数上涨到4069.31点;英国金融时报100指数上涨到6930.2点;德国的DAX指数则上涨到6958.14点;法国CAC40指数上升到5958.32点;亚太地区的澳洲股票市

---

〔1〕 参见丁一凡:《平衡木上的金融游戏》,华夏出版社2001年版,第34页。

〔2〕 这一阶段的股票市场迅速发展,可以通过以下数据说明:1986年全球股票市场的市值总额为6.51万亿美元,全球上市公司总数为2.8万家,到1995年年底,市场值总额上升到17.79万亿美元,美国、日本和英国的证券化率分别达到95.5%、83.5%和121.7%。作为新兴市场的发展中国家股票市场总值从1986年的0.24万亿美元增长到1995年的1.9万亿美元。在股票市场规模扩大的同时,交易活动也日趋活跃。1986年,全球股票市场的交易金额为3.57万亿美元,1995年达到11.66万亿美元。参见余之明:《股票的起源及发展探微》,载《中国机电工业》1999年第1期。

场也是一路上扬，澳洲普通指数到1999年上涨到3152.5点；我国香港特别行政区股票市场虽然受东南亚金融危机影响，不像欧美股票市场那样青云直上，但也表现可观，香港恒生指数1999年上升到16,962.1点。[1]

（四）多元监管下的逐渐理性阶段（2000年至今）

自2000年网络股泡沫破裂以来，非理性繁荣发展的20世纪90年代终于结束，全球股市连续3年陷入衰退之中。2002年美国道琼斯指数降到8341.63点，纳斯达克综合指数2002年年底跌到1335.51点。欧洲的三大股指也跟随美国股市的回落而一落千丈，英国金融时报跌幅达43.1%，德国DAX指数下跌了58.4%，法国CAC指数降幅为48.6%。亚太地区也未能幸免，香港恒生指数跌幅为45%，日本日经225指数跌幅54.7%。股票市场的大跌大涨严重影响了投资者的信心以及资本市场的稳定发展，因此，各国各地区开始逐步完善股票市场监管体系，即强化法律规范监管、加大行政机构监管、重视证券交易所一线监管以及落实证券行业协会自律监管等，以推动股票市场的理性发展。随后，全球主要股市趋于恢复性的反弹之中。

## 三、我国股票市场在全球股票市场中的地位

自1990年深圳证券交易所和上海证券交易所成立以来，我国股票市场迄今已有20多年的发展历程。我国股市从无到有、从小到大、从不规范到规范、从地方性市场发展到全国性市场。相对于西方国家资本市场动辄百年的历史而言，我国20多年历史的证券市场还显稚嫩。尽管我国证券市场诞生的时间短暂，但是其发展和创造的奇迹却是有目共睹：进入21世纪尤其是2005年年底启动股权分置改革以来，我国证券市场蓬勃发展，股票账户总数持续增加。据中国证券登记结算统计年鉴统计，2014年年底我国证券市场上有效股票账户总数达到18,401.17万户，上市公司

---

〔1〕 参见肖辉、刘文财：《股票指数现货市场与期货市场关系研究》，中国金融出版社2006年版，第4~8页。

总数达 2613 家,股票市价总值达近 40 亿元,其中股票流通市值达近 30 亿元。短短的 20 多年,中国证券市场如同一个人,充满着朝气和活力,勇于创新,开拓进取,实现了西方老牌资本主义国家百余年才达到的水平。

总体而言,我国内地股票市场与全球主要尤其是最大股票市场相比仍有较大的差距,但是在亚太地区,我国股票市场已居主要位置。随着我国经济发展,股票市场将逐渐在全球资本市场发展中占据着重要地位。我国证券行业正处在产业升级、转型调整、创新发展的关键时期。伴随资本市场发展,证券行业作为资本市场中介的地位和作用必将被提高和深化,证券行业将迎来黄金发展期。

## 第二节 股指期货市场的产生与发展

### 一、股指期货的产生

股指期货(Stock Index Future)诞生于 20 世纪 80 年代的美国,与其他金融期货产品一样,股指期货的产生是基于规避股票市场价格波动风险的需要。

20 世纪 70 年代石油危机后,美国经济进入滞涨困境,里根政府为抑制通货膨胀出台了强硬的货币政策,美国利率直线上升,最高达 21%,致使证券市场中的股票价格一路下跌,投资者损失惨重,严重挫伤了投资者对股票投资的信心,转而投资其他领域。因此,为了减轻股票价格剧烈波动给投资者带来的巨大风险,稳定美国的股票市场,恢复市场的信心,亟须发展对投资风险进行管理的金融衍生工具,股指期货便由此产生并迅速发展起来。

其实早在 1977 年,美国堪萨斯市期货交易所(Kansas City Board of Trade,KCBT)就曾经向商品期货交易委员会(Commodity Futures Trading Commission,CFTC)提交关于开展股指期货交易的报告。但当时股指期货交易并未得到批准,原因在于当时美国期货仍采取实物交割方式,并没有实行现金交割方式,时机、条件尚未成熟。1981 年,美国芝加哥商业交易所的欧洲美元期货合约实行了现金交割方式。与此同时,美国证券交易委员会(Securities and Exchange Commission,SEC)和商品期货交易委员会通过协商形成了《约翰逊 - 夏德协议》,[1] 从而明确了股指期货的监管机构,即商品期货交易委员会。

1982 年 2 月 24 日经美国堪萨斯市期货交易所在商品期货交易委员会的批准,推出首只股票价格指数期货——堪萨斯价值线综合指数期货,自此标志着股指期货的产生。[2] 1984 年股指期货合约的交易量已占美国所有期货合约交易量的 20% 以上。后来,股指期货合约种类增多,发展迅速,已然成为全球资本市场不可或缺的一部分。

## 二、国际股指期货市场的发展

尽管股票指数期货是现代金融期货中产生较晚的一个品种,却是 20 世纪 80 年代金融创新过程中出现的最重要、最成功的金融工具之一。进入 21 世纪,全球股指期货市场不仅保持了强劲的成交量增长态势,而且呈现出一些新特点。

### (一)成交量迅速增长

近年来,由于整个国际金融市场的利率、汇率以及股票价格的波动日益剧烈,使市场上保值与投机的需求渐强,这就为股指期货的交易提供了肥沃土壤,金融衍生产品的交易也显著活跃。跨入 21 世纪,随着资本市

---

[1] 该协议是美国证券交易委员会和商品期货交易委员会主席间达成的一项协议,阐明了各自对特定证券基础上的衍生品的监管权限。根据此协议,美国商品期货交易委员会被授权监管在全国期货交易所中交易的股指期货。

[2] 堪萨斯价值线综合指数期货(Kansas City Value Line Index Future,CVLIF)是美国堪萨斯期货交易所在历经 4 年半时间的争论与努力而首次推出的,在其问世当天,该交易所推出道·琼斯综合指数期货合约的交易,由于具有比股票买卖成本低、抗风险性强等优点,这种新型的金融期货一经推出即受到广大投资者的热烈欢迎。一开市交易就很活跃,当天成交近 1800 张合约。此后,4 月 21 日芝加哥商业交易所(Chicago Mercantile Exchange,CME)推出了 S&P500 股指期货交易,当天交易量就达 3963 张。参见王沛英:《股指期货市场发展问题研究》,载《武汉金融》2007 年第 1 期。

场的壮大与金融管制的放松,股指期货市场发展的范围也迅速扩张,增长相当迅猛。1986 ~ 2005 年,全球股指期货成交量从 28.4 百万张增加到 918.7 百万张。

(二)新产品层出不穷

由于股指期货的价值功能,芝加哥商业交易所(Chicago Mercantile Exchange,CME)为了满足中小投资者的需求,不断推出股指期货合约新品种。由于这些新品种合约面值小,并且大多采用便捷的电子化交易,因而交易量飞速增长。例如,芝加哥商业交易所推出了 E-MiniS&P500 迷你型股指期货,其 2003 年的成交量比 2002 年增长 39%,2004 年的成交量在 2003 年快速增长的基础上仍有 4% 的上扬。芝加哥商业交易所还推出了以高科技类股指为标的的 E-Mini 纳斯达克 100 合约、Mini-sized Dow 合约等产品。

(三)亚洲新兴市场发展迅速

自 1986 年 3 月 12 日新加坡国际金融期货交易所推出日本日经 225 指数期货开了亚洲股指期货交易的先河以来,其他亚洲市场也竞相效仿。我国香港特别行政区期货交易所于 1986 年 6 月 5 日推出恒生指数期货,1987 年日本大阪证券交易所推出 OSE50 指数,并在 1988 年 3 月 12 日推出日经 225 指数期货。这些奠定了亚洲股指期货市场在全球股指期货市场中占据重要地位的基础。2000 年之后,亚洲股指期货新兴市场迅速崛起,以韩国和我国台湾地区股指期货市场最具代表性。韩国证券交易所于 1996 年推出 KOSPI200 指数期货,深受投资者青睐,至 2003 年,交易量年均增长率高达 136.6%。2003 年、2004 年 2 年的成交量在全球所有交易所交易的衍生产品中位列第 16 位,在亚洲市场中,其取代了日经 225 指数期货的霸主地位。自 1997 年 7 月 21 日我国台湾地区期货交易所推出第一个合约即台湾证交所股价指数期货合约以来,我国台湾地区期货市场进入了快速发展的通道。2001 年 4 月 9 日推出了小型台股指数期货,12 月 24 日推出了台股指数选择权;2003 年 1 月 2 日推出股票选择权,6 月 30 日推出台湾 50 指数期货;等等。目前,我国台湾地区期货交易所上市交易的品种不仅多样，而且整个市场的成交量在飞速增长。[1]

## 三、国内股指期货市场的发展

一项好的制度设计必然会被广泛认可和传播。在美国推出全球第一个股指期货带来资本市场巨大发展以后，主要发达国家在20世纪八九十年代紧随其后，陆续推出了股指期货，一些新兴市场国家和地区如印度、俄罗斯、我国台湾地区等也在20世纪90年代中后期迎头赶上。在此情形下，作为全球经济重要推动力量的中国，对股指期货的需求也日益高涨，由此形成了我国独特的股指期货发展历程。

### （一）盲目发展时期

20世纪90年代初，随着我国现货市场的建立与远期合约机制的培育，使标准化期货合约的推出条件逐渐成熟。自1992年我国正式进入期货试点阶段后，金属、粮食等商品期货品种接连推出，金融期货尤其是外汇期货、国债期货出现短暂地火热发展的景象，股指期货交易也曾经"昙花一现"。20世纪90年代初，由于缺乏集中统一的监管，各主管部门各行其是，导致我国一些城市曾经出现过不规范的境外期货交易，交易品种包括发达国家和地区的S&P500指数、恒生指数、日经指数等股指期货合约。1993年3月10日，海南证券交易中心推出了6个深圳股票指数期货合约，[2]开始时由于人们认识不足，交易清淡。随着深圳股市行情疲软，许多投资者将资金从深圳市场撤离转而向深圳指数期货交易进行投资，利用期货的双向获利特性获得收益。可是，1993年9月深圳平安保险公司福田证券部在仅开通了两天海南深圳指数期货交易后，却出现几大机构联手打压股指的违规行为，加大了市场的投机性，在9月末全部平仓停止交易。[3] 因此，在当时市场条件不够成熟以及监管缺失等因素下，这一创

---

〔1〕 参见肖辉、刘文财：《股票指数现货市场与期货市场关系研究》，中国金融出版社2006年版，第18～19页。

〔2〕 海南证券交易中心推出的6个深圳股票指数期货合约是：深证综合指数当月、次月、隔月合约，深证A股指数当月、次月、隔月合约。一个指数点位的盈亏额为500元人民币。

〔3〕 参见许嘉辉：《创新是金融期货市场发展的生命力》，载《中国金融》2007年第8期。

新性的试验中途夭折。

(二)筹备规范时期

金融创新必须以相应的技术水平、市场条件、制度环境、投资理念等为基础,在这方面我国金融期货市场在试点阶段得到的教训很多。因此,应该汲取这些经验教训,为金融衍生品中最成功的股指期货产品能够在我国顺利推出而做好充分的准备,并提供一些"排毒去火的药方"。

2005 年年底,中国金融期货交易所开始加速筹建。2006 年 9 月 8 日中国金融期货交易所在经过国务院同意及中国证监会批准后,由上海期货交易所、郑州商品交易所、大连商品交易所、上海证券交易所和深圳证券交易所共同出资,在上海挂牌成立。中国金融期货交易所自成立以来,一直积极认真推进我国首个金融期货品种——沪深 300 股指期货的各项筹备和上市工作。沪深 300 股指期货,是指以沪深 300 指数为标的,沪深 300 指数则是从深圳和上海两个证券市场中选取的 300 只 A 股作为样本编制而成的成分股指数。[1] 2006 年 10 月 30 日中国金融期货交易所开始沪深 300 股指期货的仿真交易活动,其目的是开展股指期货投资者教育活动,并深化股指期货合约、规则与系统测试。2007 年 5 月 1 日中国金融期货交易所发布了《中国金融期货交易所沪深 300 股指期货合约交易细则》和《中国金融期货交易所交易规则》及其实施细则,并广泛向社会公开征求意见。2008 年 9 月时任中国证监会主席助理姜洋表示,各方正在积极完善股指期货上市的相关筹备工作,这预示着我国股指期货的落实工作进入了新阶段,股指期货的正式推出时间表已触手可及。

(三)有序发展时期

股指期货作为一种成熟且成功的风险管理工具,是资本市场发展到一定阶段的必然品和必需品。我国资本市场经过 20 多年的探索发展已然成为中国社会主义市场经济运行的核心,资本市场规模不断扩展,投资结构渐趋优化,监管体系逐步健全,法制建设也明显改善。同样值得关注

[1] 参见徐瑞:《股指期货上市对市场的影响分析》,载《金融纵横》2010 年第 8 期。

的是，在2008年由美国次贷危机引发的全球金融海啸中，股指期货充分发挥了稳定市场、管理风险的作用。在金融危机中，股指期货作为重要的资产配置工具，使投资者能够迅速、灵活地调整和优化自己的投资结构，更好地规避系统性风险的发生。因此，股指期货在我国的推出将在真正意义上开启一个金融产品尤其是衍生产品创新的时代，从而缓解产品同质化可能产生的市场共振和系统性风险。[1]

2010年1月8日国务院同意推出股指期货。3月26日中国证监会正式作出批复，同意中国金融期货交易所上市沪深300股票指数期货合约。其后，中国金融期货交易所正式公布了关于沪深300股指期货合约上市交易有关事项的通知。4月16日9时15分，首批4个沪深300股票指数期货合约的报价正式"跃上"中国金融期货交易所的大屏幕，标志着中国资本市场迈进了金融衍生品时代。正如时任中共中央政治局委员、国务院副总理王岐山在致中国金融期货交易所股指期货启动仪式的贺词中所说，股指期货的正式启动标志着我国资本市场改革发展又向前迈出了一大步。[2] 自2010年4月上市以来，我国股指期货的价值越来越受到投资者认可和重视，成交量显著增长，价格发现功能日益明显。

## 第三节　股票和股指期货跨市场监管制度的根源

股指期货以股票价格指数为标的，是股票市场的衍生产品，因此股指期货与股票市场的价格形成具有明显的相关性，两个市场之间存在风险关联。1987年美国股灾中股票市场的震荡使股指期货市场的"瀑布效应"广为人知，也使人们充分意识到股指期货市场风险与股票市场风险之间的密切联系。因此，为了进一步防范金融风险在股指期货与股票市场之

---

〔1〕 参见巴曙松：《后金融危机时代中国发展股指期货的内在逻辑》，载《经济》2009年第12期。

〔2〕 参见申屠青南：《股指期货扬帆启航》，载《中国证券报》2010年4月16日。

间的集聚与联动,股指期货与股票跨市场监管制度便应运而生。

## 一、跨市场监管制度的社会起因——1987 年的美国股灾

### (一)股灾的发生过程

1987 年 10 月 19 日星期一,是美国股市灾难性的一天。当天,纽约证券交易所的道·琼斯 30 工业股价平均数突然狂泻,短短几小时内从开盘 2247.06 点下跌到 1738.74 点,暴跌了 508.32 点,跌幅达 22.62%,是 1929 年 10 月经济大危机崩盘时的 2 倍,市值蒸发竟高达 5000 亿美元,相当于美国当年国内生产总值的 12.5%。此次美国股票市场的严重暴跌程度成为继 1929 ~ 1933 年经济危机之后又一次重挫美国经济的股市大灾,这也是历史上所称的"黑色星期一"。当日,美国芝加哥商业交易所的 S&P500 股指期货抛压更为严重,其中,12 月份合约暴跌了 80.75 点,以 201.5 点收盘,跌幅高达 28.6%。

同日,英国伦敦证券交易所的 FTSE100 指数暴跌 10% 以上。在亚洲,东京证券交易所的日经 225 指数跌幅达 14.9%,次日,则再暴跌 3836.48点,创下历史跌幅新纪录。我国香港联合交易所的恒生指数在下跌了 11.2% 后,被迫停市一周,而在一周复牌后,恒生指数更是狂泻不止,跌幅达 33.3%,恒生指数期货则四度跌停,跌幅高达 44%。

据统计,从 1987 年 10 月 19 日到 26 日,在这 8 天的全球股市大灾难中,全球的股票投资者损失大致为 2 万亿美元,而第二次世界大战中损失总和也不过 3380 亿美元,这种投资损失财富竟是后者的 5.92 倍。[1]

### (二)股灾的原因考察

对于 1987 年股票市场的大动荡,人们从不同的角度去考察会得出不同的结论。时任美国总统里根觉得这不过是一次盘整而已,而有些权威人士则认为这是 1929 年经济大危机惨重历史的现代翻版。但是对于此次股市崩盘人们共同认识到,这是一次人类社会进入信息时代和信用经

---

〔1〕 参见秦泰文、戴军等:《股指期货风险事件分析》,载《资本市场》2010 年第 5 期。

济时代后首次与电子化交易平台紧密相关的市场大动荡，因此，新的规章制度和监管规则等应尽快出台并加紧落实，使资本市场得以挽救。

从本质上说，“黑色星期一”中股票抛盘风潮对纽约和芝加哥交易所的影响类似于当所有用户同时打开空调时对电力系统造成的影响。[1] 股灾爆发后，美国政府委派一个以布雷迪为首的特别小组研究考察股灾发生的缘由。布雷迪小组的分析研究认为，此次股市崩盘除了因为美国长期的财政赤字和贸易摩擦影响外，更重要的原因在于以电子化平台为条件的股指期货程序交易和信用经济条件下的投资组合保险。在程序交易主要是指数套利和投资组合保险两种因素驱动下，股指期货价格和现货价格两者之间存在明显的“瀑布效应”。对于“瀑布效应”的形成过程，布雷迪小组的《布雷迪报告》以串联理论进行了细致分析：当现货市场的估值过高时，投资者参与的信心就会减弱，导致市场上涨的幅度就会减弱甚至开始出现下跌倾向。为有效规避与分散系统性风险，股市市场投资者会利用股指期货的保值功能进行投资组合保险，在股指期货市场上大单抛售合约，以期及时出清所持的资产头寸。但是，由于其流动性，大量股票现货抛售指令一般无法在市场上尽快出清，使股指期货合约的价格往往显著低于股票现货市场相对应的股票价格，从而形成正的基差。因此，指数套利者就会在股指期货市场买进股指期货合约，在现货市场卖出相应的股票，由此将股指期货市场上的卖压传递到股票市场。而股票市场的股价下跌又会导致对股指期货市场合约的新一轮抛售。这个过程如此循环往复，使股指期货市场价格和股票市场现货价格的运行轨迹，犹如一条直线下泻的瀑布，在不经意之中使已经濒临了崩盘临界点的市场雪上加霜，引发了资本市场投资者信心的恐慌和崩溃，最终导致了此次股市大灾难的发生。

---

〔1〕 参见[美]莫顿·米勒：《金融创新与市场的波动性》，王中华、杨林译，首都经济贸易大学出版社 2002 年版，第 76 页。

## 二、跨市场监管制度的理论来源——《布雷迪报告》

经过1987年股灾的洗礼,人们意识到国家的金融安全离不开一个稳定有序、规范发展的资本市场。美国政府指定的布雷迪小组在1988年形成了《布雷迪报告》,报告的基本结论认为,指数套利和投资组合保险在股指期货市场和股票市场中互相推动,最终导致股市的灾难,即在此次股灾中,股指期货是罪魁祸首。

《布雷迪报告》在深刻总结股灾原因的基础上,针对当时资本市场的状况,不辱使命地提出了监管建议:第一,应该设立断路器机制(限制价格和暂停交易)。这其实是贯穿整个《布雷迪报告》的一个重要观点,换言之,当不同市场之间连接的链条——套利活动,中断的时候,这些市场才真正表现得最为混乱,大大破坏了芝加哥期货市场和纽约股票交易所大额交易市场的造市能力。因此,在整个股票市场系统处于超负荷运转的情况下,提出实行断路器的要求。第二,应该对股票、股指期货以及股票期权市场建立统一的结算机制,使跨市场交易在这些市场中能够简便可行,能够较为精确地估计跨市场风险敞口,并且应该取消对跨市场交易头寸的抵押品限制。第三,应该设立、实行信息协调机制。能够在各个主要市场收集到市场参与者的交易行为、交易时间以及最终客户相关信息等,以便于及时发现问题,知悉潜在损害性,从而能够正确判断市场危机隐患的性质、原因等。第四,应加强政府对期货保证金的管理,使期货市场的保证金与股票市场上对专业参与者征收的保证金水平保持平等。因为期货市场保证金的比例低于购买股票所要求的保证金的比例,所以人们担心,期货市场与股票市场相比具有更高的杠杆性,会鼓励投机并造成市场的更大波动。主张两种市场保证金一致,就是为了确保能够在不同市场之间统一实施关于杠杆和投机的公共政策。第五,政府应设立一个专门的单一机构来负责协调各监管机构在监管中出现的问题,由于这些问题的影响不仅涉及相互关联的市场,甚至还有整个金融体系,因此,沟通、交流与协调显得尤为重要。[1]

综上,股指期货与股票跨市监管的制度萌芽于《布雷迪报告》,以布雷迪为领导的调查研究小组不仅总结了股市大灾难的原因,并首次提出了股指期货与股票跨市监管思想。跨市监管制度旨在能够运用合适的金融监管手段和措施来平抑证券市场中价格的临时波动和震荡,防范股指期货与股票市场"瀑布效应"的再次爆发,从而维护和促进金融体系的稳定和金融市场的安全。

## 三、市场暴跌后美国关于股票与期货市场联合监管的举措

### (一)加强股票与期货市场管理机构之间的协调机制

在中观层面上,在1987年10月美国股票和期货市场暴跌后不久,证券市场、期货市场和期权市场的一些代表人士组成了一个所谓的"市场间联络组",并且建立了一个证券、期货及期权信息网络。这一信息网络传递系统将美国证券交易委员会、期货交易委员会以及股票市场和期货市场的行业自律组织密切联系在一起,当金融市场出现复杂、突发等情形时,可以在此信息网络平台中同时公布股票、期货、期权市场有关的交易暂停和恢复、价格限制、现货市场交易买卖指令不均衡状况以及交易系统故障等诸多信息,以促进不同市场管理部门能够及时了解金融市场信息,相互交流与沟通,从而制定有效的监管措施。

在宏观层面上,美国在1988年3月成立了总统金融市场工作组。该工作组由美国财政部长负责,成员为美联储主席、证券交易委员会主席和期货交易委员会主席,定期举行会议。总统经济顾问、货币监察官办公室主任、国家经济委员会主席、美联储纽约分行行长等也要根据情势经常参加会议。显然,在面对外界复杂或者重大突发事件中,宏观层面的总统金融市场工作组可以为美国金融市场系统中的各管理机构提供一个共同研

---

〔1〕 参见陈红:《股指期货市场与股票市场跨市监管:海外建设经验及中国制度完善》,载《投资研究》2009年第11期。

究、决策以及行动的工作交流平台。事实证明,总统金融市场工作组在后来几次较大影响金融市场稳定的突发事件中发挥了重要作用。例如,美国财政部部长鲍尔森自2006年9月上台伊始,就促请总统金融市场工作组对"9·11"恐怖事件以来华尔街金融市场在灾害应急处理机制方面所取得的进展状况进行评估。可见,总统金融市场工作组在美国金融市场中具有重要的地位。

(二)建立股票与期货市场价格波动控制的协调机制

1987年10月市场暴跌后,美国证券市场建立的最重要一个交易规则就是断路系统,该系统是由美国芝加哥商业交易所和纽约证券交易所联合实施的。断路系统是一套当市场价格剧烈波动时两个交易所之间的协调一致、采取终止期货和股票现货交易或者对市场价格进行限制的管理控制系统。[1] 断路系统主要分为80A规则和80B规则两个部分。本书第六章对断路系统将有较为详细的论述,故在此不再赘述。

## 四、跨市场监管制度的实践意义

在人们充分意识到资本市场稳定与金融安全的密切关系后,根据《布雷迪报告》的监管思路,主要股指期货与股票市场都积极完善了一些规章制度,引进了断路器机制,改进了程序交易,并设置了阶段性涨跌停限制。例如,在1987年之后,芝加哥商品交易所就为标准普尔500股合约暂时设立了一个每日30点的最高限价,大约相当于股价波动的15%;而芝加哥期货交易所在1988年引进了当股价剧烈波动时自动交易停止的技术程序。

股指期货与股票跨市监管制度的实施,在维护资本市场稳定中逐渐发挥着重要作用。在跨市监管制度实施2年后,华尔街股票市场在1989年10月13日星期五又一次发生小幅崩盘。但是这次股灾并没有演变成

---

〔1〕 参见张雪莹:《股票现货市场与期货市场的联合监管问题初探——基于1987年10月美国股市和期市暴跌的经验》,载《上海金融》2007年第5期。

另一个“黑色星期一”，而是得到了迅速遏制，最终以转化成一次有惊无险的股市风波而结束。这其中就不能不提到跨市场监管制度发挥的积极作用。当日，在标准普尔500股票指数为基础的期货合约下跌12点后，自动停止交易技术程序启动，停止交易半小时，在重新开始交易后，由于指数又继续下跌18点，便再次自动停止交易直至当日收市结束。这就带给市场有效的喘息空间和时间，在一定程度上阻止了改变市场趋势的交易，并鼓励一些可能平衡市场的交易，因此避免了1987年对股灾起推波助澜作用的情形。

在以后的历次金融危机中，由于股票和股指期货跨市场监管制度的进一步完善和落实都或多或少地发挥着重要作用，实现了股指期货市场趋利避害的价值功能，大大减少了可能导致金融危机的“瀑布效应”在股指期货与股票市场之间的传递以及爆发的概率，从而有效促进了资本市场的有序健康发展和金融市场的稳定发展。

# 第二章 股票和股指期货跨市场交易产生的风险及其成因

在金融市场领域,游戏的名字叫金钱——立即赚钱,快速赚钱,大量赚钱(make it now, make it fast, make a lot)。对于金融市场游戏的许多玩家来说,问题不是游戏规则是否公平、合不合法,他们唯一关心的是赚多少、赚多快以及被抓住的概率有多大。[1] 由于期货产品的买卖一般看不到真实的货物,而是在空气中进行交易,因此,在早期的文献中对于期货的记载为"时间交易"或者"风中交易"。[2] 也许正是因为期货"风中交易"的特点,人们自然而然意识到其与投机、甚至赌博相互联系。在现实的股票和股指期货市场交易中,确实无时无刻、无处不在地存在种种风险。金融野兽一直在市场中充斥、蔓延着。但是,当讨论股票市场、期货市

---

〔1〕 See David M. Bovi, "Rule 10b – 5 Liability for Front-Running: Adding a New Dimension to the Money Game", *Thomas L. Rev*, No. 103, 1994.

〔2〕 [英]阿尔弗雷德·施泰因赫尔:《金融衍生品的发展与监管:金融野兽》,陈晗、张晓刚译,上海远东出版社 2003 年版,第 27 页。

场是否为高风险市场时，应当区分股票市场、期货市场的不同状态：成熟与不成熟，完善与不完善。成熟、完善的股票和期货市场是非常安全的，因为其是以完善的市场体系为基础，并具有有效的市场监管体系以及完备的法律法规体系和交易规则。在我国目前的证券市场发展阶段，恰是需要不断成熟、不断完善的过程，因此，股票和股指期货市场交易的高风险也是必然的。

## 第一节　股票和股指期货跨市场交易的主体与行为方式

### 一、跨市场交易的主体

（一）股指期货市场交易者的一般类别

股指期货是以股票价格指数为标的物的期货，作为全球流行、成功的股权式衍生工具之一，与它自身独特作用是分不开的。股指期货的主要作用为规避价格风险、价格发现以及提高资金配置效率。因此，自从股指期货上市以来，受到了众多投资者的广泛关注和青睐。对于股指期货市场交易者按照不同分类标准可以有不同的类别，通常情况下，可以有以下两种分类标准。

1. 根据进入股指期货市场交易目的不同，股指期货市场中的投资者可以分为三大类：套期保值者、投机者和套利者。

（1）套期保值者。即那些把股指期货市场当作转移价格风险的场所，通过在股指期货市场上买卖与现货价值相当但交易方向相反的期货合约，以规避现货价格波动风险的机构或者个人。套期保值行为的基本原理是，受到相同经济因素的影响，同种标的物的期货价格和现货价格的变动方向和幅度会基本一致，而随着期货合约到期日的接近，期货价格和现货价格具有趋同性。套期保值者又可以分为多头套期保值者和空头套期保值者。

（2）投机者。即那些试图正确预测金融资产价格的未来走势，专门在股指期货市场不断买进和卖出股指期货合约，即看跌时卖出、看涨时买进以期从价格波动中获取盈利的机构或者个人。对于投机者而言，实际的合约标的物本身并不重要，重要的是股指期货的价格走势是否与自己的预测一致。当预测标的物价格可能将上涨时，他们会择机买进股指期货合约，反之则卖出合约。投机交易能够增加股指期货市场的流动性，承担套期保值者转嫁的风险，有利于股指期货市场价格发现功能的实现。

(3)套利交易者。即那些针对期货市场和现货市场、不同的股指期货市场、不同的股指期货合约或者相同商品不同交割月份合约之间暂时出现的不合理价差情形，同时进行买低卖高相应期货合约的方式以获取价差收益的机构或者个人。套利的方式比较灵活，主要包括期现套利、跨期套利、跨品种套利和跨市场套利。

2. 根据主体的不同，股指期货的交易者可以分为机构投资者和个人投资者。

(1)个人投资者。即以个人身份和个人拥有的资金进行股指期货交易的投资者。从海外市场实践中的通行做法可以看出，一般在股指期货交易初期，均对个人投资者进入设置了较高门槛，待股指期货交易知识普及、条件相对成熟时再适当放宽限制，降低个人投资者准入门槛。

(2)机构投资者。即相对个人投资者而言的一些专业性金融机构，主要包括券商、基金管理公司、保险公司、社保基金以及投资银行等。与个人投资者相比，机构投资者具有更强的技术和信息处理能力、交易数量大以及投资专业化管理能力等特点，因此，在股指期货交易中机构投资者占有明显的优势。

### (二)境外主要股指期货市场的交易者结构

美国是股指期货的发源地，也是目前世界上金融衍生品最为发达的市场。在美国，股票市场的市值中机构投资者持有率达到80%，而在股指期货市场中机构投资者的交易量也大致为80%。可以说，美国股指期货市场是典型的以机构投资者为主的市场。这种投资者结构与美国国家奉行的以直接融资为主的金融制度以及资本市场中以共同基金、养老基金等机构投资者为主体的投资结构是完全符合的。

韩国股指期货市场伊始主要是以机构投资者为交易对象，由于较高的交易单位和最低保证金限制，个人投资者参与的比例不高。随后，由于最低保证金的大幅下调，使中小投资者有能力参与股指期货市场，占股指期货投资者的比例逐渐上升，据统计，到2005年时个人投资者的比例已经达到44%。与其他发达国家股指期货市场相比，韩国股指期货市场投资者结构最主要的区别就在于个人投资者的占有比例较高。

我国香港特别行政区股指期货市场交易者结构的总体表现是，按照交易者的交易目的来看，投机者占据市场的首位，套期保值者和套利者数量呈逐步增长趋势；从交易的规模主体上看，机构投资者在我国香港特别行政区股指期货市场中起到了显著作用，占据着市场的主体地位。

日本股指期货市场交易者结构的特点也是以机构投资者为主。日经225指数期货合约上市时由于主要是为机构投资者设置，因此其在股指期货交易者结构中所占的比重一直很高，机构投资者的交易份额几乎占到市场交易总量的90%，个人投资者仅占很小的比例。[1]

(三)我国股指期货市场的交易者结构

股指期货市场是一个以高杠杆、高收益、高风险著称的市场。自我国资本市场于2010年4月16日中国金融期货交易所推出第一个金融期货品种——沪深300股指期货以来，国内投资者能够良好把握股指期货市场的风险，股指期货市场整体运行平稳，发展有序，市场功能也逐步发挥。尽管我国股指期货市场运行时间较短，但是国内投资者的水平与国外较发达成熟市场的投资者相比并不逊色。

对于我国金融期货市场的参与者，根据有关法律、法规的规定，一些个人和单位是不能作为投资者进入金融期货市场参与交易的。包括国家机关和事业单位；期货监管部门、期货交易所的工作人员、期货保证金安

[1] 参见林雯雯：《中国股指期货市场交易者结构合理化问题研究》，华东师范大学世界经济学专业2008年硕士学位论文，第25页。

全存管监控机构和期货业协会的工作人员;期货市场禁止进入者;不能提供开户证明材料的单位和个人(当然包括无民事行为能力或限制民事行为能力的自然人);中国证监会规定不得从事期货交易的其他单位和个人。除此以外,中国金融期货交易所对参与股指期货市场的投资者并没有特别限制。一般而言,个人投资者和机构投资者都可以参与股指期货等金融期货的交易。但是,从我国沪深300指数期货市场运行的总体情况来看,当前我国股指期货市场投资者结构是以个人投资者为主体的。有资料显示,截至2010年12月底,我国沪深300指数期货市场资金总规模达605亿元,其中个人投资者资金规模占有487亿元;沪深300指数期货市场开户的投资者数量有60,937个,其中个人投资者数量为59,812个。[1]

股指期货在国际市场已经是一个成熟的金融衍生产品,但在我国新兴加转型的特定市场环境下,首次推出股指期货必然结合我国现阶段的资本市场发展状况。因此,通过设置适当的程序和要求,建立与金融产品风险相匹配的投资者适当性制度,使股指期货市场不适合一般投资者的广泛参与,切实落实"将适当的产品销售给适当的投资者"原则。根据中国金融期货交易所的规定,股指期货投资者适当性标准分为自然人投资者和法人投资者标准。

首先,自然人投资者要具备以下几方面才符合适当性标准:一是资金门槛条件,即申请开户时保证金账户可用资金余额不低于50万元人民币;二是知识条件,即具备股指期货基础知识,通过相关测试;三是投资经历条件,即具备至少有10个交易日、20笔以上的股指期货仿真交易成交记录,或者具备最近3年内10笔以上的商品期货交易成交记录;四是其他条件,即不能有严重不良诚信记录以及法律法规禁止或者限制的股指期货交易行为。另外,作为自然人投资者还应当要通过期货公司的综合评估。

---

〔1〕 参见曹红辉、刘震:《沪深300指数期货运行评估》,载《中国金融》2011年第8期。

其次，法人投资者适当性标准主要从财务状况、内部控制建设、业务人员素质等方面提出了要求，并且结合监管部门对基金公司、证券公司等特殊法人投资者的准入政策进行规定。

（四）我国股票市场投资者的结构

从新制度经济学角度分析，我国证券市场的制度变迁是一种强制性制度变迁过程，行政性力量发挥了主导作用，使微观主体的自主性不能充分展现。与这种制度变迁相适应，我国证券市场投资者结构不可避免地会表现为个人投资者比例偏高，机构投资者不成熟以及投资者的投资行为缺乏理性等特征，进而使我国股票市场剧烈波动。

我国证券市场的投资者所考虑的仅为上市公司的持股股东。一般而言，可以分为以下 3 种。

1. 个人投资者。这一类投资者是我国证券市场得以存在和运行的现实基础，是指以个人身份进行投资的证券市场参与者，主要特点是具有流动性、分散性以及不确定性。个人投资者投资股票市场的目的一般是获取直接的经济利益。

2. 法人投资者。通常是指股份制公司，在一般情况下，大型股份公司都会设立专门的针对本公司证券市场行为作出决定的证券投资部门，其投资一方面是为了获取股票红利或者股价差额，另一方面则是通过购买其他公司股票而达到控股和参与对方经营决策活动的目的。

3. 证券投资基金。它们是机构投资者的一种形式，是由证券市场上大量的分散投资者通过不等额出资汇集而成的一种大众化的信托投资工具，并由专业证券投资人员把这些出资综合运用于有价证券投资以获得收益。证券投资基金根据信托财产能否解约分为开放式和封闭式；按组织形式不同分为契约式和公司式。

我国证券市场的强制性制度变迁过程决定了其存在种种制度性缺

陷,同样,投资者行为也对原有的制度有较强的依赖性。[1] 在西方发达的股票市场,投资者多注重股票的内在价值,通常以未来预期股利的净值流量作为投资股票股价分析的基础。而我国股票市场的投资者行为中,多数投资者则以投机的心态,非理性地追涨杀跌,倾向于短期炒作以博取差价,一些投资者甚至造谣欺诈或进行内幕交易以牟取暴利。投资者并不注重股票内在价值的长期投资,这种过度投机导致在我国股票市场中股价暴涨暴跌,严重偏离其内在价值。随着近些年我国机构投资者比例的逐渐上升,在证券市场中发挥的作用也日益明显,但是原有的投资行为路径依赖依然会对制度创新构成较强的阻碍。因此,尽管目前我国机构投资者正在发展壮大,但由于不连续的制度供给以及倾向于超常规培育机构投资者的观念影响,机构投资者的长期战略投资很难进行,其行为特征发生一定的变异和扭曲,并不能有效发挥其在西方成熟市场上应有的稳定证券市场功能,甚至进而加剧了股票市场的动荡。

## 二、跨市场交易的行为方式

股指期货是以股票现货指数为标的的一种金融衍生品,因此股指期货与股票市场之间存在必然的联系。它们之间的高度关联性是投资者跨市场交易的基础,在现实中,跨市场交易方式通常围绕着股指期货的基本功能而展开。股指期货最本质的功能是风险管理,此功能可以满足套期保值者规避风险的需要,并满足投资者承受风险的需要。股指期货还具有价格发现的重要功能,投资者可以通过套利交易形成的期货价格更好地带动现货市场价格的变动,促进现货市场价格合理走势的形成。围绕着股指期货这两大基本功能,从投资者交易目的考虑,股票与股指期货跨市场交易行为方式可以分为跨市场套期保值、跨市场风险管理、跨市场套利和跨市场投机四种类型。

---

〔1〕 参见戎生贤、杨立春:《证券市场投资者结构与行为的制度视角分析》,载《世界经济情况》2008 年第1期。

（一）跨市场套期保值

20世纪80年代初，美国堪萨斯期货交易所推出股指期货衍生品的最初动机就是在于运用股指期货衍生品进行股票资产的套期保值，因此可以说这是股指期货最主要的市场功能。股票与股指期货市场的套期保值者为了确保自己手中投资组合的价值，规避投资风险，会把股指期货作为套期保值的手段。他们主要通过以下行为进行：当股票市场下跌的时候，投资的股票组合价值下跌，此时，持有股票现货多头或空头的投资者可以通过卖出或买入股指期货来保证其投资总资产的价值不会缩水。由于股票和股指期货的价格在一般情况下是向相同方向运动，因此，其中一个市场的损失总可以通过另外一个市场的获利得到补偿。从境外成熟证券市场经验来看，机构投资者主要运用跨市场套期保值行为更好地管理自己投资组合的市场风险和流动性风险。

（二）跨市场风险管理

股指期货具有风险管理的基本功能，因此，投资者可以利用股指期货产品来灵活管理自身持有的股票组合的风险水平。股指期货风险管理行为主要是为了解决部分规避系统性风险的问题，同时还会保留部分风险敞口存在的问题，这也是其与股指期货套期保值行为的主要区别，股指期货套期保值行为则主要是解决如何完全规避整个系统性风险的问题。

（三）跨市场套利

股指期货套利交易行为能够更好地实现价格发现功能，即可以通过套利交易决定的期货市场均衡价格以更好地带动现货市场价格变动，以促进现货市场走势趋于合理健康，形成相对合理的市场估值水平。套利者主要是通过观察股票和股指期货市场之间暂时出现的偏差来进行获利的。在理论上，股票价格与股指期货价格存在紧密的关系。但在实践中，有些时候二者价格会存在一定程度的偏差，当这个偏差出现时，套利者会积极采取行动，从一个市场中买入其中相对便宜的证券，而从另一个市场中卖出其中相对较贵的证券，通过锁定股票和股指期货两个市场之间的价格偏差而获利。

(四)跨市场投机

投机者在股票与股指期货市场中都是存在的,他们通过正确预测和判断未来市场的价格变化而获利。当投机者预测未来股票或者股指期货市场会上涨的时候,他们会买股票或者股指期货;反之,当预测未来股票或者股指期货市场下跌时,他们会卖出股票或者股指期货。假如股票或股指期货市场如他们所期望的趋势发展,则他们就能获得高额收益,反之,也将造成巨大亏损。

## 第二节　我国股票和股指期货跨市场交易可能产生的风险

### 一、股票和股指期货跨市场风险的界定

随着金融业经营效率的逐渐提高和获益空间的不断扩大,金融风险在不同市场的交叉和传递也日益增多并变得复杂,金融领域的跨市场风险已经成为金融监管的难点和重点,2007 年次贷危机引发的全球金融危机就是一个典型的例证。

关于跨市场金融风险的内涵,目前学术界并没有统一的界定。一般认为,跨市场金融风险就是在金融产品创新和金融业务融合的发展过程中所产生的,跨越了传统的金融分业经营界限的一种交叉性金融风险。[1]跨市场金融风险主要表现在两个方面:一是银行业、证券业和保险业机构在突破传统分业经营模式中,通过不断创新的金融交易载体跨越货币市场、资本市场等多个金融市场的子市场而产生的交叉性风险;二是大型金融机构(如金融控股公司)在经营运作的同时从事银行业、证券业和保险业,通过跨市场交易载体联通货币市场、资本市场以及保险市场,从而导致跨市场风险的传递和叠加。[2]

---

〔1〕 参见郑庆寰、林莉:《跨市场金融风险的传递与监管》,载《南方金融》2006 年第 8 期。

〔2〕 参见章和杰:《中国金融制度的风险机理及改革路径研究》,中国社会科学出版社 2004 年版,第 78 页。

依此类推，跨市场金融风险的一般内涵界定可以用来理解股票和股指期货市场的跨市场风险。笔者认为，正是由于金融创新尤其是金融衍生产品的不断推出，这种跨市场金融风险的存在更可能会向资本市场传递和扩散，不仅会触发资本市场中各个不同层次市场的潜在风险，而且会使这种风险在资本领域的不同市场之间传递，增大资本市场风险的破坏效应。因为本书主要涉及股票市场和股指期货市场，因此，可以对股票和股指期货的跨市场风险简单界定为，随着股指期货金融衍生品的创新，市场参与者的一些金融业务会同时涉及股票市场和股指期货市场而内生出的一种交叉性风险。

对于股票和股指期货的跨市场风险层次，可以具体理解为：一是股指期货金融衍生产品带来的风险。金融衍生产品对于金融市场和经济发展而言十分重要，因为它为相关市场主体提供了一种分离和交易各种风险的手段。但也正基于此，使衍生产品的交易具有风险程度较高的特点。股指期货和股票市场息息相关，这种金融衍生产品必然会带来两个市场风险的关联性。二是金融业务的融合或交叉带来的风险。如果投资者同时在股票和股指期货市场进行投资运作，进行套期保值、套利或者投机行为，这些跨市场交易行为在违法违规情形下会产生风险。关于股票和股指期货的跨市场风险特征，笔者认为，除了具有“复杂性”和“潜在性”，[1]同时还具备“关联性”。

时至今日，我国股指期货运行已 6 年有余，这期间，社会各界对于利用具有做空机制的股指期货从事跨市场交易风险的忧虑从未停歇。终于，这种忧虑在 2015 年成为现实，让人们切实感受到“具有做空机制的股指期货作为海水抑或是火焰”而爆发的强大威力。2015 年 6 月 12 日沪指上升至 5178 点，创本轮牛市的新高，就在众人欢呼分享牛市盛宴之时，出乎所有人的意料，自此中国股市上涨的趋势突变，一轮载入史册的股市暴跌飓风骤然降临。中国股市史无前例的暴跌风云将永远定格于 2015 年 6

[1] 谢斌：《现阶段我国跨市场金融风险相关问题初探》，载《上海金融》2005 年第 7 期。

月15日至7月3日。[1] 基于2015年股灾,我国股票和股指期货跨市场交易风险主要表现为跨市场联合操纵、跨市场恶意做空以及跨市场过度投机。由于内幕交易随着证券市场的产生而出现,因此,在我国股票和股指期货跨市场交易中,还会存在跨市场内幕交易的风险。

## 二、跨市场联合操纵的风险

股票和股指期货跨市场操纵的主要特点就在于操纵者事先建立或持有相应的股指期货仓位,然后利用其自身资金和信息上的优势来操纵股票现货市场价格,使现货衍生品仓位通过杠杆机制放大效应,以获得更高利润。或者操纵者通过操纵期指,使其出现偏离合理定价区间的短暂行情,然后再从股票市场上获取差价收益。[2] 2015年7月2日证监会新闻发言人张晓军表示,将严肃依法打击涉嫌市场操纵,特别是股票和股指期货跨市场操纵的违法违规行为。[3] 可见,股票和股指期货跨市场联合操纵行为在2015年中国股灾中也起到推波助澜的作用,其危害可见一斑。在导致中国本轮股市暴跌的原因中,不排除有境内一些机构投资者和个人利用股票和股指期货进行跨市场联合操纵的兴风作浪因素。做多和做空本身就是资本市场中的一种常规交易行为,但这些操纵者们对其却别有用心,大肆利用,他们不仅在证券市场操纵做空,而且操纵做多,像是一个紧附于中国资本市场内部的毒瘤,严重侵蚀着中国资本市场的健康发展。这些操纵者动辄宣称某些所谓消息,并把这些消息有意通过正式通

---

〔1〕 2015年6月15日至7月3日,沪指从最高5178.19点一路最低杀至3629.56点,区间最大跌幅达29.9%。在本轮杀跌过程中,跌幅超过50%的个股达到490只,跌幅在40%~50%的个股为965只。而能够逆势上涨的股票仅有103只,并主要以近期上市的新股为主。如剔除同期因停牌而幸免的341只个股,那么本轮杀跌中跌幅超过4成以上的个股达到59.63%,杀跌幅度之强历史罕见。参见《A股暴跌大数据:六成个股跌幅超过40%》,载《21世纪经济报道》2015年7月6日。

〔2〕 参见张晓凌、卢文莹:《股票与股指期货跨市场交易监管研究》,载《上海证券交易所第21期联合研究计划》(2010年),第17页。

〔3〕 参见许浩:《公安部参与"救市"恶意做空该当何罪》,载《中国经营报》2015年7月13日。

知的方式发送给广大客户,甚至还开通某些快速通道。同时,在操纵做多或做空时,炒作热点、散布谣言;有的机构投资者通过相互串谋,利用资金和信息优势,联合多个证券账号采取一致行动,造成拉抬或打压股票价格的结果;有的操纵者们利用股指期货市场,还经常从事期、现市场的联合操纵。[1]

(一)期货与现货市场跨市场操纵行为的主要类型

关于市场操纵行为,从目前的学术研究分析,艾伦(A11en)和盖尔(Gale,1992)认为,可以划分为三种类型:基于行为的操纵(Action-Based Manipulation)、基于信息的操纵(Information-Based Manipulation)、基于交易的操纵(Trade-Based Manipulation)。[2]

基于行为的操纵,是指没有通过交易过程而进行的操纵行为。[3] 例如,在市场中通过对资产进行囤积、发布虚假信息等交易行为以外的行动去改变资产的预测价值,从中获取收益的行为。其中,通过发布虚假信息或传播流言是基于行动的操纵行为的经常手法。主要模式有庄家、上市公司、证券分析师以及新闻媒体的共谋操纵。

基于信息的操纵,由于其没有在交易过程中对价格进行直接操控,一般将其与基于行为的操纵合为一类。有学者分析了内幕人员利用内幕信息散布误导性言论,从而操纵公共信息和市场价格的行为,并在博弈框架指导下,认为限制内幕操纵的重要因素在于内幕人员在社会公众中的声誉和评价,如果社会公众不能正确、一致地评价内幕人员,那么就会给市场操纵者留下一定的空间。[4] 基于交易与非对称信息的跨市场操纵是当前的市场投资者主要采用的跨市场操纵方式。这种跨市场操纵方式体现

---

[1] 参见董少鹏:《再问恶意做空股市的力量来自哪里》,载《证券日报》2015 年 7 月 14 日。

[2] See Allen and Dougla Gale,"Stock-Price Manipulation",*The Review of Financial Studies*, No.5,1992.

[3] See Kose and Narayanan,"Market Manipulation and the Role of Insider Trading Regulation",*Journal of Business*, Vol. 70, No. 2, 1997.

[4] See Benabou、Roland,"Using Privileged Information to Manipulation Market: Insiders, Gurus, and Credibility",*Quarterly Journal of Economics*, Vol. 107, No. 3, 1992.

为:一方面投资者通过操纵现货市场而从期货市场获利;另一方面通过操纵期货市场而从现货市场获利。

基于交易的操纵,是指通过交易过程对价格直接控制而进行操纵的行为。这种操纵行为经常发生在证券衍生品市场之中。多位学者通过研究表明(Stoll and Whaley;[1] Chamberlain[2] 等),金融衍生产品的标的证券在到期日存在价格操纵现象,尤其是在到期日收盘前的短暂时间内操纵价格的现象更为突出,到期日效应明显。

(二)境外股票和股指期货跨市场操纵的相关案例

1. 韩国 KOSPI 操纵案

韩国 KOSPI200 操纵案发生在 2006 年 5 月,当时使韩国金融市场出现大幅震荡。这是一个典型的联动交易者[3](主要是指 Jackpot 等机构)通过资金优势在股指期货市场进行操纵市场的行为,同时造成价格偏离导致大量套利者进行套利行为。这种套利行为大大加剧了市场的波动,使韩国股指期货市场与股票市场出现连续暴跌情形。

2. 1997 年我国香港特别行政区恒生指数期货暴跌案

关于 1997 年 10 月下旬我国香港特别行政区股票市场和恒生指数期货市场都出现暴跌的情形,媒体认为是由外资大户操纵现货市场而自期货市场获利行为导致的,原因是香港恒生股票价格指数的成分股只有 33 种股票,数量不多,而且是采取发行量加权进行计算,只要外资大户利用资金优势在股票现货市场操纵其中几只重磅级分量的股票,如香港电讯、汇丰银行、长江实业等,就可以影响或者控制恒生指数期货市场。但是,这仅仅是媒体的一种说法,虽然在理论上是可能发生的,但是并未经过实

---

〔1〕 See Stoll、Hans and Robert Whaley, "Program Trading and Expiration-Day Effect", *Financial Analysts Journal*, No. 5, 1987.

〔2〕 See Chamberlain, Trevor W, "Expiration-Day Effect of Index Futures and Options: Some Canadian Evidence", *Financial Analysts Journal*, Vol. 45, No. 5, 1989.

〔3〕 联动交易者是指现货和期货的联动交易者,其交易动机是利用杠杆原理在现货和股指期货市场上进行双边操作(包括同向操作和反向操作),试图在期货市场上谋取高收益,其主要对象是在现货市场具有一定影响力的大机构、对冲基金、游资。

践证实，也没有相关正式的法院案例提供佐证。

（三）跨市场操纵的危害

一些投资者进行的股票和股指期货跨市场操纵行为具有严重的社会危害性，极大地损坏证券、期货交易所的形象，削弱广大投资者对证券市场的投资信心；进一步加剧证券公司、期货公司以及证券、期货交易所的经营风险；削弱股指期货市场价格发现、套期保值等基本功能的发挥，导致期货市场价格和股票现货市场价格的严重扭曲，不能体现合理的市场估值水平；严重扰乱证券市场的秩序，引起证券市场波动，进而成为引发金融危机的根源之一；严重破坏和扭曲证券市场资源的配置效率，给经济社会发展带来损失和隐患。

## 三、跨市场恶意做空的风险

做空和做多本来是证券市场中两种常规的交易手段，但倘若是基于恶意而进行的做空操纵证券市场的行为，则会严重破坏证券市场正常的运行秩序。恶意做空操纵证券市场的行为方式主要表现为：拥有雄厚实力的操纵者会在股票价格处于高位时大举融入相当规模的股票，并快速卖出；随后，这些操纵者通过各种途径非法宣传"看空"，如利用网络传媒大肆传播某只股票的小道坏消息、散布股票即将暴跌的谣言等；当非法宣传股市"看空"的效果显现时，即操纵者操纵证券市场成功，被看空的某只股票价格甚至整个大盘行情则会应声下跌，此时这些操纵者们再大批以较低价格买入该只股票，并及时归还，以最终获得高额利益。[1]

"做空"不是一个法律用语，"恶意做空"本身也不是我国刑法中的一个罪名。2015 年 7 月 10 日证监会新闻发言人邓舸表示，跨市场、跨期现操纵等行为属于恶意做空。[2] 通过 2015 年中国股票市场史无前例的剧

---

〔1〕 参见许浩：《公安部参与"救市"恶意做空该当何罪》，载《中国经营报》2015 年 7 月 13 日。

〔2〕 参见倪铭娅：《证监会：跨市场、跨期现操纵属于恶意做空》，载《中国证券报》2015 年 7 月 11 日。

烈下跌,既能够重现过去股市历次剧烈下跌的共性,也会反射一些新的不同因素,即恶意做空势力者的帮凶。在深化我国资本市场改革进程中,恶意做空中国股市的力量试图破坏证券市场的稳定发展,可能会在特殊时期"同流合污",充分利用我国股指期货市场的做空机制、融资融券业务抑或创业板市场高泡沫等机会,从而助推 2015 年股票市场的大跌。针对 2015 年股灾后市场关注的恶意做空行为,中国金融期货交易所宣称已经对所有参与股指期货市场交易的 38 家合格的境外机构投资者(Qualified Foreign Institutional Investors, QFII)以及 25 家人民币合格境外投资者(RMB Qualified Foreign Institutional Investors, RQFII)期、现货跨市场交易的情况进行了一一核查。排查结果显示,南方基金系 RQFII 并没有在中国金融期货所开户交易,而外界传闻的包括高盛在内的 QFII、RQFII 也没有从事所谓的大幅恶意做空行为,这些专业机构投资者在股指期货市场中只能从事套期保值交易行为,而且近期的套期保值交易行为都符合相应的规则。[1] 但是本书认为,关于恶意做空中国股票市场行为的媒体舆论并非完全是空穴来风,通过公安部副部长孟庆丰带队会同证监会以及相关部门将排查近期恶意卖空股票与股指期货行为的媒体报道就是印证,此次排查应该是具有针对性的。随着我国金融创新的不断提升以及资本市场国际化与市场化的不断推进,在证券市场出现新型的跨市场交易风险不足为奇。如果说中国 2015 年股灾爆发的主要原因之一在于跨市场恶意做空股票和股指期货行为,则对跨市场恶意做空股票和股指期货市场的危害不容小觑。在中国 2015 年股灾中,A 股下跌速度之快、下挫趋势之猛以及覆盖面之广,是谁都始料未及的,带给中国资本市场投资者巨大的损失以及资本市场稳健交易秩序的严重破坏。

### 四、跨市场内幕交易的风险

内幕交易是指内部人因职务等关系能够获取重要消息,而在消息没

---

〔1〕 参见杜卿卿、李隽:《证监会怒了!严打期指恶意做空!》,载《第一财经日报》2015 年 7 月 3 日。

有公开披露之前利用该信息进行交易，以获得高额利润或者减少损失的行为。就我国证券市场而言，是指内幕知情人员利用其所掌握的内幕消息在资本市场二级市场中谋取非法高额利润的行为。很多市场操纵者，经常采用内幕交易和暗箱操作的手段，来实现其操纵股票市场价格的目的。在股票市场中，内幕交易的情形较为常见，内部人一般通过知道内幕消息后提前建立头寸或者对头寸进行平仓的形式表现出来。

相关案例一：Texas Gulf Sulphur 个股期权内幕交易案。Texas Gulf Sulphur（简称 TGS）是一家硫黄生产公司，产量位居世界第一，该公司在 1963 年 11 月至 1964 年 4 月在加拿大拭掘矿床。尽管在 1963 年 11 月 14 日根据拭掘调查结果推测成功率非常高，但是公司为了进一步确保获取外围土地，对此消息并未对外公布，直至 1964 年 4 月才正式公开其发现蕴藏丰富矿床的消息，从而导致股票价格暴涨。但经过专门机构调查发现，该公司的董事、监事等内部人在矿床消息公开前获知拭掘结果后曾经大量买进公司的股票和看涨期权，获得了高额利润。

相关案例二：2013 年 8 月 16 日我国光大证券“乌龙指”内幕交易案。2013 年 8 月 16 日上午，光大证券在交易型开放式指数基金（Exchange Traded Fund，ETF）申赎套利交易时，因程序错误，其所使用的策略交易系统以 234 亿元的巨量资金申购 180ETF 成分股，实际成交 72.7 亿。其后，在没有履行信息披露义务的情形下，光大证券通过做空期指、卖出 ETF 等方式对冲风险，构成了内幕交易。在当年 11 月 1 日，中国证监会以下发《行政处罚决定书》（〔2013〕59 号）的形式认定了其内幕交易的违规行为。[1]

从本质上来说，内幕交易对于证券市场运行机制、证券市场的内在要求、法律理念和社会道德准则等都具有严重的危害性和侵蚀性。因为，保障证券市场的公平、公开和公正对证券市场自身发展而言是至为关键的。

---

〔1〕 参见曹中铭：《光大证券内幕交易案宣判　意义非同寻常》，载《上海证券报》2015 年 10 月 12 日。

社会公众投资者对市场公平性、公开性和公正性的信心将会极大增强市场的流动性，进而吸引有潜力的上市公司不断进入市场，这样股票、股指期货等市场的发展规模才能不断扩大，效率也将不断提高。此外，证券市场的不断发展可以促进资源配置效率的不断提升，促进社会生产力水平持续发展，从而进一步增加和提高社会公众的财富，反过来又会推动股票和股指期货市场的有序稳定发展。由于内幕交易对证券市场乃至整个金融市场体系的安全稳定都具有严重的影响，因此，世界上大多数国家和地区都禁止内幕交易。内幕交易的危害性主要包括以下几个方面。

（一）内幕交易侵害了其他交易者的利益

不言而喻，内幕交易者从事内幕交易获得了巨额利润，但是内幕交易却极大损害了其他交易者的合法利益，导致其他非知情交易者在证券市场中处于不利地位，在交易时需要承担较高的交易成本；还会导致广大社会公众投资者不愿意参与市场交易，从而减低市场流动性。正如美国证券交易委员会曾经指出的那样："在证券市场除了操纵市场外，再也不存在其他事情比选择性的信息公开和滥用内幕信息更能够损害社会大众对现代公司制度和证券市场的信心。"[1]

（二）内幕交易降低了证券市场的信息效率

信息效率是衡量证券市场功能优劣的重要指标之一。内幕交易对证券信息效率具有严重的损害：一方面，内幕交易可以使内部人员获得更大的收益，在此刺激和诱惑下，内部人员为获得更佳的交易机会会进一步推迟信息披露，而这恰恰是以其他市场交易者的损失为代价的；另一方面，就整个证券市场而言，内幕交易行为的增多将会剧烈影响证券市场应有的公平、公正和公开，降低其他交易者的投资信心，最终导致市场交易冷清，甚至出现市场崩盘的可能性。

（三）内幕交易助长了市场操纵行为

内幕交易和市场操纵可以说是证券市场中各类违法违规行为中的一

〔1〕 王春峰：《股票与股指期货市场风险关联性及跨市场监管研究》，载《上海证券交易所第16届联合研究计划》（2006年），第60页。

对孪生子，关系密切，有时很难区分彼此，它们的历史也几乎与整个证券市场的历史相当，如影随形。然而，在一个相当有序、健康的证券市场中，由于交易信息的有效披露，广大投资者可以知晓或者察觉到利用信息优势进行的市场操纵行为，操纵者很难获得操纵的利润。但是，实践中由于证券市场制度的不完善、人性的贪婪等，基于内幕交易的市场操纵行为是普遍存在的。

(四)内幕交易对交易所的负面影响

内幕交易违法行为的大量存在将会极大损害社会公众和投资者对证券市场公开性、公平性和公正性的信心，这不仅会很难吸引有潜力的上市公司进来，还会使已经上市的公司转至其他市场，最终逐渐导致市场萎缩乃至关闭。我国证券市场还处于发展的"新兴加转轨"阶段，社会公众和投资者对证券市场的信心极为重要。因此，对于建立不久的中国金融期货交易所而言，更应该关注内幕交易，禁止和防范股指期货市场内幕交易的发生。

## 五、跨市场过度投机的风险

(一)投机的范畴

不同的文献关于投机有不同的定义，但是都大同小异。《现代经济学词典》描述投机是一种买或卖的活动，其目的是在价格或汇率有变化时，通过买进或卖出行为赚取利润。[1] 《新帕尔格雷夫经济学大辞典》认为投机是为了以后再出售(或再购买)而不是为了使用而暂时买进(或售出)商品，以期从价格变化中获利的一种经济行为。[2] 黄长征在《投机经济学》中把投机定义为一种试图通过交易对象短期价格的波动，谋取买卖差价中高风险收益的经济行为。[3] 从这些文献对投机的定义来看，投机并

---

[1] 参见[英]戴维·W.皮尔斯：《现代经济学词典》，宋承先、寿进文等译，上海译文出版社1988年版，第562页。

[2] 参见[英]约翰·伊特韦尔、默里·米尔盖特等编：《新帕尔格雷夫经济学大辞典》(第2卷)，陈岱等译，经济科学出版社1996年版，第476页。

[3] 参见黄长征：《投机经济学》，中国社会科学出版社2003年版，第4页。

不一定是有害的，本身不具有贬义，而且这些定义强调了投机是具有短期性和一定高风险性的。在本书中，关于证券市场中的投机定义可以借鉴以上文献的内涵。笔者认为，证券投机就是通过在证券市场上，短期买进或卖出一种或多种证券的操作方法，以期从证券价格的短期波动中获取价差利益，是具有高风险性的经济行为。

在资本市场中，投机者的投机行为在增强市场流动性、活跃市场等方面具有积极意义，但同时投机者也承担了较大的风险。首先，适度投机发挥着市场正常运转的润滑剂作用。投机者以追求价差收益为目标的短期交易行为能够增强市场流动性，有利于调节供求关系，促进价格发现和交易的活跃。其次，适度投机可以减缓价格的大幅波动。投机者通过预测未来价格进行的适度投机性交易可以使资产价格不致过高或者过低，在一定程度上避免价格大幅震荡的现象。当然，投机者发挥适度投机积极作用的前提是投机者的理性操作，否则，则是另外一番情景。过度投机不仅不能增强流动性，维护价格稳定，还会人为地破坏市场供求关系，加剧市场价格的波动，增加市场的风险。市场的狂潮与恐慌和大众的非理性是息息相关的。[1] 投机的狂热往往会吸引一些最初行为是理性的投资者，此时市场的非理性导致资产价格远远高于由市场供求和资产本身价值所共同决定的应有均衡价格，产生所谓的“羊群行为”“乐车队效应”或“从众效应”。[2]

（二）我国股票和股指期货市场的过度投机

股票市场的存在伴随着投机行为。美国成熟的股票市场上股票价格属于随机游走，投机者只能根据股票价格的变化作出有利于自己的投机

---

〔1〕 参见[美]查尔斯·P. 金德尔伯格：《疯狂、惊恐和崩溃：金融危机史》（第4版），朱隽、叶翔译，中国金融出版社2007年版，第28页。

〔2〕 “羊群行为”是指投资者在信息不对称的条件下，行为受到其他投资者的影响，模仿他人决策或者过度依赖舆论，而不考虑自己拥有的信息的行为。“乐队车效应”字义上是指在游行中的汽车载着演奏的乐队，乐队演奏的音乐使人情绪激昂，不自觉地想跟在车后参加游行的心理效应，在这里指个体受群体行为的影响，改变自己的观点，采取与大众一致的行为，也即从众行为。

决策。[1] 在我国的特殊国情之下，由于证券市场上存在群体非理性的行为倾向，导致境外成熟市场上非主流的股市投机行为在我国开始演变为一种群体的市场投机行为。因此，在严格意义上，我国现在的股票市场还不是一个吸纳、配置有效的资本市场，而是一个以股价异常波动和过度投机为典型特征的市场。投机的适度与过度并没有明显的界限，是一个难以进行准确定性的概念。在一般情况下，主要用换手率、市盈率和波动率三个标准来衡量一个国家股票市场的投机程度。

衡量股票市场投机是否过度最常用的指标就是换手率，是指在一定时间内市场中股票转手买卖的频率，是反映股票流通性强弱的指标之一，换手率越高投资者平均持股时间越短，市场投机性就越强。例如，单纯从年度换手率指标来看，我国沪、深证券交易所的年度平均换手率远远高于世界其他股票市场的换手率水平。[2] 我国股票市场这种远超于境外市场的高换手率，则意味着市场参与者只是为了通过股市炒作获取股票价格短期变动的价差，并没有通过长期持股，以获取分红和长期回报的投资目的，这更加说明了我国股票市场的非理性程度较大，投机气氛浓厚，市场投资理念与成熟市场存在很大的差距。此外，中国股票市场机构投资者操纵股价现象严重，致使股票价格与其基础价值相背离的情况日趋严重。

市盈率，是指在一个考察期（通常为 12 个月）内，每股市价与每股收益的比例，是衡量上市公司盈利能力的重要指标，也可以用来估算公司股票的投资报酬和风险。一般而言，市盈率越高说明市场对公司的未来越看好，但在每股收益确定的情况下，市价越高，市盈率也会越高，风险也就越大。据统计，沪深股市平均市盈率在 1997～2006 年的 10 年间都超过了 35%，而国外成熟市场如纽约和伦敦股市的同期平均市盈率只有 17.46%

---

〔1〕 See Sidney S. Alexander, "Price Movements in Speculative Markets—Trends or Random Walks", *Industrial Management Review*, No. 2, 1986.

〔2〕 以 2007 年为例，我国股市换手率与境外成熟市场相比，美国股市的换手率为 216%，英国为 270%，日本为 141%，中国香港特别行政区为 89%，新加坡为 122%，而上海、深圳分别为 927.19% 和 987.42%，是发达国家的数倍。参见张玖丽：《中国股票市场投机行为研究》，吉林大学经济学院 2010 年硕士学位论文，第 20 页。

和13.37%，远远低于我国股票市场的市盈率。即使与市盈率稍高的我国台湾地区相比，中国大陆股市市盈率也是中国台湾地区股市的近2倍。[1]由此可见，我国股市的市盈率炒作迹象明显，股票价格中隐含着投机泡沫。事实上，在股票市场市盈率出现如此大幅度波动的同时，我国的经济基本面因素和上市公司收益并没有发生较大的变化，这说明我国股票市场市盈率的上涨在很大程度上缘于股市疯狂炒作等非理性行为，我国股票市场存在过度投机。

波动率也是衡量一个国家股票市场投机程度的标准之一。我国股票价格波动有三个特点：首先，我国股票市场整体波动幅度较大。据统计，在2005～2008年的短暂4年里，上证综合指数的年均波动幅度惊人，平均波动幅度为1911点，波动率高达75%。其次，股价个别交易日暴涨暴跌现象显著。1996年12月16日我国股票市场实行了10%的涨跌幅限制，虽然在一定程度上抑制了股票价格的波动，但是并不能从根本上缓和我国股票市场的波动幅度。据统计，1999～2008年的10年间，上证综指日波动率超过5%的有40次，6%以上的有11次。而我国香港特别行政区恒生指数日涨跌幅在同期内超过5%的只有8次。最后，涨跌幅较大的交易日密集程度高。受客观市场不确定性影响，每只股票可能都会有在个别交易日出现较大幅度的涨跌波动，但是与成熟市场相比，我国股票市场的一些股票涨跌幅度较大的交易日比较集中，并且波动性较强，连续涨停或跌停的现象经常发生。[2]

2010年3月31日融资融券业务正式在我国资本市场开始启动，这种业务实际上增加了我国股票市场的卖空机制，结束了我国资本市场的单边格局。这在一定程度上可以使投资者通过市场的适度投机提高收益，但是如果过度投机则可能会进一步推高资产价格和泡沫，进而导致股票

---

〔1〕 参见颜竹梅、刘亦文等：《中国股市市盈率的变化趋势及国际比较》，载《经济与管理》2008年第5期。

〔2〕 参见张玖丽：《中国股票市场投机行为研究》，吉林大学经济学院2010年硕士学位论文，第22页。

市场价格的暴涨和暴跌。

时任中国金融期货交易所总经理朱玉辰在2010年陆家嘴论坛上指出,股指期货是一把“双刃剑”,理性使用能够带来福音,但是过度使用、滥用则会伤害自己。在市场经济中,股指期货市场是资本市场金钱游戏中最现实、最讲究实效的场所。一部分投资者利用股指期货合约买卖进行套期保值行为,以分散和避免股票市场价格波动的风险;还有一部分投资者则根据自己对股指期货价格走势的判断,甘冒股票市场价格波动风险进行投机。因此,投机是股指期货市场无法回避也不可能回避的。

我国股指期货市场已经建立,要成功地运营和发展下去,必须有效发挥其规避股票市场系统风险、价格发现等积极作用,但是这些功能的实现离不开投机者的参与,需要投机者承担风险。一般认为,在交易中竞争者越多,竞价越激烈,形成的价格就越具有市场代表性,投机者的积极参与可以使股指期货的定价更为精确。因此,只有套期保值者和投机者达成适当的比例,才能保证市场具有足够的深度和广度,股指期货规避风险和价格发现等功能才能更好地得到发挥。换言之,如果股指期货市场中套期保值者和投机者之间的比例差距过大或者套期保值者太少而投机者太多,那么股指期货市场极有可能成为一个随时出现风险、投机过度的赌场。然而,事实恰恰是如此,纵观我国2010年4月初建成的股指期货市场,股指期货交易的参与者大多是以投机为目的,套期保值者只占其中较小的一个比例。从我国股指期货刚上市的交易情况看,首批进入股指期货市场的是个人投资者较多,他们投机性行为较强,基本上都是资本市场上久经考验的高手。尽管他们的技术相对成熟,股指期货市场初期走势也较为理性和平稳,但是由于持有现货的机构投资者尚未参与股指期货市场,其套期保值的作用力度微乎其微,而以非阳光私募为代表的短线参与者就成了股指期货市场的主导者,因此从股指期货的波动性较大、成交量超过预期、日内交易多等情况分析,我国股指期货市场上市初期的投机氛围稍显浓郁,不排除一些投机者利用资金对股指期货进行一定的操控行为,使资本市场投资者产生了股指期货助跌的恐慌感。

## 第三节　我国股票和股指期货跨市场交易风险形成的内因

### 一、股指期货市场与股票市场的关联性

关于股指期货和股票现货市场之间的关系,在国内外都有大量文献进行了研究,尤其是在实证研究方面,成果更多。譬如,加贝德 - 塞尔伯(Garbade-Silber)(1983 年);[1]贝格曼(Bigman)、戈德法布(Goldfarb)、施克特曼(Schechtman)(1983 年);[2]恩格尔(Engle)、格兰杰(Granger)(1987 年);[3]布斯(Booth)、绍(So)、谢(Tse)(1999 年);[4]金(Kim)、斯卡莫里(Szakmary)、施瓦兹(Schwarz)(1999 年)[5]等。国内期货市场与现货市场关系的研究大多是建立在有效市场假说的基础上,近几年开始出现利用实证方法来分析国内外期货市场的有效性。随着我国股指期货市场的发展,关于两者关系的研究会越多。综合相关研究成果,股指期货市场与股票市场的关系可以归纳为以下两个方面。

---

〔1〕 加贝德-塞尔伯利用联立方程和双变量随机游走模型,以期货价格、现货价格、滞后一期的期货价格、滞后一期的现货价格作变量,检验期货价格与现货价格超前波动滞后关系。参见 Garbade K. D. & Silber W. L., "Price Movement and Price Discovery in the Futures and Cash Markets", *Review of Economics and Statistics*, No. 64, 1982。

〔2〕 贝格曼、戈德法布、施克特曼运用最小二乘和线性回归方法检验了美国芝加哥期货交易所小麦,玉米与大豆期货价格与其现货价格的关系。参见 Bigman、Goldfarb and Schechtman, "Futures Market Efficiency and the Time Content of the information Sets", *The Journal of Futures Markets*, No. 3, 1983。

〔3〕 恩格尔、格兰杰提出并发展了协整理论,成为检验期货市场与现货市场关系的新方法。参见 Engle, Granger, "Forecasting and Testing in the Cointegrated System", *Journal of Econometrics*, No. 35, 1987。

〔4〕 布斯、绍和谢运用协整检验与误差修正模型,对德国 DAX 指数现货、期货与期权的价格发现功能进行研究。参见 Booth、So and Tse, "Price Discovery in the German Equity Index Derivatives Markets", *The Journal of Futures Markets*, No. 19, 1999。

〔5〕 金、斯卡莫里和施瓦兹应用向量自回归(VAR)模型,对 MMI、S&P500 及 NYSE 综合指数的期、现货关系进行了研究。参见 Kim、Szakmary and Schwarz, "Trading Costs and Price Discovery across Stock Index Futures, and Cash Markets", *The Journal of Futures Markets*, No. 19, 1999。

(一)股票市场对股指期货市场的影响

由于股指期货是以股票价格指数为标的物的衍生品,股票市场的价格变化和风险表现会不可避免地、显而易见地影响着股指期货市场的价格变化和风险。因此,股票市场行情的跌宕起伏,必然会影响着股指期货市场行情的涨跌演绎。

(二)股指期货市场对股票市场的影响

股指期货市场的建立会把额外的交易及新资金吸引到证券市场中,股指期货的避险功能使股指期货与股票现货市场的价格保持稳定,而指数期货的套利行为以及投资组合会进一步稳定股指期货与股票市场之间的关系。这种影响主要体现为以下方面:

第一,股指期货价格变化领先于股票现货市场,具有预期作用。理论上,股指期货与股票现货虽然是两个不同市场的交易,但由于具有等价资产报酬的时间关系,因此,两个市场的价格在市场内产生新信息时应当同时同向的变化。不过自20世纪80年代以来,一些实证研究表明股指期货市场比股票现货市场能更快地反映信息,股指期货市场的价格变化领先于股票市场,即股指期货具有价格发现的预期功能。[1] 投资者可以利用股指期货市场信息的超前性以及股指期货信息对股票现货市场的价格发现的预期作用,从而进行套期保值,及时准确地了解所持有的股票投资组合与股指期货标的指数信息之间的联系,既为持有股票以及将要进行股票交易的投资者提供了准确的前滞市场变化信息,又为股指期货市场的套期保值者带来准确的信息。[2]

第二,股指期货市场影响着股票现货市场的资金成交量。股指期货与股票市场紧密联系,共处于一个资本市场体系中,资金彼此流动是正常的。从短期来看,股指期货上市初期会对股票市场产生资金分流的影响,出现对股票市场资金的排挤效应,尤其是关注股价指数的基金经理人及

---

〔1〕 参见石晓波:《股指期货市场与股市的跨市监管研究》,载《财政研究》2007年第12期。

〔2〕 参见任燕燕、李学:《股指期货与现货之间超前滞后关系的研究》,载《山东大学学报》(哲学社会科学版)2006年第5期。

部分投机者,会转移手中部分资金到股指期货市场。但是从长期角度来看,由于股指期货具有避免风险的功能,当投资者能够掌控市场风险时,其对股票市场的投资意愿也会增强,增加股票市场的资金流。简言之,股指期货市场有利于股票市场的交易活跃与价格合理波动,吸引更多的资金入市,形成增量资金,从而促进股票市场的繁荣发展。

第三,股指期货市场对股票市场波动性的影响。从短期来看,股指期货市场会加剧股票市场的波动,有助跌助涨的作用。由于股指期货具有高杠杆低成本的特性,投资者会在市场处于上升状态时买入股指期货,套利者则将卖出股指期货,买进股票,由此会推动股票价格指数进一步上涨;而在市场处于下跌状态时,投资者对后市看空,将会卖出股指期货,套利者则将买进股指期货,卖出股票现货,由此会推动股票价格指数进一步下跌。但就长期而言,股指期货可以有效地稳定股票价格,促进股票市场的估值渐趋合理。由于股指期货使投资者的投资策略多元化,使股票现货市场的信息传导机制加强,此时如果股指价格过高或者过低,套利者就会立即作出反应,使其价格能够回到合理位置,从而提升股票市场的定价效率,减少股票价格非正常涨跌现象,促进股票市场的稳定和成熟。

## 二、跨市场交易参与者促进了股指期货和股票市场之间的联系

从股指期货市场和股票市场的参与者角度来看,跨市场交易的参与者主要有套期保值者、套利者、投机者和做市商,这些跨市场参与者构成了影响股指期货市场和股票市场关联关系的主要相关者,他们的交易行为直接影响着股指期货和股票市场的跨市场价格变化。在市场交易机制健全完备的环境下,当市场处于下跌时,套期保值者会在股指期货市场卖出指数期货头寸或者在股票市场抛出头寸。这种卖出的交易行为会导致股票价格继续下跌,但是,股指期货市场的做市商仍然必须履行其提供流动性的职责,买入投资者的卖单。当股票价格跌至其合理真实价值以下时,投机者则会预测市场未来价格会回升,便会买入股指期货;与此同时,当套利者发现市场价格大跌使股指期货的价格低于股票现货的价格时,

便会买入股指期货,同时卖出股票现货而从中获取利润,此时,套利者在股指期货和股票市场的跨市场操作行为中就把市场的卖出压力从股指期货市场传递到了股票市场。在股指期货和股票市场的跨市场参与者中,作为提供流动性的做市商,暂时吸收了市场的部分抛售压力,而投机者和套利者两者虽然都实施买入股指期货的行为,但是发挥的作用却不同:投机者吸收抛售压力,而套利者则把抛售压力从股指期货市场转移到股票现货市场。在套期保值者、套利者和投机者等跨市场参与者的共同操作和作用下,股指期货市场和股票市场的价格保持着紧密的关联性,并且共同承受着市场变化(上升或下跌)带来的压力。

### 三、我国沪深 300 股指期货市场与股票市场的关联性

沪深 300 股指期货于 2010 年 4 月 16 日在中国金融期货交易所上市交易。截至 5 月 27 日,历经 42 天,共成交股指期货合约 5,908,675 张,持仓量达到 18,659 张,首个合约即 IF1005 已经顺利实现现金交割。股指期货市场建立初期呈现出运行稳定、发展有序的势头,成交量和持仓规模有序上升,投资者尤其是证券公司、基金公司等机构投资者参与股指期货市场的热情高涨,数量不断增加。

与此同时,股票市场却呈现持续下跌的态势,短短 1 个月左右的时间,沪指下跌近 500 点。投资者喜亦期指,悲亦期指,由此引发对股指期货的众多争议。一种观点认为,股指期货可以理顺股票现货市场的预期,有利于降低股票市场的波动,促进其理性运行;另一种观点认为,股指期货和股票现货市场价格具有联动性,股指期货对远期合约价格的超前预期会导致股票市场的下跌运行。同时,还有观点认为,股指期货的做空机制是近期股票市场持续下跌的助推器。尽管这几种观点争议的侧重点不同,但是同时都认为股指期货市场与股票市场存在关联性。

有学者通过实证研究分析了沪深 300 股指期货市场与现货市场联动性及其引导关系,得出以下结论:

首先,由于套利者的行为,我国沪深 300 股指期货与股票现货市场存

在相互影响、互为因果的关系,长期走势一致,联动性较强。尽管我国股指期货市场上市时间较短,市场规模有限,但对未来股票市场走势的发现作用已开始发挥。

其次,不管从长期还是短期来看,沪深300股指期货对股票现货市场走势的引导作用都较为突出和明显。从我国股指期货上市初期看,股票市场持续下跌,沪深300指数期货和现货市场在下跌中相互引导,其中,股指期货的引导作用更大。因此,可以认为在沪深300股指期货上市初期,其对当时股票市场持续下跌具有一定的"推手"作用。

再次,应正确认识沪深300股指期货对于股票市场的引导作用。期货市场尤其是股指期货市场作为市场经济的高级形式,会更高效率地反映市场基本面的变化,形成对股票现货市场的预期,实现股指期货发现价格的功能,即为股票现货市场运行提供先导信号。因此,沪深300股指期货市场对股票市场具有引导作用是正常的。

最后,股指期货市场产生的超前预期信息只能引导股票市场的下跌或上涨,但对股票市场总体走势的改变却无能为力。基本面因素决定着股票市场和股指期货市场的总体走势,也是股票市场下跌或上涨的重要外因。因此,应正确认识和把握市场规律,利用股指期货市场的价格发现,提前分析和判断市场趋势,以作出正确的投资决策,并利用股指期货市场转移风险的功能,来减少投资股票市场的风险。[1]

## 第四节 我国股票和股指期货跨市场交易风险形成的外因

### 一、我国股票和股指期货市场立法的缺陷

#### (一)立法滞后,缺乏权威的期货交易基本法

资本市场是一个利益矛盾明显集中的市场,试想一下,如果在这个市

---

〔1〕 参见张宗成、刘少华:《沪深300股指期货市场与现货市场联动性及引导关系实证分析》,载《中国证券期货》2010年第5期。

场中没有法律的约束，而仅仅依靠市场规则、各种法规的制度运行，依靠监管机构适时出台相关政策和措施，这就像一座不断增高的雄伟大厦缺乏坚实稳固的地基一样，随时都有倒塌的风险。现阶段，我国正在积极建立和发展多层次资本市场体系，尤其需要权威的市场交易基本法。《证券法》作为证券市场的一个基本法，确立了中国证券市场法律规范的总体框架，有效地规范了股票市场秩序。我国于2010年正式运行股指期货市场，但由于股指期货金融衍生品的特殊性，现行《证券法》只具有原则性和指导性的规范作用。

"期货交易法"是一个关于确立期货交易基本原则、基本制度以及交易主体组织等相关内容的根本法。目前，许多成熟的期货市场国家和地区都制定有较完备的期货法律，例如，美国早在1921年就制定出台了第一部《期货交易法》，专门针对期货交易进行监管；日本的期货立法主要有1950年《商品交易所法》、2006年《金融商品交易法》等，并且以严格和完善而著称于世。到目前为止，我国缺乏一部能够统领现行期货行政法规、部门规章、自律规则和司法解释等规范性文件的权威完整的"期货基本法"。现行规制股指期货市场的法律依据主要是2007年《期货交易管理条例》，其作为行政法规存在位阶较低、权威不足等问题。[1] 在发展多层次资本市场体系并逐步迈向成熟期货市场的中国，当务之急是由全国人大常委会制定一部调整期货市场法律关系的基本法——"期货交易法"，构建以"期货交易法"为核心和基础、以国务院行政法规和中国证监会部门规章为配套以及以期货交易所和期货业协会的自律管理规则为补充的中国期货市场法律体系，[2] 从而完善我国期货市场的发展。

（二）证券市场操纵行为法律界定的不完善

股指期货和股票现货跨市场风险之一是市场操纵，但是我国2005年修订后的《证券法》和2007年新出台的《期货交易管理条例》仍然延续原

---

〔1〕 参见李志军：《中国股指期货的法律完善》，载《国际商务财会》2007年第6期。

〔2〕 参见胡茂刚：《金融期货市场监管法律制度研究——以股指期货为中心》，华东政法大学经济法学2008年博士学位论文，第107页。

来的法律法规规定,对市场操纵的明确定义内容进行了回避,只是在各自法律法规中分别列举了市场操纵的 4 种和 5 种情形。[1] 可以看出,我国法律法规主要是通过列举禁止性行为的方式对市场操纵行为进行了界定,并没有真正明确什么是"操纵",而且在市场操纵列举中还引入了其他不确定因素,从而给市场操纵的认定带来一定的困难。总之,对市场操纵定义而言,相关法律法规的规定原则性较强,缺乏一定的可操作性:一方面使证券监管机构在认定市场操纵的执法实践中缺乏合理可行的统一标准;另一方面也使《证券法》相关规定不能适应市场的变化,导致市场不能得到及时的调整。此外,《期货交易管理条例》中对市场操纵的内容规定带有明显的商品期货烙印,对股指期货金融衍生品市场的操纵行为针对性不强,也缺乏较强的可操作性。

(三)责任处罚相对较轻,民事责任规定较少

近年来,我国股票和期货市场出现了不少操纵市场明显的案例,不过经法律确认的案件很少,而且即使经过法律确认,其处罚也较轻,并未真正发挥有效打击价格操纵的作用。根据我国目前的法律规定,对操纵证券交易价格罪,是处 5 年以下有期徒刑或者拘役,这种处罚明显较轻,与该罪引起的严重社会危害性不相符合。责任处罚的偏轻会减少市场操纵者的风险成本,并不足以威慑犯罪分子。另外,关于市场操纵行为,我国现行的法律法规中有明确的刑事责任规定和行政处罚的规定,但是关于民事责任方面的规定欠缺,尤其是股东集团民事诉讼机制至今尚未有效建立,使市场操纵行为的受害者缺乏获得应有损害赔偿的途径。同时,关于市场操纵行为诉讼过程中的证据标准、举证责任等程序性方面的规定

---

[1] 我国《证券法》第 77 条规定:禁止任何人以下列手段操纵证券市场:(1)单独或者通过合谋,集中资金优势、持股优势或者利用信息优势联合或者连续买卖,操纵证券交易价格或者证券交易量;(2)与他人串通,以事先约定的时间、价格和方式相互进行证券交易,影响证券交易价格或者证券交易量;(3)在自己实际控制的账户之间进行证券交易,影响证券交易价格或者证券交易量;(4)以其他手段操纵证券市场。操纵证券市场行为给投资者造成损失的,行为人应当依法承担赔偿责任。我国《期货交易管理条例》第 40 条规定:任何单位或者个人不得编造、传播有关期货交易的虚假信息,不得恶意串通、联手买卖或者以其他方式操纵期货交易价格。

也有欠妥,操作性较弱,严重影响了执法效果。随着 2010 年我国股指期货的正式推出以及进一步发展,与之前我国的商品期货和现货市场之间的操纵行为相比,发生于股指期货和股票现货市场的跨市场操纵可能更加方便和隐蔽,普通投资者难以察觉,因此责任处罚过轻,很可能导致严重的跨市场风险产生,影响我国资本市场的健康发展。

（四）股指期货与股票现货跨市场监管协作协议法律效力的不足

在股指期货推出的筹备工作中,为了加强股指期货市场与股票市场的联动监管,防范股指期货推出后可能出现的跨市场风险,中国证监会积极组织相关部门研究建立我国股票和股指期货市场的跨市场监管协作制度。2007 年 8 月 13 日在中国证监会统一部署和协调下,经过深入研究、广泛调研与论证以及在参考国际成熟经验并结合我国证券、期货市场实际情况的基础上,上海证券交易所、深圳证券交易所、中国金融期货交易所、中国证券登记结算公司和中国期货保证金监控中心公司(以下简称五方)在上海签署了股票市场和股指期货市场跨市场监管协作的一系列协议。五方签署的一系列协议包括《股票市场与股指期货市场跨市场监管备忘录》和《股票市场与股指期货市场跨市场监管信息交换操作规程》《股票市场与股指期货市场跨市场监管反操纵操作规程》《股票市场与股指期货市场跨市场监管突发事件应急预案》三个具体操作规程。这四个协议的主要内容是构建股票市场与股指期货市场跨市场联合监管协作机制,包括风险预警机制、信息交换机制、共同风险控制机制和联合调查机制等。此次五方联合监管协议的签署,标志着我国证券、期货监管系统内关于股票市场和股指期货市场跨市场监管协作体制框架的正式确立,为今后跨市场监管协作提供了必要的法律支持和政策基础,对股票市场和股指期货市场的安全运行和健康发展具有积极的作用。

但是,在看到跨市场监管协议的积极作用时,同样不能忽视这一系列联合监管协议在具体实施中的效力问题。现有法律中并没有关于"备忘录"的概念,其是否具有法律效力不能一概而论,应当根据具体情形具体分析。备忘录一般是指双方或多方签订的就已经达成合意的事项的一个督促履行办法,严格来说只是具有督促效力,不具有法律约束力。但是在实际操作中,备忘录往往可以证明合同的实际履行、解决诉讼时效的期限计算等问题,其实际履行要求一般要高于合同,从这点来说其也是很重要的法律文件。

按照法理学的相关理论,有软法与硬法之分。所谓"软",主要体现在立法效力、司法效力以及稳定性等方面。在立法上,软法的制定者是国际组织或民间组织,不是国家的立法机关;在司法效力上,软法本身不是法,不具有法律约束力,但在国家立法机关接受其作为法律时,才具有约束力;在稳定性上,软法具有较大的灵活性。[1] 在衍生金融交易的监管领域,国际监管协调主要就是通过"软法"的方式进行的,即制定各类指南、方针、建议、原则、协定等来指导各国的国内政策,达到国际协调和合作的目的。依此分析,在中国证监会组织下由五方签署的这四个股票市场和股指期货市场跨市场监管协议也可以被认为是"软法",其法律约束力有待确认。在我国法律法规体系中,由于这四项协议是各方当事人的真实意思表示,而且约定的事项具体、确定,因此应视为其具有法律效力,即各方均应当予以遵守和执行。只是,这一系列跨市场监管协议在法律法规体系中,根据法律效力位阶理论,很明显处于较低的层次。因此,为了进一步防范和化解股票市场和股指期货市场跨市场风险,应将跨市场监管制度以"硬法"的形式来确立和落实。

## 二、我国股票和股指期货市场监管体系的不健全

证券监管,是指证券市场的监督管理机构为了消除由于市场机制失灵引发的负面效应,而运用行政、经济以及法律手段,对证券市场运行所进行的组织、规划、协调、监督和控制的活动和过程。[2] 金融监管是一国

---

〔1〕 See Jonathan L. Charney, *Commentary: Compliance with International Soft Law*, Oxford University Press, 2000, p. 115.

〔2〕 参见苏蓉:《论我国证券市场监管的完善》,载《云南大学学报》(法学版)2008 年第 6 期。

政府宏观经济调控及规制金融活动的重要手段，其主要内容包括市场准入监管、业务经营监管和市场退出监管。[1] 作为金融监管中一个重要方面，证券监管当然也不例外包括这三个内容。其实，证券监管的实质就是政府监管部门对证券市场上的各种主体和行为予以限制与约束，监管的本质在于以政府的命令作为一种基本的制度手段代替市场的竞争机制，确保获得一个更好的经济效果，[2] 即通过政府“有形之手”实现对市场“无形之手”的补充作用。

在金融业，我国实行的是分业监管模式。我国证券监管是经国务院授权，由中国证监会依法对全国的证券、期货市场进行集中统一的监管，证券与期货交易所、证券与期货业协会、中国证券登记结算公司、中国期货保证金监控中心公司等自律机构对其会员（或上市公司）和证券、期货交易活动进行自律监管。简言之，我国证券、期货市场已经形成了集中统一的证券监管结构模式，中国证监会、证券与期货交易所以及证券与期货业协会分享监管权，形成了以中国证监会集中统一管理为主，自律组织的一线监管为辅的监管体制。在我国股票和股指期货市场多层次的监管体系中，政府监管机构（中国证监会）占据着绝对主导地位；交易所（沪、深证券交易所与中国金融期货交易所）自律管理机构则发挥着其身处第一线的监管作用，是监管的灵魂之所在；而行业协会（中国证券业协会与期货业协会）的自律管理，是监管体系中的有益补充。我国多层次的监管体系以及相应监管权的配置，顺应了全球证券市场监管领域的发展趋势，具有积极意义，但是目前在政府监管和自律监管中仍然存在较多的问题，可能会导致我国现行股票与股指期货市场跨市场风险的产生。

### （一）政府集中统一监管存在的主要问题

#### 1. 中国证监会权力配置不够合理

在中国证监会的权力配置方面，权力过大与权力不足同时并存。

---

〔1〕 参见华国庆：《完善我国金融监管法律制度刍议》，载《江淮论坛》1999 年第 11 期。

〔2〕 参见张宗新：《中国新兴证券市场的均衡监管模式解析》，载《复旦学报》（社会科学版）2007 年第 6 期。

中国证监会权力过大是指其拥有不应有的权力，主要表现为证监会管制的深度和广度不断扩大。根据我国《证券法》第 179 条规定，中国证监会享有规章、规则的制定权。根据法律效力位阶理论，中国证监会制定的规章、规则不能越过其上位法即法律法规的范畴，应该是法律法规的实施细则，发挥补充作用。但是在实践中，由于我国证券市场监管相关法律法规的局限性，证监会有意或无意地侵入了法律法规的立法领域。中国证监会制定的规章把证监会的职权延伸到整个证券期货市场，垂直领导全国证券期货监管机构，证监会管制的内容和范围也逐渐扩展，包括行业准入许可、会计师事务所、资产评估机构及其成员从事证券期货中介业务资格的审批，对律师事务所、律师及有资格的会计师事务所、资产评估机构及其成员从事证券期货相关业务活动、证券期货信息传播活动的监管等。在中国证监会职权过宽的此情此景之下，可以看出证监会既是规则的制定者，也是规则的执行者，因此，如果缺乏对其权力相应的有效监督，则必然会带来权力寻租、效率降低等弊端。

中国证监会的权力不足主要是指其执法权不足。证监会本质上是一个行政执法机构，由于证券市场交易具有复杂性、隐蔽性以及欺诈性等，要求证券法律法规的执行必须坚强而有力，进而就要求证监会必须具有相应的充分执法权力。我国《证券法》第 180 条规定了证监会享有的监督职权，相比修订之前，增加了证监会的执法权，[1] 强化了执法效果。但是，相对于我国新兴资本市场的发展以及证监会本身承担的繁多的证券监管职责而言，新增加的这些执法权仍然显得不足。另外，中国证监会处罚权的威慑力较弱。我国《证券法》对罚款行为大都规定了上限，并且这些上限多半是具体的罚款数额，并不是违法违规者非法利益的倍数，这样的处罚力度太小导致违法违规的成本很小，大大削弱了处罚权的威慑力，既无法防止违法违规者再犯，也无法对其他违法违规者起到警示作用。

---

〔1〕 2005 年修订后的《证券法》第 180 条为中国证监会增加了两项非常重要的权力，即对涉案有关单位和个人的银行账户的查询权以及直接冻结违法资金、证券等涉案财产权。

反之,在违法违规成本太小而又能带来巨大收益的刺激下,可能会产生更多的违法违规行为。

2. 中国证监会监管手段的行政化与政策化

目前,我国处于新兴加转轨的市场经济体制发展阶段,而传统计划经济体制的制度惯性使中国证监会的监管措施不可避免地带有行政化与政策化的倾向。这种倾向主要有三个方面的表现:一是证监会拥有较集中的审批权。从证券业会计师、律师等人员的从业到券商的承销、经纪、发行等行为的辅导以及金融期货行业准入许可再到基金管理公司的诸多行为甚至 QFII 的运营等,都需要经过证监会的审批。二是政策市特征明显。我国证券市场是一种典型的政策市,[1]证券市场作为国家政策安排的产物,在很多情形下是按照行政意志来发挥功能和作用的,政府常常根据特定时期经济工作的整体需要而介入证券市场,并不是着眼于证券市场自身的发展规律和运行效率。由于政府对证券交易市场的干预政策与市场自身发展趋势和投资者的预期不一致,致使证券市场大幅波动。三是监管手段的短期效应较为严重。现代公共行政的基本要求之一是政府的监管措施应具有连续性。而中国证监会由于大量的日常行政性事务工作需要应付,常常忽略了证券市场发展所需的法制建设和制度建设,经常是出现了突出问题,就采取措施解决突出问题,其中不乏以行政命令的方式来调控市场。这种"头痛医头,脚痛医脚"的做法虽短期内解决了问题,但是对未来的监管效果造成了一定负面影响,同时使投资者难以准确判断市场运行规律,导致一些投资行为的投机化和短期化。

3. 中国证监会统一监管证券和期货市场不够科学

我国 2007 年新颁布的《期货交易管理条例》总则中,直接规定了期货

---

[1] 政策市是指在证券交易市场上政府的过度干预,主要表现为政府通过各种手段托市或抑市,试图将证券交易价格控制在一定的幅度之内。当市场低迷时,政府会发布利好政策,进行托市或救市;当市场处于牛市时,由于担心市场出现过热和过度投机,又会发布政策抑制市场过热。参见韩嫄:《我国证券市场监管的加强与完善》,载《中央财经大学学报》2008 年第 9 期。

市场的监管部门为国务院期货监督管理机构。[1] 这种新的表述具有重要的积极意义。首先,表明以金融期货尤其是股指期货上市为契机,为我国政府监管机构内部将来设置专司金融期货监管的机构奠定了基础;其次,可以通过借鉴先进欧美期货市场监管经验,为我国以后组建专门期货监督管理委员会留有回旋空间;最后,为积极顺应现阶段金融混业经营的趋势,加大我国现行"一行三会"对金融期货市场资金、发行、交易、运作、结算、参与主体、风险控制等跨市场监管的协调和配合,预留了一定的法律余地。但是,在股票市场和股指期货市场监管实践中,由于现行监管体制原因,仍存在较多尚待解决的问题。

根据我国《证券法》和《期货交易管理条例》,由中国证券监督管理部门实行对证券市场和期货市场的集中统一的监督和管理,我国目前没有专职期货市场监管机构。其实,这种由中国证监会同时监管证券市场和期货市场的体制结构安排欠缺一定的科学性。一是因为证监会同时监管证券市场和期货市场,很难实现预期效果。尽管证券和期货在很多方面相类似,尤其是股票和股指期货具有天然的紧密内在联系,但是两者从各自市场功能、市场结构、交易形式、资金运营、风险管理等方面来说,还是存在明显的区别。二是因为我国正在积极构建多层次资本市场体系,需要证监会大量人力、物力、财力等精力的投入,而证券市场中尚存在多层次市场建设有待健全、交易品种有待完善、交易规则有待完善、上市公司治理水平有待提高等诸多问题,因此,金融期货市场中的股指期货市场作为我国刚建立的全新的资本市场,对于牵扯出去太多精力的证监会来说,对股指期货市场的监管则是分身乏术。三是因为股指期货市场监管不仅涉及证券、期货市场,而且也涉及相关的部委,监管程序比较复杂,若由证监会同时监管证券市场和期货市场,会力不从心。四是因为从境外证券、期货市场实践来看,实行由监督管理部门统一集中监管体制的,一般是地

[1] 《期货交易管理条例》第5条规定:国务院期货监督管理机构对期货市场实行集中统一的监督管理。国务院期货监督管理机构派出机构依照本条例的有关规定和国务院期货监督管理机构的授权,履行监督管理职责。

域不够辽阔,证券期货市场相对比较单一的国家和地区,而我国与这些条件则不相符合。[1]

(二)自律监管存在的主要问题

1. 证券交易所的法律性质模糊,缺乏独立性

根据我国《证券法》规定,[2]证券交易所是实行自律管理的法人,但在实践中,证券交易所真正的会员制法人治理结构并未真正确立起来,而且沪、深两大证券交易所均被登记为国有性质的事业法人单位。证券交易所这种模棱两可的法律性质会在一定程度上影响其自律监管的权威性和有效性。另外,由于证券交易所法律地位的界定模糊,使其在独立性方面的表现也微乎其微,主要有沪、深证券交易所的设立主要是来自政府的规划和筹办,并不是证券市场的参与者自发组建的,这是一种强制性制度变迁的体现,其中以自律精神的缺失为代价;证券交易所的人事安排由政府掌控,交易所会员大会和理事会徒有其名而无其实;证券交易所的管理大权和日常事务管理直接由中国证监会控制。

2. 中国金融期货交易所公司制法人治理结构的形同虚设

在我国资本市场短短20多年的发展历程中,中国金融期货交易所的成立开创了我国公司制交易所的先河,是资本市场国际化进程中的一个新探索。中国金融期货交易所自成立以来,主要负责推进我国首个金融期货品种——沪深300股指期货的各项筹备和上市工作。但是,尽管中国金融期货交易所在组织体制上采用的是公司制,[3]究其实质却仍是我国的一个行政机构或其附属机构,是政府主导下的中国金融期货交易所,

---

〔1〕 参见胡茂刚:《我国股指期货三层监管体系的法律思考》,载《政治与法律》2008年第5期。

〔2〕《证券法》第102条规定:证券交易所是为证券集中交易提供场所和设施,组织和监督证券交易,实行自律管理的法人。

〔3〕 中国金融期货交易所是经国务院同意,中国证监会批准,由上海期货交易所、郑州商品交易所、大连商品交易所、上海证券交易所和深圳证券交易所共同发起设立的交易所,注册资本为5亿元人民币,这5家股东各自出资1亿元人民币,并于2006年9月8日在上海成立。股东大会是公司的权力机构,董事会是日常决策、管理、执行机构,公司目前设总经理1人,副总经理2人。资料来源:中国金融期货交易所网:http://www.cffex.com.cn/gyjys/zzjg/。

是名不符实的公司制,因此,中国金融期货交易所公司制定位不清。

我国《期货交易所管理办法》规定了我国公司制期货交易所治理的基本框架,即股东大会是期货交易所的权力机构,由全体股东组成,设董事会,设总经理1人,副总经理若干人,设监事会,监事会成员不得少于3人。然而,实践中的中国金融期货交易所果真如此吗?实际运行中的中国金融期货交易所无论是董事会还是总经理、副总经理乃至交易所的中层干部,都无不处于证监会的控制和干预之下。在中金所股东大会名存实亡的情形下,中国证监会控制着中国金融期货交易所的决策机构、执行机构,中国金融期货交易所的独立性无法得到保证,其组织机构具有浓厚的政府色彩,沦为中国证监会的附属机构之一,与真正的公司治理结构和治理机制相比,只是形相近而神相远矣。

3. 中国证券业协会和期货业协会监管的不足

中国证券业协会成立于1991年8月28日,中国期货业协会成立于2000年12月29日,二者都身处浓厚的政府干预色彩之下,独立性较差。虽然我国证券业协会和期货业协会成立时间相隔近10年,但是二者的设立同证券、期货交易所一样,都是源于本国资本经济发展与借鉴国外证券、期货监管结构的需要,由政府的推动使然,并非是券商结合自身利益的一种自发组织。

中国证券业协会和期货业协会作为我国证券、期货市场的监管机构,其自律监管职能并没能有效发挥出来,自律职能薄弱。根据证券业协会和期货业协会的章程,两协会的职能主要有自律、服务和传导三个方面。但是根据法律、行政法规、证券、期货业协会章程规定的两协会的具体职责则主要体现了服务和传导的职能,较为明显体现自律监管性质的规定只有以下几项:对会员之间、会员与客户之间发生的证券(或期货)业务纠纷进行调解;制订自律规则、执业标准和业务规范,对会员及其从业人员进行自律管理;监督、检查会员行为,对违反法律、行政法规或者协会章程的,按照规定给予纪律处分;监督、检查会员的执业行为,受理对会员的举报、投诉并进行调查处理,对违反本章程及自律规则的会员给予纪律处分等。况且目前在证券业协会和期货业协会内部并没有建立起专门的证券、期货纠纷调解机构,也没有相应的纠纷调解程序,这些使证券、期货业协会的自律职能形同虚设。同时,证券、期货业协会的自律规则中缺乏规定具体的纪律处分措施,这使其处罚的威慑性大为降低,因此,两协会的自律管理行为以及监督、检查等行为对其会员约束力并不强。

(三)政府监管者和自律组织之间的协调与合作不足

国际证券监管委员会组织(International Organization of Securities Commission,IOSCO)相关文件提出了一个由政府机构、行业自律和机构内控构成的多层次市场监管框架。IOSCO要求应当通过法律明确界定各个监管主体尤其是政府监管机构与行业自律组织之间的关系,其中,政府监管机构与行业自律组织之间的关系主要应表现为:一是政府监管者对行业自律组织的监督;二是政府监管者与行业自律组织之间的协调、合作。不同的监管主体之间可以通过签订备忘录的形式明确分工,在备忘录中应确定各监管主体的监管职责。另外,各监管主体之间还应该建立信息共享机制,明确规定共享信息的种类、共享的主体和共享的具体情形等内容。

结合IOSCO关于政府监管机构和行业自律组织之间协调、沟通的规定,可以看出我国证券市场各级监管主体之间的协调与合作是严重不足的,存在中国证监会监管过度,而证券、期货交易所与证券期货业协会监管不足的局限。中国证监会的监管范围无所不包,从证券、期货公开发行的核准、保荐人资格规定、证券期货中介机构的准入到相关人员培训、信息披露等内容,只要是涉及证券市场有关的都在其监督管理范围之内。政府对证券市场的干预过宽,远远超出了政府监管主体应有的调控范围、层次和力度,在一定程度上容易导致证监会的监管失效,妨碍市场机制作用的正常发挥。作为证券、期货交易所及其行业协会自律组织来说,自律监管权力则存在配置不足、职能弱化的情形。与IOSCO的有关规定相比,[1]我国证券、期货市场的自律组织尤其是证券、期货交易所缺少对可能的违法违规行为的调查权和实质性的处罚权两项重要权力。而证券、期货业协会在目前来说,其角色定位更多的只是会员之间关系的协调机构、相关从业人员的培训中心和一般的信息中介机构而已。[2]

全面审视我国证券、期货市场的监管框架和结构之后,发现证监会"一家独大",包揽了绝大多数的监管权力资源,而自律组织的监管权力和作用则"微乎甚微",机构内控的自我约束则更"微不足道",成效极小。因此,这样高度集中性的权力配置体系难以取得高效。正如有学者所言,在未来的制度变迁中,将有一个系统性的重大议题需要解决,即如何对政府监管的权力资源进行再分配以及重新划定各个监管主体的职能界限。[3]

## 三、我国股票和股指期货市场信息披露制度的不规范

### (一)我国股票市场信息披露的主要问题

诚信是资本市场的基石。在股票市场中,上市公司信息披露以及交易信息披露是监管主体对信息监管的重点和主要组成部分。信息披露也是上市公司应尽的义务。自我国证券市场自成立20多年来,通过不断地建章立制,上市公司信息披露体系也在不断完善。目前,我国已形成包括基本法律、行政法规、部门规章和自律性规则在内的多层次信息披露法规体系以及包括中国证监会、证监会派出机构、证券交易所三者各司其职、合理分工、协调监管的信息披露监管体系。近年来,监管主体还根据经济和资本市场的变化,出台了若干信息披露的新规则,使上市公司信息披露质量进一步得到提高。除法定披露外,上市公司的主动、自愿的信息披露

---

〔1〕 国际证券监管委员会组织认为自律组织的基本职能包括:制定内部规章制度;市场准入授权与批准;监控市场行为;对违反规则的行为进行调查、控诉和裁定;管理争议解决机制;建立并实施针对市场参与者和公众投资者的教育机制,等等。

〔2〕 参见孙昌兴、秦浩等:《中国证券政府监管和自律监管中的问题与完善对策》,载《安徽大学法律评论》2009年第1期。

〔3〕 参见黄韬:《证券监管与权力资源的再分配》,载《法人》2008年第9期。

意识大幅提升。可以说，我国股票市场的透明度已经取得质的飞跃。[1]

但是，由于我国上市公司治理的一些混乱，使不规范的信息披露依然大量存在，并在长期内影响着上市公司运营乃至证券市场的持续健康发展。目前，我国证券市场上市公司信息披露存在较多问题，关于信息披露的违规问题可总结为以下三个方面：

一是信息披露不真实。公司管理层为了公司股票上市需要、公司管理业绩评价或筹资等经营管理的特殊目的，往往有意歪曲或不愿披露真实信息，另有一些公司甚至用不正当的会计处理方法，提供具有误导性的财务报告。

二是信息披露不充分。表现为公司对应该披露的信息不作全面的公开披露，而采取避重就轻的手法，故意对部分事实有所侧重或有所隐瞒，一些公司对不利于本公司的信息如公司的偿债能力、对外担保情况、资金投放趋向以及利润构成等并未给予充分和全面的披露，有的公司甚至对一些重大事件干脆不予披露，误导投资者。

三是信息披露不及时。一些上市公司为了误导投资者，信息披露不够及时，甚至对披露报表进行补充的补丁公告也经常存在不及时的现象。

（二）我国股指期货市场信息披露的主要问题

在股指期货市场，由于其与股票市场的关联性，监管主体一般相信投资者可以及时通过股票市场了解到与股票指数有关的信息，因此，股指期货市场信息监管重点则在于交易信息和投资者信用信息的披露。我国股指期货市场建立时间并不长，在信息披露方面存在较多问题，主要包括以下几个方面：

一是信息披露渠道有限。我国现行商品期货市场和金融期货市场虽然有自己的信息披露方式，但主要是通过行业性报纸和网站，覆盖面相对较小，而且信息披露比较零星分散，缺乏一定连续性。随着市场的不断发

[1] 李晓辉：《不断完善信披体系，着力提高信披主动性》，载《中国证券报》2011年2月22日。

展和新技术的不断应用,从国际市场发展趋势看,越来越多的证券市场选择利用网络等电子媒体作为信息披露的渠道,这已经形成证券市场电子化的发展趋势,而我国作为新兴资本市场发展的国家,在利用电子媒体的渠道进行信息披露方面有待进一步提高。

二是信息披露范围有限。目前金融期货市场披露的信息主要包括主管部门发布的相关政策、措施和中国金融期货交易所公布的大户持仓状况等。而对有关交易品种、股票市场方面的动态信息和期货公司及其高管人员诚信情况,例如,期货经纪机构的运营状况、违规行为的不良记录、信用状况、资金大户的有关情况等方面的信息披露并不多见,即使有信息披露,也普遍是不够全面和完整。这种信息披露范围的有限性为市场上小道消息横行、内幕消息产生提供了土壤,是导致期货市场操纵行为屡见不鲜以及过度投机氛围浓重的重要元素之一。

三是信息披露不规范。在金融期货市场,时常有信息披露内容不规范的现象,例如,有的期货经纪公司在转载其他与本公司交易活动相关的社会信息时,会有意无意地加入自己的主观意愿进行信息误导;有的期货经纪公司甚至故意制造虚假消息以市场传闻的形式加以传播;有的期货交易所和期货经纪公司在信息披露上有所保留,信息披露不完整。另外,我国期货市场许多相关信息的披露的时效性较差,具有明显滞后性,直接影响市场投资者对交易行为作出正确决策。

### 四、我国股票和股指期货跨市场稳定机制的不足

我国股票市场已经存在稳定机制,主要包括涨跌幅限制、股票停牌制度和新股上市停牌规则等。尽管股指期货市场刚刚建立,但是在中国金融期货交易所相关交易规则中,规定了股指期货市场的稳定机制,例如,中国金融期货交易所可以根据市场风险状况调整期货合约的涨跌停板幅度;交易所实行风险警示制度;交易所可以采取提高交易保证金标准、强制减仓等风险控制措施。这些稳定机制的不足主要表现在以下几方面。

#### (一)涨跌幅限制机制过于频繁触发

在我国证券市场中,多数股票流通量不大,而且市场中投资者追涨杀

跌的过度投机气氛依然浓厚,因此,在股票市场中个股涨跌幅限制机制触发得非常频繁,这与市场稳定机制的设立初衷并不一致。

(二)熔断机制的不足

目前,熔断机制是国际通用的股指期货风险监管制度,它与涨跌幅限制、减速措施并称为"三大自动稳定机制"。[1] 熔断机制是指对某一合约设置一个熔断价格,使合约的买卖价格在一段时间内只能在这一价格范围内进行交易。1987 年股灾之后,美国股指期货市场采用了被称为"断路器"的价格限制制度,即熔断机制。《布雷迪报告》认为,股指期货市场采用断路器措施可以尽可能地缓解市场大幅波动。熔断机制曾在我国股指期货仿真交易中引入使用,不过在 2010 年股指期货正式运行之际,出于当时对市场风险的一种"敞口测试",[2] 中国金融期货交易所选择适用的依然是我国证券市场主要存在的涨跌幅限制,熔断机制被取消搁置。这种市场稳定机制的选择主要是因为要适应我国股指期货市场运行的初级阶段,境外成熟证券市场中熔断机制的采用与其良好的资本市场信用体系、先进的资金流动系统以及高效的交易所运营机制等状况是相适应的,而这些基础在我国股指期货刚运行之际尚未具备,恰是我国资本市场有待实现的阶段目标。不过,通过境外成熟股指期货市场发展及其熔断机制的适用经验,再加之我国证券市场曾经采取熔断机制的效用事实,能够证明熔断机制在市场出现非理性暴跌时可以及时预警并缓冲市场的系统性风险,具有涨跌幅限制等其他风险监控机制无法比拟的优点。在我国 2015 年 6 月至 8 月股票市场非理性暴跌过程中,如果存在熔断机制,当市场行情暴跌到一定触发点时,证券市场有可能进入缓冲期,进而启动交易中断或暂停机制,或许就不会出现 2015 年这次史无前例的股灾。在 2015 年我国证券市场股灾的前车之鉴上,2015 年 9 月 7 日上交所、深交所和中金所联合发布关于在 A 股引入熔断机制事宜向社会征求意见的通知,并

---

〔1〕 参见王小明:《拷问中金所避险机制》,载《21 世纪经济报道》2006 年 7 月 4 日。

〔2〕 参见陈旭光、陈旭东:《论股指期货中熔断机制在我国的效用》,载《东北财经大学学报》2010 年第 3 期。

于2016年1月1日实施熔断机制。熔断机制的引入,主要目的在于防范市场大幅波动,它构成了涨跌停板制度的二次保险。但在我国A股实行熔断机制后,仅4日就4次触发熔断机制,中国证监会于2016年1月8日果断叫停熔断机制。熔断机制在我国证券市场从实施到暂停只有短短4天时间,这一异常现象表明我国现行熔断机制的制度设计存在不足之处,缺乏对我国熔断机制实施的具体合理性、障碍性因素的把握,未能真正实现熔断机制的中国本土化。因此,应对熔断机制法律规范的阈值设定、暂停时间、双向性等方面加以适当修正,处理好与涨跌停板制度的合理衔接,同时积极完善相应的配套措施。[1]

### (三)尚未设置股票与股指期货市场之间协同的稳定机制

我国股票市场上个股的涨跌停板幅度为10%,理论上,沪深300指数成分股全部同时到达涨跌停板时,指数才会达到涨跌停板,但是这种情况几乎是很少见的。在实践中,沪深300指数自推出之后,尚未出现过沪深300指数到达涨跌停板的情况。因此,可以推测股指期货出现10%的涨跌幅度的概率同样是非常少的。不过,从另一个方面分析,并未设置股票市场与股指期货市场之间协同的稳定机制,尤其是熔断机制。不禁要问:假如股指期货市场达到了即将临近涨跌幅限制的状态,此时股票市场的大盘应该采取何种稳定机制?个股又该采取何种稳定机制?因此,设置我国股票市场与股指期货市场之间的协调稳定机制,会使股指期货市场的信息及时释放,为投资者赢得理性思考的时间,这对股指期货市场和股票市场的稳定都具有积极的作用。[2]

## 五、我国机构投资者内部风险控制制度的不健全

### (一)机构投资者法人治理结构不够合理

法人治理结构简言之就是一套能够使现代公司在综合各利益相关者

---

〔1〕 参见樊朱丽:《熔断机制的中国本土化及其法律适用》,载郭峰主编:《证券法律评论》,中国法制出版社2016年版,第165~169页。

〔2〕 参见王春峰:《股票与股指期货市场风险关联性及跨市场监管研究》,载《上海证券交易所第16届联合研究计划》(2006年),第135页。

(所有者、经营者、债权人、员工等)的基础上规范运营的管理体制。机构投资者治理结构就是通过公司的股东大会、董事会、监事会结构框架形成一种相互制衡的体系,明确划分责、权、利,以保证机构投资者的规范运营,保证股东和债权人的利益。目前,以我国上市的证券投资基金为代表,已经具备了较健全的治理结构:在股东会下形成了具有决策权的董事会;实施了独立董事制度,在董事会下设有监事会和由股东、职工选举的一定比例的独立董事。[1] 然而,总体来说,我国机构投资者的治理结构仍然存在较多的不足。由于我国证券市场是强制性制度变迁的结果,我国的证券公司基本上都属于国家独资公司,使我国机构投资者的组织形式不尽完善。单纯地从法人治理结构的架构来看,公司的股东会、董事会和监事会一应俱全,但是,证券公司的股权绝大多数都是国家股或者国家法人股,这一先天不足使证券公司自成立之日起,便存在"三会"可能形同虚设、激励机制不到位等问题。由于我国机构投资者缺乏真实的所有者主体,使股东和董事之间的信任委托制衡关系受到一定影响,导致机构的治理结构不够规范。甚至在目前,我国的一些机构投资者并没有按照现代企业制度的要求建立公司的管理机构(董事会)和监督机构(监事会),机构投资者的许多高级管理人员都来自政府部门直接或者间接的委派。由于很多机构投资者是国有企业,存在所有者缺位的现象,致使监事会形同虚设,董事会被内部人控制,治理机构的分权与制衡作用并没有得到真正发挥,公司的决策机制和程序也失去其应有价值。此时的独立董事也难以保持独立,加之数量较少,很难发挥预期作用。

(二)机构投资者内部风险控制企业文化的缺乏

学术界对于企业文化的定义不一,但一般都认为企业文化的基本内容是由组织成员共享的一组重要假设或者价值观,具有不易察觉性和稳定性两个突出特点。[2] 具体来说,企业文化是企业组织随着现代工业文

[1] 参见周璐:《证券公司法人治理结构的反思及规范思路》,载《嘉兴学院学报》2005 年第 12 期。

[2] 参见程兆谦、徐金发:《企业文化与购并研究》,载《外国经济与管理》2001 年第 9 期。

明的发展,在一定民族文化传统中逐步形成的,能够体现本企业特征的基本信念、价值观念、规章制度、人文环境以及与此相适应的思维和行为方式的总和。企业文化是现存的一种无形力量,是企业的灵魂,市场竞争的最高境界往往就是文化的竞争。[1] 企业文化是一种凝聚力,也是一种氛围,在现代社会竞争中,受到越来越多企业的追捧。在现实生活中,机构投资者尽管确立了众多的、响亮的、不同的企业文化口号,但是关于内部控制以及风险文化的宣传却少之又少,控制风险并没有成为企业广大员工内心的一种自觉要求,员工关于内部控制的认识浅尝辄止,并未充分认识到内部控制和风险管理的内涵和重要性,而且员工的素质有待提高,这些状况影响了内部控制制度有效性的实现。[2] 机构投资者本身对内部风险控制的重视严重不足,公司在日常的经营活动中可能会片面地追求眼前利益、局部利益,而忽视风险管理,使内部风险控制制度不能在实践中得到很好的贯彻和执行。

(三)风险识别和评估制度不够完善

提高机构投资者内部控制效率的关键在于风险识别和评估等具体制度。随着证券市场产品的不断创新和复杂化,市场的风险也逐步增大。机构投资者时刻都在面临来自内部和外部的不同风险,能否进行有效的辨识和分析风险,是其能否有效控制风险的关键。[3] 从现实状况来看,我国机构投资者发展相对较迟,内部控制制度在我国更是一个较新的领域,因此,机构投资者内部的风险识别和评估制度尚不完善。目前,还没有制订出较完善的计量识别标准,在开发新型业务时没有能够及时建立起相应的风险控制制度,一些识别、评估风险的方法和手段比较落后,不能有效地进行风险管理与监控。

---

〔1〕 参见张卫东:《充分发挥企业文化灵魂作用》,载《企业科技与发展》2008 年第 22 期。

〔2〕 参见王文怡:《当前商业银行内部控制存在的问题与对策》,载《青海金融》2005 年第 2 期。

〔3〕 参见周颖:《我国机构投资者内部风险控制研究》,东北林业大学会计学 2006 年硕士学位论文,第 23 页。

# 第三章　股票和股指期货跨市场监管的价值目标和基本原则

证券监管既是一个经济学问题，也是一个法律问题。证券监管必须以法律为依据，离开了法律，证券市场将失去控制、规范、指引和保障。[1] 随着资本市场深化改革和制度建设的推进，我国股票市场作为经济"晴雨表"的基本功能逐渐呈现和发挥，股票市场与经济的表现日趋协调，两者同现盛市强音。2010 年股指期货在精心筹备下正式上市，标志着我国金融衍生品市场发展跨入新的里程碑，股指期货以其独特的套期保值和价格发现等功能在我国多层次资本市场体系中发挥着积极作用。在现代市场经济体制中，金融是经济活动的核心，证券市场是金融体系中的重要组成部分，而股票市场与股指期货市场更是证券市场的重中之重。但是，由于股票市场与股指期货市场自身行业所具有的风险关联性、外部负效用性、信息不对称性等特征，常常会隐藏巨大的市场风险，甚至诱发系统性

---

〔1〕 参见张忠军：《金融监管法论》，法律出版社 1998 年版，第 13 页。

金融风险,导致金融危机,从而严重影响社会的经济发展。因此,对股票和股指期货跨市场风险进行防范和监管是很多国家与地区普遍采取的措施。我国也在积极改革证券市场监管体制,加强证券市场监管,建立和完善股票和股指期货市场的监管协调机制。本章对我国股票和股指期货跨市场监管的价值目标与基本原则进行了分析和论证,旨在为我国股票和股指期货跨市场监管法律制度的建立与实施等一系列活动奠定理论基础,并提供应遵循的依据和方向。

## 第一节　我国股票和股指期货跨市场监管的价值目标

法的价值目标,是法作为客体满足主体需要的终极追求,体现了主体对法价值的追求和企盼。法的价值是以法与人的关系为基础的,是法对于人所具有的意义。法的价值,体现为法对于人的某种需要的满足,使人们的需要在制度层面得以法律化,同时将已经法律制度化了的人的需要现实化为法律的现实。法的价值是法对于人的需要的满足。价值都是相对于主体而言的,都是主体需要的满足。没有主体的需要,就无所谓价值。满足人的需要是法的价值最基本的内容,是法对于人的首要意义。[1]关于法的价值,众说纷纭,但安全、自由、平等、公平、效益、正义、人权乃至人的全面发展等作为现代法律制度价值的组成部分,无不得到认可。于2004年2月1日发布的国务院《关于推进资本市场改革开放和稳定发展的若干意见》指出,要树立与时俱进的监管理念,建立健全与资本市场发展阶段相适应的监管方式,完善监管手段,提高监管效率。我国股票和股指期货跨市场监管法律制度是进一步促进证券市场稳定,防范跨市场金融风险的重要制度,是证券监管法律制度中的一种表现。证券监管法律

---

〔1〕 参见卓泽渊:《法的价值的诠释》,载《苏州大学学报》(哲学社会科学版)2005年第5期。

制度属于经济法的范畴,而经济法的价值主要表现为实质正义、社会效益、经济自由和经济秩序的和谐,〔1〕进而推出最能反映股票与股指期货跨市场监管法律制度本质特征的价值目标应是安全、效率、公平与秩序,他们有机融合于金融监管的各项规则和制度之中。

## 一、安全

### (一)安全的基本内涵

安全的概念常见于国际关系学中。比较早的是一位美国学者提出,安全意味着和平以及对和平的维护,但是,由于作为一种价值的安全,同时享有其他许多价值的方式和条件,所以它的含义往往是不明确的。〔2〕这位学者并没有真正指出安全的内涵。而后,另一位外国学者阿诺德·沃尔弗斯(Arnold Wolfers)则认为,所谓安全,从客观意义来讲,是指所拥有的价值不存在现实的威胁;从主观意义来看,安全是指不存在价值受到攻击的恐惧感。〔3〕这位学者概括出的安全价值内涵就是客观上不存在威胁,主观上不存在恐惧,后被广为接受。

安全由于同时享有其他许多价值的方式和条件,因此是一切法律的基本价值取向,追求安全的欲望促使人类寻求公共保护,以抑制对一个人的生命、肢体、名誉和财产所为的非法侵权。安全有助于人们享有诸如生命、财产、自由和平等其他价值的状况稳定化并尽可能地持续下去。〔4〕尽管保护人身和财产是法律安全价值的核心内容,但不同法律追求的安全又具有不同的意义,金融安全是金融法安全价值的集中体现。有学者认为,金融安全是指在金融全球化的条件下,一个国家在其金融发展过程中

---

〔1〕参见史际春、邓峰:《经济法总论》,法律出版社1998年版,第152页。

〔2〕参见[美]卡尔·多伊奇:《国际经济关系》,周启明等译,世界知识出版社1991年版,第56页。

〔3〕参见苏长和:《从国家安全到世界安全——现实主义及其后》,载《欧洲》1997年第1期。

〔4〕参见[美]E.博登海默:《法理学:法律哲学与法律方法》,邓正来译,中国政法大学出版社1999年版,第293页。

所具备的可以抵御国内外各种威胁、侵袭的能力,以确保国家的金融体系、金融主权不受侵害,并且使金融体系保持正常运行与发展的一种态势。[1] 目前,加强金融监管、防范金融风险、维护金融业的安全与稳定,是金融业稳定发展的重要标志,是金融监管部门的重要目标,也是各国或地区金融法一致追求的价值目标。随着经济尤其是金融全球化的深入发展,各国面临的金融风险与危机日益复杂和突出,并影响到一国的经济安全、社会安全、政治安全以及整个世界经济的稳定与发展。因此,维护金融安全成为一国法制尤其是金融法制建设的重要课题。金融安全是经济安全的重要组成部分之一。[2] 经济安全是指人们在经济活动中利益或行为的保障程度及其遭受损害的可能性。经济安全是一切安全之本,是人类一切活动包括经济活动的基本前提,其实质为利益安全。[3] 对于金融法所追求的安全价值,从总体上看应包括金融财产的安全、金融机构的稳健运营、金融制度的稳定与正常运行、金融体系健康与可协调发展等核心要素。针对一个国家内部金融安全内涵的理解应该包含三个层面内容:宏观层次的金融安全,即一个国家整体的金融安全;中观层次的金融安全,即某一个特定范围内的局部的金融安全;微观层次的金融安全,即某单个金融机构的运行安全以及金融消费者(如投资者、存款人、投保人)等金融客户权益的个体安全。[4]

### (二)金融安全与相关概念

1. 金融安全与金融风险

风险就是未来收益的不确定性。金融风险即金融行为结果的不确定性,具体而言,金融风险是指在金融交易中给金融交易者带来损失的可能

---

〔1〕 参见王元龙:《关于金融安全的若干理论问题》,载《国际金融研究》2004 年第 5 期。

〔2〕 首先使用经济安全概念的官方报告是 1980 年日本政府发布的《国家综合安全报告》,在该报告中,经济安全与军事安全等并列为国家安全的组成部分。参见 Robert W. Barnett, *Beyond War. Japan's Concept of Comprehensive National Security*, Pergaon-Brassey's international defense pulishers,1984。

〔3〕 参见何文龙:《经济法的安全论》,载《法商研究》1998 年第 6 期。

〔4〕 参见张忠军:《论金融法的安全观》,载《中国法学》2003 年第 4 期。

性,或是实际收益低于预期收益,或是实际成本高于预期成本。[1] 由于金融活动自身的特点,金融风险具有客观性和普遍性,即只要有金融交易,就存在金融风险。金融风险的本质就是金融资产损失和收益的可能性。如果风险不存在,也就无所谓收益。因此,金融风险是经济运行中存在的常态状况,有了金融风险,并不一定意味着金融不安全。但是,金融风险与金融安全又密切相关,一定金融风险的产生会威胁金融安全,金融风险的积累和爆发会损害金融安全,[2] 所以,防范金融风险就是维护金融安全。

2. 金融安全与金融危机

不同的金融风险对金融安全的影响乃至破坏程度是不一样的。轻度金融风险不足以威胁金融业的整体安全;严重金融风险对金融安全是很大的挑战,如果金融监管当局不能在有效时间内及时控制金融态势的继续恶化,则金融风险转化为金融危机。如果出现金融危机,则金融安全消失殆尽,经济安全乃至国家安全将受到威胁,进而金融危机可能演变为经济危机、政治危机甚至是国家危机。可见,与金融危机相比,金融不安全内涵更加广泛,不仅包括爆发式的金融危机,还包括其他可能引起金融市场动荡的一些风险和违法违规行为等。当然,金融危机是金融不安全状况逐渐积累后的质变结果,如果监管部门采取的防范措施得当,可以消除这种金融不安全的状况。

3. 金融安全与金融稳定

一般来说,学者们有时认为金融稳定是与金融不稳定相对的概念,有时用金融危机的研究反证金融稳定的重要性,有时把金融系统的稳健运行认同为金融稳定。目前,学界关于金融稳定缺乏统一的理解和概括,尚无严格定义。国际货币基金组织(International Monetary Fund,IMF)的学者认为,金融稳定是指金融系统处于一系列不同层次的能够抗击内生或

〔1〕 参见[美]弗兰克·H. 奈特:《风险、不确定性与利润》,安佳译,商务印书馆2006年版,第3页。

〔2〕 参见李翀:《国家金融风险论》,商务印书馆2000年版,第79页。

由于外部未预料的冲击造成的不平衡,继续履行提高实际经济运行效率的职能的稳定状态。中国人民银行在《中国金融稳定报告》中关于金融稳定的界定为:金融稳定是指金融体系处于能够有效发挥其关键作用的一种状态。在这种状态下,宏观经济健康运行,货币和财政政策平稳有效,金融生态环境不断得到改善,金融机构、金融市场和金融基础设施能够有效发挥资源配置、风险管理、支付结算等关键功能,而且在受到内外部因素冲击时,金融体系整体上仍能够稳健运行。[1] 金融稳定和金融安全很相似,金融稳定就是金融安全和金融交易活动有秩序。金融稳定侧重于金融的稳定发展,不发生较大的金融波动;而金融安全侧重于强调一种动态适应,包括金融体系对宏观经济体制、经济结构调整变化的动态适应。[2] 可见,二者是有区别的,在谈到金融风险或金融危机时,人们多半使用金融稳定的概念,较少用金融安全。[3]

(三)维护金融安全的根本在于金融法制

维护金融安全并不意味着监管部门要消除所有金融风险,维护金融安全也不意味着通过实施监管保证所有金融机构都能稳健运行,绝对不存在金融机构的破产倒闭。维护金融安全的最终目标就是防范和控制严重金融风险的出现和金融危机的爆发,即金融市场中即使有个别金融机构因经营不善而被竞争机制无情淘汰,只要不触发系统性的金融风险,不影响金融业的整体安全,此时监管部门就应该发挥市场机制的优胜劣汰作用,以促进金融资源的有效合理配置。

在2007年美国金融危机爆发后,国际金融市场受到剧烈冲击,大量金融机构相继陷入困境,被迫宣布破产、重组,金融危机的蔓延对全球经济金融体系产生了广泛而深刻影响。通过美国金融危机的教训认识到,在经济尤其金融全球化的历史进程中,金融安全的维护必须建立在金融

---

[1] 参见中国人民银行金融稳定分析小组:《中国金融稳定报告》,中国金融出版社2005年版,第8页。

[2] 参见王元龙:《中国金融安全论》,中国金融出版社2005年版,第71页。

[3] 参见罗斯丹:《中国金融安全问题研究》,吉林大学经济学2009年博士学位论文,第18页。

法制的基础之上，离不开有效的金融监管。因此，应继续深化我国的金融体制改革，不断完善金融法律法规体系，把金融法制规则嵌入金融现代化过程之中，在金融安全维护的制度设计上，除了要赋予政府解决严重金融风险和金融危机的具体职权和相应措施外，还应调动金融机构实施内部控制的积极性和主动性，并能理性地承担风险，加强对金融机构的市场约束。[1]

## 二、效率

### （一）效率的基本内涵

由于稀缺性和机会成本的客观存在，[2]人类才努力追求资源配置的效率。效率从经济学来说就是资源的合理配置，就是以最少的资源消耗获得最大的效果，是投入与产出、成本与收益的关系。按照传统的解释，效率是经济学的主题，而法学的主题是正义。然而，随着法律对社会经济生活的影响，效率观念也逐渐被引入法学领域，效率观念被引入法律应归功于经济分析法学的兴起。他们的核心思想是将效率作为法的宗旨，认为在法律的经济分析中被提及的重要问题是，非自愿交换是否以及在什么情况下才能增加效益。[3] 可见，对于经济分析法学派来说，效率是法律的基本价值。

我国法学学者也引入了效率概念，并赋以法律效率不同的术语和解释。主要观点有：法律的社会效益，是指法律通过其实施而实现自己的社会目的或社会功能及其程度；[4]法律的实效，是指法律的功能和立法目的实现程度和状态；[5]法律的效益指法律在现实生活作用结果中合乎目的

---

〔1〕 参见席月民：《金融安全保障三题》，载《检察风云》2009 年第 16 期。

〔2〕 经济学所谓的稀缺性是指任何资源的供给在一定时期内总是有限的。任何一种资源被用于某一特定的生产或消费都有一定的机会成本，因此而丧失用于其他生产或消费所可能带来的效用。

〔3〕 参见[美]波斯纳：《法律的经济分析》（上），中国大百科全书出版社 1997 年版，第 17 页。

〔4〕 参见北京大学法律系等主编：《法律社会学》，山西出版社 1987 年版，第 276 页。

〔5〕 参见赵震江、周旺生等：《论法律实效》，载《中外法学》1989 年第 2 期。

的有效率部分；[1]法律的效益，一般来说是指法律调整的实际状态和结果与法律社会目的之间的重合程度，即实证性（法律调整的结果）与价值性（法律的社会目的）的有机统一。[2] 笔者比较赞成最后一种关于法律效率的解释，其更能体现权力、权利等社会法律资源的合理优化配置以及实现效益最大化的内涵。因此，可以认为，法律的效率是指法律通过自己的规定为社会提供适当行为模式，为实际效果提供程序保障，争取实现最优化的实际效果。具体表现为：法律应当保障人们的合法利益并鼓励人们去追求自己的合法利益；法律应当确认和保护产权关系，鼓励人们为了实现效率的最大化目的而进行占有、使用、处分财产等行为；法律应当明确、保护有效的经济运行模式，使之能够创造更多的生产力。

在现代社会中，社会主义市场经济就是效率经济。为了更好地实现社会经济效率，需要立法者根据市场经济自身运行规律，建立和完善社会主义市场经济法律体系，从而明确资源投入主体的责任、权利和义务，通过竞争最大限度地实现资源的合理优化配置和使用。一个有效率的制度的最根本特征在于它能够提供一组有关权利、责任和义务的规则，能为一切创造性的生产性活动提供最大的空间，每个人都不是想方设法通过占得别人的便宜来增进自己的利益，而是想方设法通过提高效率，并由此实现自己的利益最大化。[3] 市场经济也是法治经济，在市场经济中，法律对经济生活的规范无处不在，因此使法律的效率价值日益重要。在资本市场领域中，证券监管法律制度的效益价值主要表现在以下三个方面：一是通过监管主体的审核、批准、许可、命令、指导、处置、鼓励、查封、冻结等调整手段，来规范证券的发行和交易等行为，以降低证券市场的交易成本，提高证券市场整体效益，并通过积极防范措施，使证券违规违法行为消失于萌芽之中，从而降低社会成本；二是通过立法手段，制定操纵市场、内幕

---

〔1〕 参见李晓安、曾敬等：《法律效益探析》，载《中国法学》1994 年第 6 期。

〔2〕 参见公丕祥：《法制现代化的理论逻辑》，中国政法大学出版社 1999 年版，第 129 ~ 130 页。

〔3〕 参见樊纲：《渐进之路》，中国社会科学出版社 1993 年版，第 21 页。

交易、市场欺诈等禁止性规范来防止和打击各类非法行为，以获得较高的社会效益；三是健全事后追究责任制度，在证券违规违法行为发生后，通过追究相关证券主体法律责任来补救或弥补违规违法行为所造成的危害或损失，从而降低市场的负效应，提高证券市场的整体效益。[1] 相应地，这三个方面的证券监管效率价值也应贯穿于我国股票和股指期货跨市场监管的各项规则和制度中。

（二）金融效率与金融安全的对立统一

证券监管法律制度的安全价值需求，源自投资主体及其投资交易行为中的诸种风险。实现资本市场的稳定，就意味着需要对资本市场进行规制，不同国家和地区证券法中的市场准入、信息披露、审慎监管、市场退出等制度都旨在降低和防范金融风险、规范市场主体的交易行为、实现金融稳定。由于金融安全与金融效率是对立统一的范畴，过多地考虑金融安全乃至实施过多的监管将会影响证券市场主体的积极性、主动性和创新性，在一定程度上束缚市场主体的运营，使其追求利益最大化的行为受到限制，增加证券市场运营的成本，从而会降低金融效率，出现此消彼长的不平衡格局。反之，如果仅仅从提高金融效率出发，放任资本市场交易主体的自由竞争和发展，这固然可以在一定程度、一定范围内使资本市场体系焕发活力，也会出现更加丰富多样的证券产品以及高质量、多需求的金融服务，但是这种没有约束的“物竞天择”竞争结果不仅会使资本市场中的违法违规行为增多，会使一些金融机构破产倒闭，还会危及资本市场的安全乃至整个金融体系的稳定，影响金融消费者的合法权益。

金融效率与金融安全价值是一对矛盾，二者既存在冲突，又是统一的，如果失去了矛盾的一方，另一方也就失去了生命力。如果只顾及金融效率不考虑金融安全，必然导致金融体系的混乱和无序。但若只注重金融安全而忽视金融效率，势必影响金融市场的发展和一国金融业国际竞

---

〔1〕 参见曾冠：《证券监管的法理分析》，载《太原理工大学学报》（社会科学版）2006 年第 3 期。

争力的提高。所以在实践中,金融效率和金融安全不能完全对立起来,应当平衡二者之间的冲突。可以通过两种方法进行处理:一是侧重于统筹兼顾,力求二者的协调;二是针对经济发展环境的需要而侧重于权衡或者选择,突出重点。正如1981年美国通货监理署在确定其自身使命时所言:国家利益需要有一个稳定与安全的金融体系,该体系在竞争的市场中应为社会公众提供尽可能多样化的金融服务。作为监理署为此利益而付出努力的措施使下列几种关系尽力保持适当的平衡:促进全国银行体系内各金融机构业务的安全与稳健,并要求他们遵守各种法律和规章制度;促进金融服务市场的竞争、效率、一体化与稳定。[1] 因此,金融效率与金融安全相互促进,不可偏重于其中任何一方,而忽视另一方。只有金融体系安全稳定,国家利益、社会公共利益和个人利益才能得到保障,而金融体系整体效率的低下,只能使这种保障的质量大打折扣,注重在金融安全基础上提高金融效率,才能实现社会整体利益的高质量保障。

### 三、公平

公平是一个古老而又常新的概念。公平往往意味着公正、公开、平等,在哲学意义上,公平的内涵与外延与正义息息相关。正义有着一张普罗透斯似的脸,变幻无常、随时可呈现不同形状并具有极不相同的面貌。[2] 从不同角度分析正义,可以发表不同的见解,为之界定不同的含义。正义是历史的产物,并随着历史的发展而不断发展。希腊人和罗马人的公平认为奴隶制度是公平的;1789年资产者的公平要求废除封建制度,因为据说它不公平。[3] 恩格斯深刻指出,平等的观念,无论以资产阶级的形式出现,还是以无产阶级的形式出现,本身都是一种历史的产物,这一观念的形成,需要一定的历史条件,而这种历史条件本身又以长期的

---

〔1〕 参见张亦春等:《中央银行与货币政策》,厦门大学出版社1990年版,第344页。

〔2〕 参见[美]E. 博登海默:《法理学:法律哲学与法律方法》,邓正来译,中国政法大学出版社1999年版,第252页。

〔3〕 参见[德]马克思、恩格斯:《马克思恩格斯选集》(第3卷),人民出版社1995年版,第212页。

以往的历史为前提。所以这样的平等观念说它是什么都行,就不能说是永恒的真理。[1] 在思想史和法学史上,人们对正义有不同的分类。其中,经典的分类法是古希腊思想大师亚里士多德的分类。亚里士多德以平等为基础,把正义分为分配正义和矫正正义。分配正义是指将利益、财富、荣誉、权利、责任等任何社会资源按照均衡平等的原则在社会全体成员间公平合理地分配;矫正正义涉及对被侵害的财富、荣誉和权利等的恢复和补偿,在这个领域,无论谁是伤害者还是受害者,伤害者都应补偿受害者,受害者应从伤害者那里得到补偿。[2] 从正义发生和实现的领域的角度,可以把正义划分为道德正义、经济正义、政治正义和法律正义等。[3] 美国法学家庞德说过,伦理上,可以把正义看作一种个人美德或是对人类需要的一种合理、公平的满足。在经济和政治上,可以把社会正义说成是一种与社会理想符合,足以保证人们的利益与愿望的制度;在法学上,执行正义(执行法律)是指在政治上有组织的社会中,通过这一社会的法院来调整人与人之间的关系及安排人们的行为;现代法哲学的著作家也一直把它解释为人与人之间的理想关系。[4] 当代美国哲学家罗尔斯论述了社会正义和个人正义之分以及实质正义和形式正义之分。形式正义是指对法律和制度的公正和一贯的执行,也可称作规则性的正义,而实质正义是指制度本身的正义。[5] 佩德尔曼的形式正义则是指对每个人同样看待是一种活动原则,根据该原则凡属于同一基本范畴的应受到同等的待遇;而实质的正义是指对每个人根据其优点、工作、需要、身份、法定权利等分别对待。[6]

---

〔1〕 参见[德]马克思、恩格斯:《马克思恩格斯选集》(第3卷),人民出版社1995年版,第448页。

〔2〕 参见张文显:《法理学》(第2版),高教出版社2003年版,第412页。

〔3〕 参见[美]庞德:《通过法律的社会控制法律任务》,沈宗灵、董世忠译,商务印书馆1984年版,第73页。

〔4〕 参见商君书注释:《画策第十八》,中华书局1974年版,第144页。

〔5〕 参见[美]罗尔斯:《正义论》,何怀宏、何包钢等译,中国社会科学出版社1988年版,第35页。

〔6〕 参见沈宗灵:《现代西方法理学》,北京大学出版社1992年版,第273~274页。

从以上可以看出,公平当然首先是一种观念,正如正义在性质上它与实在的制度相异而存乎人心。公平是人们对社会事务进行价值评价时表现出来的观念,是一种价值评价形式,一种思想意识。公平可以是一种公平感,也可以是一种学术、理想、主张以及一定的制度等。公平作为一种价值判断,体现了人们在一定历史阶段的心理认识,在阶级社会则体现为一定的阶级性,但与正义一样,公平具有普遍性,同时还具有历史性和相对性。从语义学来分析,公平属偏正结构,公平强调的仍是平等,而这种平等又必须公认。平等一般有两种层次或者意义上的含义。一种是机会平等,另一种是结果平等;一个是"无差别",另一个是"按比例"。现代文明社会法制社会更应强调机会平等,但是不能片面、绝对地强调机会平等,而忽视或放弃结果平等。[1]

公平价值中有一个定语,即"公"。"公"包含公共性、一般性和社会性诸含义。很显然,这种公平价值与我国证券法中的"公开、公平、公正"三公原则中的公平原则在内涵上应该是一致的。公平价值体现的是社会本位的经济法价值,在实现和保障权利的同时,更强调社会的和谐发展。"人的本质不是单个人所固有的抽象物,在其现实性上,它是一切社会关系的总和。"[2]每个人既是他自己,又是社会中的一员。个人离不开社会而孤立存在,也即在权利中包含着一种社会责任。没有社会责任,投资者无法实现投资获益的目的,而且他们自身也已不是文明社会的一员,那么由众多这样的个人所组成的证券市场,其生存意蕴也将降低到一种非常可怕的程度。[3] 因此,可以说,公平价值是证券市场的道德基础。没有公平的道德基础,证券市场将失去它的价值,不能有效地实现资源配置、创造效益、刺激经济增长以及充当经济增长的"晴雨表"等诸多功能。

法制运行机制的公平要求,是指在立法、司法、行政执法、法律监督、

---

〔1〕 参见杨震:《法价值哲学导论》,中国社会科学出版社 2004 年版,第 198 页。

〔2〕 [德]马克思、恩格斯:《马克思恩格斯选集》(第 1 卷),人民出版社 1995 年版,第 56 页。

〔3〕 参见张宇润、杨思斌:《论证券法"三公"原则的制度内涵》,载《法商研究》2002 年第 5 期。

法律实现中的公平要求,在法制运行的系统机制中,立法是法制运行的起点,要实现法律公平,首先应该实现立法公平。[1] 证券监管法律制度理应体现公平的价值理念,也应包括实质公平和形式公平。就证券监管法律制度体现的实质公平而言,要求证券监管法律制度的设计应该对证券市场中的各种权利和利益进行合理公平的分配,保证证券市场主体的法律地位平等。这就需要证券监管法律制度应当具有以下两个方面的内容:第一,证券监管主体应当严格依法履行其法定职责,对证券市场中各个市场主体一视同仁,同等对待,不得滥用职权损害其他证券市场主体的合法权益;第二,证券从业人员应当尽职尽责,不得利用其职务之便为谋取自己私利而从事证券交易行为,不得相互勾结、串通,损害投资者的合法利益。这样才能实现证券市场的公平竞争秩序,维护各方交易主体的合法权益。就证券监管法律制度的形式公平而言,要求制定公平的证券市场规则。

证券监管法律制度应当体现以下几个方面的内容:第一,市场准入制度。这种制度能在证券市场上保证各类公司只要具备相关法定条件,就可以申请和发行自己的证券,而众多投资者享有同等的参与证券市场以及获取市场信息的机会,并在分析和判断所获市场信息基础上,享有投资的自主决定权。第二,合法权益救济制度。我国现有《证券法》关于民事责任的规范对体现公平价值来说是有缺陷的,因为其只对证券市场的欺诈行为、发行人以及中介机构的虚假行为有所涉及,而对诸如操纵市场行为和内幕交易行为等行为给投资者造成损失的,法律只是原则性规定了行为人的民事责任,这就会造成难以追究行为人民事责任的结果,这种结果对作为受害者的投资者显然是不公平的。因此,证券市场各个主体尤其是广大投资者的合法权益受到不法侵害时,应当在监管法律制度中有

---

〔1〕 立法公平的基本含义:一是在创立法律体系过程中,公平是立法的原则和立法的指导思想;二是在法律体系的内容构成上,应将公平从一个抽象的法律价值要素变为具体的法律规定,使整个法律内容体现公平精神;三是立法过程应体现公平性,准确地反映民意,遵循民主的立法程序,这是创制公平的法律保障。参见杨震:《法价值哲学导论》,中国社会科学出版社 2004 年版,第 202 页。

具体的权益救济制度如诉讼机制、民事责任等来对受害者的损失进行补救,通过适用法律来实现公平。第三,证券监管制度。证券市场的监管制度必须公开、公平、公正,实施监管的主体、职责权限、具体程序、步骤、方法、法律责任等都应当明确。总之,在我国建设有中国特色社会主义市场经济体制既定目标的现实情况下,在证券市场上,必须兼顾公平与效率,既要保证证券市场运行的高效性,又要实现证券市场运行的公平性,从而保障我国证券市场是一个和谐、稳定和良性的有序市场。

### 四、秩序

秩序一词在汉语中是“秩”和“序”的合成,古汉语中这两个字都含有常规次第的意思,指人或者事物所在的位置,包含整齐守规则之意。《新华字典》解释秩序为有条理、不混乱的情况。西方有学者认为秩序是指一种事态,其间,无数且各种各样的要素之间的相互关系是极为密切的,所以可以从我们对整体中的某个空间部分或某个时间部分所作的了解中学会对其余部分做出正确的预期,或者至少是学会做出颇有希望被证明为正确的预期。[1] 美国法理学家博登海默认为,秩序是在自然进程和社会进程中都存在某种程度的一致性、连续性和确定性。[2] 正如黑格尔所说,本质必定要表现出来[3],产生一定的秩序。秩序与规律是现象与本质、形式与内容的辩证统一关系。在秩序正确反映规律的条件下,秩序就是规律的表现。一切事物的运动、发展过程都具有某种坚定不移的基本秩序,这就是物质本身具有的本质的、必然的联系,就是物质运动的规律性。[4] 有时同一规律可以有不同的表现形式,外化为不同的秩序,甚至秩序还可能以歪曲的形式反映着规律。

---

〔1〕 参见[英]弗里德利希·冯·哈耶克:《法律、立法与自由》(第1卷),邓正来译,中国大百科全书出版社2000年版,第54页。

〔2〕 参见[美]E. 博登海默:《法理学:法律哲学与法律方法》,邓正来译,中国政法大学出版社1999年版,第219页。

〔3〕 参见[德]黑格尔:《小逻辑》,贺麟译,商务印书馆1980年版,第275页。

〔4〕 参见艾思奇:《辩证唯物主义与历史唯物主义》,人民出版社1961年版,第48页。

秩序多用于社会领域，即社会秩序。由于一定社会秩序的存在是人类活动的必要前提，因此，可以认为人类的社会秩序就是人们在共同的社会性生产和生活过程中行为的有规则、重复性和再现性，它是人与人之间形成的社会关系的制度化和规范化。正如英国社会学家科恩总结的那样，秩序具有五种规定性：第一，秩序与社会生活中存在的一定限制、禁止、控制有关；第二，它表明在社会生活中存在一种相互性，即每个人的行为不是偶然的和杂乱的，而是相互回答或补充他人的行为的；第三，它在社会生活中捕捉预言的因素和重复的因素，人们只有在他们知道彼此期待的情况下，才能在社会上进行活动；第四，它能够表示社会生活各组成部分的某种一致性和不矛盾性；第五，它表示社会生活的某种稳定性，即在某种程度上长期保持它的形式。[1] 可以说，在社会中除了极少数居心叵测试图浑水摸鱼的人，绝大多数人，尽管生活背景、所属阶层以及社会角色不同，但是在期望着某种秩序存在这一方面却是相同的。因此，秩序是构成人类理想的一个不可或缺的要素，同时也是人们社会活动的基本目标，而法律也在建立和维护秩序的过程中成为秩序的象征。

法秩序又被称为法律秩序，国外学者对法律秩序进行归纳，包含有以下三种含义。一是从规范意义上，把法律秩序等同于法或者法律制度。庞德认为法的秩序是法学意义上的法的一种含义，是通过系统有秩序地使用政治上有组织社会的强力来调整人与人之间关系和安排他们行为的一种制度。[2] 博登海默说，秩序这一术语将被用来描述法律制度的形式结构，特别是在履行其调整人类事务的作为时运用一般规则、标准和原则的法律倾向。[3] 在《牛津法律大辞典》中，法的秩序是这样描述的：法律秩序是从本能的立场进行观察，从其组成部分的法律职能进行考虑的，存

〔1〕 See P. S. Cohen, *The Modern Social Theory*, 1968, pp. 18 – 19.

〔2〕 参见［美］庞德：《通过法律的社会控制法律任务》，沈宗灵、董世忠译，商务印书馆 1984 年版，第 97 页。

〔3〕 参见［美］E. 博登海默：《法理学：法律哲学与法律方法》，邓正来译，中国政法大学出版社 1999 年版，第 219 页。

在于特殊社会中的人、机构、关系、原则和规则的总体。[1] 二是从实际意义上,把法的秩序描述为法实现的结果。美国法学家赛德曼等认为法律秩序是一套依据国家所制定的规则进行管理的社会秩序。[2] 苏联法学家雅维茨认为,法律秩序是法律规范和法制实际实现的结果,保证社会所有成员无阻碍地享受赋予他们的权利,并且也履行他们的法律义务。法律秩序能够被看作法律实现的终点。[3] 这种观点把法的秩序与法律区别开来,法律实现的结果形成了法的秩序。三是从过程意义上,认为法律秩序是法的相对稳定协调的过程。庞德说过,法律秩序同样也是一个过程。它是一个部分地经由司法、部分地经由行政机关、部分地经由赋予某些人以法律箴规形式的指示进行调排的进程。[4]

对于以上国外学者关于法律秩序的含义理解,笔者倾向于从实际意义上来理解法律秩序,它是人类在实践中创立的法律体系经过有效化的过程所形成的一种结果或者状态。法律秩序具有三种特点:(1)法律秩序是理想的现代社会秩序,是社会秩序最为发达和完善的形态;(2)法律秩序以法律规范为内核,法律规范是具体规定权利和义务以及法律后果的准则,它是形成法的秩序的一个基础性前提;(3)法律秩序以国家权威机关的存在为前提,即如果没有立法机关制定切实可行的法律,没有执法机关贯彻和落实法律,没有司法机关监督和保障法律的实施,就不可能存在法律秩序。

法律秩序具有重要的意义。规则和秩序本身对任何要摆脱单纯偶然性或者任意性而取得社会的固定性和独立性的生产方式来说,是一个必

---

〔1〕 参见[英]沃克:《牛津法律大辞典》(中译本),北京社会与科技发展研究所译,光明日报社 1988 年版,第 539 页。

〔2〕 参见[美]安·赛德曼、罗伯特 B. 赛德曼:《法律秩序与社会改革》,时宜人译,中国政法大学出版社 1992 年版,第 1 页。

〔3〕 参见[苏]雅维茨:《法的一般理论　哲学和社会问题》(中译本),朱景文译,辽宁人民出版社 1986 年版,第 203 ~ 204 页。

〔4〕 参见于浩成等:《中外法学原著选读》,群众出版社 1986 年版,第 608 页。

不可少的要素。[1] 规则对秩序的建立是必不可缺的。法对秩序的意义主要表现在,法可以为秩序提供预想模式、调节机制和强制保证。[2] 从一定意义上来说,法律秩序就是法律调整下的社会关系,是社会关系的法定化或者规范化,是人类本质状态的模式化、形式化和条理化。在公平、自由、平等、效率等诸多法的价值中,法的秩序价值是最为基础的。秩序是法的直接追求,其他价值是以秩序价值为基础的法的企望,没有秩序价值的存在,就没有法的其他价值。[3] 因为没有秩序,人类的生存和安全都会受到威胁并且缺乏保障,当然,人类的公平、自由、平等、效率等价值需求就不会得到实现。

我国正处在社会主义市场经济发展时期,市场经济的一般特点有:一是资源配置方式以市场调节为基础;二是经济主体各自独立,产权明晰;三是一切生产要素商品化、市场化;四是激烈的市场竞争和严格的市场规则并存。[4] 这些特点决定了市场经济是一种开放的经济形态,因此也就要求市场经济基础上的现代法律秩序是一种发展的动态秩序。即在市场经济发展进程中,立法应该根据社会发展的需要来制定法律规范,建立和完善适合社会经济发展需要的法律体系,从而规范和调整人们在社会经济生活中的行为,使社会经济有序化发展,推进市场经济的进一步发展。同时,对于经济发展中部分社会改革的成果和经验还需要新的法律规范来进行确认和保护。与社会主义市场经济的秩序相对的是市场经济的无序,也就意味着市场经济的发展是一种杂乱无章、难以控制、无法预测的状态,这显然不是我们社会主义市场经济发展的目标,更不是我国建立和发展多层次资本市场体系的应有之义。作为我国市场经济发展中重要组成部分之一的证券市场,由于其自身的特殊性、复杂性和隐蔽性等特点,更使证券市场高度需要秩序和重视秩序。因此,证券市场的监管法律制

---

〔1〕 参见[德]马克思、恩格斯:《马克思恩格斯选集》(第25卷),中共中央马克思恩格斯列宁斯大林著作编译局译,人民出版社1995年版,第894页。

〔2〕 参见卓泽渊:《法的价值论》,法律出版社1999年版,第183页。

〔3〕 同上书,第185页。

〔4〕 参见吕世伦、文正邦:《法哲学论》,中国人民大学出版社1999年版,第578页。

度所蕴含的秩序价值总的来说就是在于以法律的形式建立和维护证券市场的秩序,包括证券发行秩序、证券交易秩序以及结算秩序等,预防和制止证券市场无序状态的出现,从而实现证券业的稳定、健康和良性的发展。具体体现为:根据建立和发展多层次资本市场的改革需要,通过制定法律,明确规定证券市场主体的相关权利和义务;设定证券市场主体的作为或不作为的行为模式;明示证券市场上的各种合法和违法行为的法律后果;不断完善法律法规以适应新的证券市场发展情形。在证券市场中,通过发挥法律法规的指引、强制、评价、预测、教育等功能,把证券市场主体的证券行为纳入合法轨道,使资本市场的发展有序化,以促进我国市场经济的持续健康发展。

## 第二节　我国股票和股指期货跨市场监管的基本原则

证券监管法律制度是一国证券法律制度的有机组成部分。证券法律制度主要是指国家对证券业实施监督和管理而形成的各项法律制度。显然,证券监管法律制度属于经济法的范畴,它是经济法中的一个部门法。因此,证券监管法律制度的基本原则是具有经济法属性的证券法律制度的基本原则。目前,我国现行立法并没有对证券监管法律制度的基本原则进行统一的规定。《证券法》尽管规定了要贯彻公开、公平、公正的“三公”原则,要遵守自愿、有偿、诚实信用的原则,要遵守法律、行政法规等原则,但是并没有充分明确地指出证券监管的基本原则。我国股票和股指期货跨市场监管法律制度当然是证券监管法律制度中的一部分,所以,笔者认为,所谓股票和股指期货跨市场监管法律制度的基本原则,是指应贯穿于股票和股指期货跨市场监管法律制度始终,对股票和股指期货跨市场监管法律规范发挥统率作用的基本准则。它应该能够充分、全面地反映股票和股指期货跨市场监管关系的客观要求,并能够指导股票和股指期货跨市场监管法律制度的基本准则。它体现了股票和股指期货跨市场监管立法的本质和价值取向，是股票和股指期货跨市场监管立法的灵魂和基本精神之所在，对股票和股指期货跨市场监管活动具有普遍意义上的指导和统率作用。从法理学角度看，构成被确认的法律原则，必须是能够真实、全面、集中地反映出某一类社会关系的客观要求，而且能够科学地概括出以某一类社会关系为调整对象的法律规范的基本精神理念和共同本质特征。[1] 因此，股票和股指期货跨市场监管法律制度的基本原则应具有抽象性、基础性和宏观指导性的特征。所谓抽象性是指，股票和股指期货跨市场监管法律制度的基本原则主要表现为股票和股指期货跨市场监管法律制度的精神和理念，从其形式上看，它本身并不一定通过法律规范表现出来，并不需要直接对监管主体的职权和义务、被监管对象的权利和义务以及相应的法律后果作出相应的明确的规定，而是表现股票和股指期货跨市场监管法律制度应追求的目的和立法的宗旨，该基本原则的存在和确立有助于人们准确地理解和正确地适用股票和股指期货跨市场监管法律规范。所谓宏观指导性，是指股票和股指期货跨市场监管法律制度的基本原则对证券监管主体开展股票和股指期货跨市场监管活动具有根本性的指导意义，并且能为股票和股指期货跨市场监管法律制度的具体运作和执行等活动指明方向。所谓基础性，是指股票和股指期货跨市场监管法律制度的基本原则应该是股票和股指期货跨市场监管法律制度中最基本和最重要的规定，是具体股票和股指期货跨市场监管法律制度有效运作的基础，如果舍弃或背离这些基本原则，股票和股指期货跨市场监管法律制度的目的便难以实现。[2] 另外，在探讨和确定股票和股指期货跨市场监管法律制度的基本原则时，要避免因袭其他部门法的法律原则，应结合我国股票和股指期货市场运行的规律、投资者在股票和股指期货市场进行跨市场交易的特点等实际情形，使股票和股指期货跨市场监管法律制度的基本原则具有针对性、适应性和可操作性。基于以上

---

〔1〕 参见刘定华、郑远民：《金融监管的立法原则与模式》，载《法学研究》2002 年第 5 期。

〔2〕 参见李东方：《论证券监管法律制度的基本原则》，载《北京大学学报》（哲学社会科学版）2001 年第 6 期。

认识,笔者认为,我国股票和股指期货跨市场监管法律制度应当遵循以下五项基本原则。

## 一、加强审慎监管、防范系统性风险的原则

### (一)反思金融危机,系统性风险是金融监管的重点

2010年6月6日至10日,第35届国际证监会组织年会在加拿大蒙特利尔举行。在这次年会中,与会的各国金融监管官员对2008年爆发的全球金融危机深刻反思,并且就国际金融体系提出新的监管原则。与会专家认为,本次全球金融危机的深度、广度和复杂程度都远远超过了以往任何一次危机,表现为以下几个方面。第一,本次金融危机的范围广,波及面大。本次金融危机起源于美国的房地产市场危机,进而引发次贷危机、金融衍生品危机和主权债务危机,进而波及全球,对实体经济造成重大破坏。第二,恐慌、疯狂情绪严重蔓延和打击着金融体系。因不堪挤兑重压,以雷曼兄弟为代表的投资银行纷纷倒下;资本市场巨幅波动,频繁出现单边市场,经常发生恐慌性抛售;监管机构被迫出台禁止裸卖空、熔断器等规则。第三,证券市场的蝴蝶效应明显。金融危机以来,英美市场交易中断事故时有发生,其中以2010年5月6日美国纽约证券交易所的"闪电崩盘"事件最具代表性。根据美国证监会的调查,该事件是由于局部的异常交易触发,在多种因素作用下形成的。但这一事件充分说明现代金融市场的蝴蝶效应后果是非常严重的,可以压垮整个证券市场,即个别参与者在特定条件下的行为可能影响整个市场的稳定发展。同时,与会专家还对金融危机进行了深入分析,一致指出系统性风险失控是本次金融危机产生的重要原因,即金融监管体系的条款分割,使金融机构获取监管套利的机会,逃避应有的信息披露和监管责任。[1] 当系统风险之间积累超过临界点后,金融体系就丧失了自我修复能力,进而爆发金融危机。

---

〔1〕 参见刘辅忠:《系统性风险:金融监管的重中之重》,载《深交所》2010年第7期。

每一次金融危机几乎都可以说是系统性风险的累积、爆发和扩散。自 2008 年国际金融危机以来，系统性风险监管已经成为国内外学术界和全球金融监管改革的最热门话题之一。国际货币基金组织、国际清算银行、金融稳定理事会和巴塞尔银行监管委员会等国际标准制定机构以及欧美等国家政府对系统性风险都予以高度关注，将其列为金融监管改革的重要内容之一，2009 年 20 国集团峰会也将防范系统性风险列为重要议题之一。虽然在此次国际金融危机中我国的金融体系受到的冲击较小，但是全面维护金融体系的稳定与安全也是我国未来金融监管工作的重点，尤其是在我国建立和发展多层次资本市场体系过程中，金融创新不断深化和扩展。因此，防范和化解系统性风险，加强和完善审慎监管框架在我国具有重要意义。

目前，国际上关于系统性风险并没有统一的、被普遍接受的定义。这一现状本身说明系统性风险是一个复杂的问题，但是关于系统性风险的研究却汗牛充栋，在此概不赘述。其中，对系统性风险的定义，具有代表性的观点大致有以下四类：一是从系统性风险危害范围大小的视角定义，认为是指威胁整个金融体系以及宏观经济而并非是一两个金融机构稳定性的事件。这种观点主要以美联储主席伯南克（Bernanke）等为代表。[1] 二是从系统性风险传染的角度进行定义，认为单个事件通过影响一连串的机构和市场，从而引起多米诺骨牌效应损失扩散的可能性。这种观点主要以埃莫西约·冈萨雷斯（Gonzalez-Hermosill）和考夫曼（Kaufman）为代表。三是从系统性风险影响金融功能的角度定义，认为某一突发事件引发金融市场的信息中断，导致金融功能丧失的或然性，主要以明斯基（Minsky）为代表。四是从系统性风险对实体经济影响的角度进行定义，10 国集团（Group of Ten）在德班德（De Bandt）与海特曼（Hattmann）的研究基础上认为，系统性风险就是单个冲击事件导致部分金融体系信心崩

---

〔1〕 See Bernanke, Ben, "A Letter to Sen. Bob Corke", *The Wall Street Journal*, 2009, p. 56.

溃、经济损失加重或者不确定性增加,进而对实体经济造成严重危害的风险。[1]

归纳以上观点可以看出,系统性风险中的“系统性”是有两个方面含义的:一方面是指一个突发或冲击事件影响了整个金融体系的功能;另一方面是指一个突发或冲击事件也让看似不相关的第三方遭受了一定的影响。[2] 因此,可以将系统性风险界定为,是指由于某一突发事件造成连锁反应,给其他市场主体带来巨大损失,并且危及整个金融体系的风险。系统性风险会因为时间、地点、经济环境和金融结构的不同有所变化,但是一般都会具有两个基本特征:一是极强的外部性。系统性风险一旦爆发,会迅速扩张到整个金融体系,致使金融服务几乎中断。二是严重影响实体经济。出现金融机构倒闭、金融市场巨幅波动、非金融企业融资困难、经济增长率大幅下挫等情形。前有2008年雷曼兄弟破产,引发全球金融体系大乱,近有希腊主权债务危机,这些在经济全球化的今天有可能迅速产生“多米诺骨牌”效应,进而造成全球性的主权债务危机。因此,前事不忘,后事之师,必须认真思考和防范证券市场乃至金融体系的系统性风险。

近年来,我国的金融监管机构在面对复杂多变的国内外经济以及金融形势时,在金融业潜在及逐步凸显的风险挑战下,能够注重把握主动权,着力加强风险监管,使风险管理水平显著提高,重点领域风险得到及时预警和有效防控,保持了金融体系稳健发展的良好态势。尽管我国科学的风险防范机制获得长足发展,但是毋庸置疑,风险监管仍须加强。正如中国社科院金融法律与金融监管研究基地秘书长尹振涛所言,从整个金融体系的角度来看,目前影响中国金融发展和稳定的主要因素就是系统性风险隐患的存在。例如,国际热钱涌入、周期性不良贷款增加等,这

---

〔1〕 See De Bandt, Hattmann P., “Systemic Risk: A Survey”, *CEPR Discussion Paper*, No. 2634. 2000, p. 34.

〔2〕 参见张晓朴:《系统性金融风险研究:演进、成因与监管》,载《国际金融研究》2010年第7期。

些都是目前我国金融体系存在的系统性风险点，从而对我国的金融业资产质量和抗风险能力提出了更高的标准和要求。[1] 2011 年年初，随着我国股指期货对境外机构投资者开放，国际资金借助股指期货打压 A 股成为资本市场的潜在风险，此时，监管机构积极采取主动权，严格防控境外机构投资者借股指期货打压 A 股，并在海外设计衍生品进行对冲操作行为，尤其是证券、期货交易所已经开始实施对国际资金借助股指期货打压 A 股的态势进行跟踪，这些潜在风险成为金融监管的重点。金融监管从其本质上说，就是对金融体系中系统性风险的监管，因此，可以说系统性风险监管是贯穿金融监管全过程的一条主线，是监管的重点所在。

（二）股指期货功能异化会导致系统性风险的加大

2006 年年底，中央金融工作会议提出建设多层次资本市场体系的观点，立刻得到企业界和金融界的强烈反响。关于多层次资本市场体系中的"多层次"概念，应该包含两个方面的含义：一是指"多形态"，即资本市场体系不仅包括股票市场、产权市场、债券市场、期货市场，还应包括其他金融衍生品市场；二是指"多元化"，即上述的每一种市场形态都应呈现出金字塔式的不同的多层次架构，体现在全国性的场内市场（交易所市场）、集中的场外市场、分散的场外市场（地方性或区域性）等多个层次之中。[2] 目前，我国正在积极推进多层次资本市场体系的建立健全，2010 年 1 月 8 日中国证监会正式宣布国务院已原则同意推出股指期货品种。2010 年 4 月 16 日经过多年讨论和筹备，股指期货市场正式推出，自此打通了股票现货市场和期货市场之间的联络通道，也标志着我国多层次资本市场体系初具雏形。

在国际金融市场上，期货是和股票、外汇并存的三大金融交易体系，因此在全球拥有众多的参与者。股指期货作为资本市场体系的一个有机组成部分，其功能在初衷上一体化于资本市场体系内部，能够帮助投资者

---

〔1〕 参见冬晓：《风险监管是金融监管的核心》，载《中国金融家》2011 年第 2 期。

〔2〕 参见吴玉泾：《推出股指期货过程中如何保障投资者的资金安全——从建立多层次资本市场下的法律问题研究为视角》，载《时代金融》2010 年第 3 期。

进行风险管理、遏制市场过度投机因素、促进市场理性运行等。简言之，股指期货市场主要具有价格发现、对冲风险、风险投资以及经济预期功能。在上述功能中，风险管理功能是股指期货市场的最核心功能。资本市场可以分为三级：一级市场是发行市场，实现公司的上市和筹资；二级市场是交易市场，完成股票的定价和流通；三级市场则应是风险管理市场，达到规避风险的目的。股指期货的推出标志着我国资本市场三级体系的发展和完善。因此，有学者把股指期货称为中国资本市场的第三次革命，认为股指期货市场的推出将改变我国资本市场的交易方式，并间接影响资本市场的供需关系。[1] 但是，股指期货作为在全球金融市场上占据较大份额的金融衍生品，其本身具有较高的风险性。由于股指期货市场运作的不确定性所带来的交易风险，给市场的宏观主体和微观主体以及整个社会、经济环境都造成了一种潜在性的危害。[2] 如 1998 年，国际投机资本在我国香港特别行政区股票市场和股指期货市场上的联动交易，就突显出股指期货对金融安全的潜在威胁。由于投机行为的存在和市场的非理性等因素，使原本内生于资本市场体系、初衷作为风险管理工具的股指期货，极有可能异化为一种外生性的风险来源。

在股指期货市场中，套期保值者和投机者一般构成了市场中的两大参与主体。只要交易者拥有足够多的资金，就有可能通过买卖大量期货合约以期达到操纵期货价格的目的，而股指期货市场的保证金制度会使这种操纵行为更加容易和方便。交易者价格操纵的行为严重影响了市场的公平与公正，导致期货价格严重偏离与失真，市场中的套期保值者无法规避风险，最后极有可能引发逼仓风险。股指期货市场中的投机者通过买空卖空行为博取价差，是保证市场流动性、促进市场活跃的重要力量。但是过度投机行为将会给股指期货市场造成严重的破坏，导致价格波动

---

〔1〕 参见李康：《股指期货是中国资本市场第三次革命》，载湘财证券网：http://www.xcsc.com/nxlc/Common/InfoDetail.aspx? InfoGuid = 3efc6e4b-d3af - 43fa - 8e0e - 04343990d9bf，最后访问日期：2016 年 7 月 20 日。

〔2〕 参见王晗、李朋林：《论我国股指期货的特殊风险及其防范》，载《商业时代》2011 年第 2 期。

和引发市场恐慌。如果股指期货市场的风险放大效应与市场价格操纵行为、内幕交易等非法违规行为联系在一起，将会造成整个金融体系的巨大震荡，甚至会危及一国经济体系的安全和社会秩序的稳定。我国股指期货的推出，意味着我国资本市场引入了做空机制以及单边市场的结束。但是在股指期货运行初期，对于我国资本市场来说，可以用"一半是海水，一半是火焰"来形容。在 2010 年股指期货刚刚运行的短短 3 周内，通过沪深 300 指数大跌 11.2% 的引领，上证指数大跌 510 多点，A 股市值蒸发竟超过了 2.3 万亿元。在股指期货上市的第三天，中国金融期货交易所的股指期货成交额就已经超过了沪深 300 的股票交易额。而按照国际市场的一般标准，如果当日股指期货的成交量超过了股票的成交量，那么，股指期货市场就会存在决定股票市场的力量，这将带来更加复杂的跨市场风险。

（三）应注意的问题

第一，应加强监管，防控系统性风险，正确对待金融创新。[1] 金融危机后以强化审慎监管、防范系统性风险为核心的金融监管改革方案在全球范围内如火如荼地展开。2010 年 7 月 15 日美国国会通过最终版本《金融监管改革法案》就是例证。虽然我国金融体系经受住了本轮金融危机的考验，表现出相对较强的抗风险能力，但这并不表明我国的金融监管完美无瑕。[2] 美国等成熟金融市场近几十年的繁荣与危机为我国发展金融创新提供了反思和借鉴的绝佳教材。美国华尔街在放任自由的监管理念下过度创新是本次危机的本源。我国资本市场虽未受较大影响，但也存在问题，问题的方向与之正好相反，即我国资本市场整体创新发展不足，制约了市场价格发现、资源配置等功能的发挥，抑制了风险管理作用的发挥，不利于企业拓宽融资渠道，不利于投资者丰富投资品种。因此，后金

---

〔1〕 关于金融创新并没有统一的界定，狭义可仅指金融产品创新，广义还包括交易机制、业务模式、定价和交易方式等各方面的创新。本书采取广义的说法。

〔2〕 参见王兆星：《国际银行监管改革对我国银行业的影响》，载《国际金融研究》2010 年第 3 期。

融危机时代背景下我们应加快资本市场的发展与创新，扩宽企业融资渠道，丰富投资者投资品种，增加风险管理手段，促使金融创新为资本市场规模发展和结构优化服务。[1] 诚然，“创新是经济增长的必由之路”，如今，我国已经成为全球经济体中不可分割的一部分，在金融全球化趋势中，我国金融发展水平还远远低于世界主要经济体，因此，金融创新仍将是我国金融发展的一条主线。但是，我国应该深刻吸取欧美国家本轮金融危机的教训，在推动我国金融创新和金融发展的同时，加强金融体系的审慎监管，建立防范系统性风险的机制，实现金融创新和金融稳定良好平衡和互动的局面，促进社会、经济的平稳和可持续发展。

第二，应实现宏观审慎监管与微观审慎监管的有效结合。宏观审慎监管与微观审慎监管的概念来源于安德鲁·克罗克特(Andrew Crockett)的一次国际会议演讲。2000 年 10 月安德鲁·克罗克特任国际清算银行总裁，在一次关于银行业监管的国际会议演讲中，他提出了将金融稳定划分为两个层面，即微观审慎层面稳定和宏观审慎层面稳定的建议，并认为与这两个层面的稳定相对应的是以保障单个金融机构稳健为目标的微观审慎监管和以维护整个金融体系稳定为目标的宏观审慎监管，另外，他还主张宏观审慎监管和微观审慎监管是金融监管中两个不可或缺的并存体系。[2] 在 2008 年金融危机后，各国和一些国际组织高度重视以维护整个金融体系稳定为目标的宏观审慎监管，防控系统性金融风险。例如，2009 年 12 月，巴塞尔银行监管委员会制定了《增强银行业抗风险能力(征求意见稿)》，并于 2010 年 10 月通过了全球银行业监管新标准《巴塞尔协议Ⅲ》，旨在强化国际资本监管框架，增强金融市场的抗风险能力。但是，正如安德鲁·克罗克特所言，宏观审慎监管与微观审慎监管互为补充，相辅相成，是维护金融体系稳定与安全不可或缺的两个支柱。《巴塞尔协议Ⅲ》不仅

---

〔1〕 参见王啸：《金融危机对我国资本市场发展创新的启示》，载《证券市场导报》2008 年第 12 期。

〔2〕 参见苗永旺、王亮亮：《金融系统性风险与宏观审慎监管研究》，载《国际金融研究》2010 年第 8 期。

在加强银行资本和流动性标准等方面进行了规定，而且对应对系统金融风险等方面进行了规定，很好地体现了宏观审慎监管和微观审慎监管的有效结合。该准则并没有简单地抛弃资本、风险暴露、流动性等传统的微观审慎监管指标，而是进一步强化和提高这些微观审慎监管指标的要求，特别是着重加强和挖掘微观审慎监管指标中的宏观审慎管理内涵。例如，最低资本杠杆率要求和新的流动性标准将有助于在经济上升时期抑制金融失衡的过度累计。〔1〕因此，我国在继续探索、建立和完善宏观审慎监管框架与防范系统性风险的同时，也应该注重一国微观审慎监管框架的发展，使二者有机结合，为我国金融、经济可持续发展提供可靠保障。

## 二、保护投资者合法权益的原则

### （一）投资者是资本市场的根基

投资者是资本市场的主体，是资本市场生存的根基所在。投资者保护是各国的立法主旨，也是资本市场监管的主要任务。在成熟、健康的资本市场上，投资者的利益应当受到充分保护，这将有利于资本市场的持续发展。投资者保护越好，资本市场就越发达，防御金融风险的能力也就越强，对经济增长的促进作用当然也就越大。此外，投资者保护也是保障资本市场能否持续健康发展的关键因素，投资者保护越好，证券市场就越健全，对资本市场的发展就越有利。〔2〕在股票市场，尤其是股指期货等新型金融衍生品市场参与主体的构成中，如果法律提倡充分、完全的自由竞争，实行民法中合同自由原则，则股票市场、股指期货市场的交易结果很难保证公平，这从根本上也就违背了《证券法》公平、公正、公开的三原则，有悖于法律公平、正义的理念。

### （二）保护投资者合法权益是证券监管立法的应有之义

一般认为，资本市场风险的不确定性、信息不对称性以及负外部性使

---

〔1〕参见王靖国：《系统性金融风险监测与防范的国际经验》，载《中国金融》2011 年第 8 期。

〔2〕参见张宇润等：《中国证券法——原理　制度　机制》，中国经济出版社 2002 年版，第 35 页。

监管成为资本市场得以稳健运行的基本保障。在经历了20世纪30年代的经济大萧条之后，主要发达国家的资本市场开始陆续走上监管之路。无论是美国的“双重多头”监管模式，以澳大利亚为代表的“双峰”监管模式，还是以英国为代表的单一监管模式等，其立法目标除了维护资本市场稳定、建立高效率、富有竞争性的资本市场秩序以外，均将保护投资者的合法权益纳入立法宗旨。我国的《证券法》也是如此。这主要因为资本市场上的投资品种和投资者有其特殊性。

一方面，资本市场中的投资品种较之一般普通商品而言具有其特殊性。一是有的投资品种具有无形性，没有可供评断其价值的外形和质地等要素的标准，投资者进行交易的判断可能完全依赖于金融机构一方所提供的相关信息。二是资本市场的投资品种多样化，在风险形式、费用构成、利润结构、提前退出的惩罚机制等各方面都有一定的专业性壁垒，这对投资者的专业水平提出了较高的要求。即使金融机构一方提供了投资品种的相关信息，但是如果使用大量的晦涩难懂专业术语，大多数投资者仍然是不能真正理解这些投资品种的。三是资本市场的产品主要是和金钱密切相关的一类特殊产品，因此，在具有收益性同时还存在与其相伴而生的风险性。尤其是股指期货品种更是因为以小博大的杠杆率，投资者在交易时只需交付少许保证金即可签订大额交易，从而获取高额收益。但是，相伴而生的风险在杠杆率下也会具有放大效应，会让投资者损失惨重。有收益就有风险，资本市场的投资无时不伴随着信用风险、市场风险、操作风险、法律风险等各类风险，投资者如果缺乏必要的风险意识或有关风险的信息，则很容易遭受损失。因此，资本市场的相关信息对于投资者进行交易判断具有重要意义，投资者保护规则亦应主要围绕着相关交易信息的披露与获取而展开。

另一方面，在资本市场中，无论是发行市场、交易市场，还是风险管理市场，投资者与公司经营者、投资者与证券、期货经营机构及代理人之间所拥有的信息是不对称分布的，显然公司经营者和证券商、期货商等比投资者拥有更多的信息，这就决定了投资者在资本市场结构体系中所处的位置,即投资者的弱势地位。资本市场的专业性、高风险性等特点,使投资者在交易中处于严重的信息不对称状态,而信息的传递是资本市场运作和投资者进行决策的必要条件之一。当信息的传递被具有信息优势的一方当成谋利的手段和工具时,其就会有选择性地输出对自己有利的信息而封锁对自己不利的信息,甚至散布虚假信息,在这种情形下,就会出现种种形式的欺诈行为。投资者由于在知识水平、信息收集与处理能力等方面与具有掌握信息优势的一方之间存在巨大的差距,仅靠自身的力量,很难正确有效地把握资本市场的重要信息和规避不适当的风险,很难实现投资者与金融机构之间的实质公平交易。此时,就需要法律伸出援助之手,完善资本监管机制,建立各种有效的反欺诈、反操纵、反内幕交易的法律制度,给予投资者应有的保护,矫正投资者与金融机构之间的信息不对称状态,并防止市场交易者利用信息优势从事各种欺诈活动,以促进资本市场健康发展,真正实现资本市场的公开、公平与公正。

(三)应遵循的方向

第一,应当贯彻对投资者的倾斜保护原则。资本市场上的信息不对称,加之资本市场的特殊性以及股指期货的高风险性等使投资者在交易过程中很难与其他交易主体公平交易,因而需要资本市场监管法律制度给予投资者应有的倾斜保护政策,例如,可以通过加大金融机构对投资者的信息披露法定义务、完善民事责任、赋予投资者更多权利等。但是,我国现行的证券监管立法往往是从证券行政监管的需求而非从投资者的交易需求出发,来规定金融机构的义务和责任,因而无法真正贯彻对投资者的倾斜保护理念。为此,在我国资本市场加快发展的进程中,对相对处于微观层面的股票和股指期货跨市场监管法律制度建立和完善来说,应设身处地从投资者的合理需求出发,真正贯彻对投资者合法权益保护的理念和原则。

第二,应当贯彻对投资者的适度保护原则。证券监管法律制度对投资者的保护应当是有限度的,即应遵循适度保护原则。其实,对证券市场中投资者的倾斜保护并非是证券监管法律制度的根本目的所在。对投资者的实施倾斜保护，一方面是为了确保合同当事人的"地位对等性"，恢复投资者的自我决定能力，使投资者一方当事人能够基于合理判断而缔结合同；另一方面是为了确保资本市场自由竞争机制的正常运行。[1] 对证券市场投资者的适度保护原则应当主要考虑以下两个方面的因素：

一是投资者交易本身的性质。法律对投资者的保护应当仅限于矫正投资者在证券交易能力上的弱势地位，以实现投资者与金融机构在实质公平的条件下发生交易关系，而不应当延伸到投资者因从事交易行为而可能面对的结果，包括风险。如果投资者从事证券品种投资的交易活动，只是希望得到更高收益的回报而不愿意承担损失的结果，这将变成另一种形式的市场滥用，过多主张了投资者权利保护。即投资者在进行投资活动时，自身应当确立必要的风险意识，在了解自身承担风险的能力限度前提下积极主动地学习资本市场的"游戏规则"，发展成为一个有独立判断能力的成熟投资者。关于如何理解对投资者的保护限度，在英国颁布的《2000年金融服务与市场法》中的一些规定值可供参考。该法第5条规定金融监管者在确定对投资者的保护程度时，必须考虑诸下因素：(1)包括投资在内的各类金融交易在风险水平上的可能差异；(2)不同投资者在经验、专业水平上的可能差异；(3)投资者对外部建议和准确信息的需求；(4)投资者就自己的交易决定负责的一般原则。在投资者保护限度掌握中对其交易性质因素的考量，源于交易本身行为性质的不同决定了交易风险和复杂程度的大小差异，进而会决定着监管法律制度对投资者的保护程度。

二是投资者的交易能力。包括信息收集和处理能力、专业知识、经验水平、经济实力、风险承受能力等。保护投资者合法权益也包含有加强投资者自己责任承担能力、培养合格和成熟投资者的要意。特别是对于我国股指期货等金融衍生品市场而言，高收益、高风险特征突出，因此，建立

---

[1] 参见梁慧星：《从近代民法到现代民法——20世纪民法回顾》，载梁慧星主编：《民商法论丛》(第7卷)，法律出版社1997年版，第89页。

健全合格投资者制度,积极培育成熟的机构投资者是该市场稳健发展的关键。金融活动注重效率,关注成本与收益的合理关系。在证券市场上,如果投资者已经具备了与金融机构相当的交易能力,在经济实力、专业水平、交易经验等各方面皆势均力敌,而法律制度等仍然给予投资者倾斜保护,则是对法律资源的不必要浪费。[1] 因此,证券监管法律制度在贯彻投资者保护原则时应当区分一般中小投资者和机构投资者,可以给予前者一定的倾斜保护,而且有必要对一般投资者群体作进一步区分,尽量将那些成熟的投资者从倾斜保护的对象范围中排除出来,更好地实现资本市场的公平、公正和公开。

## 三、监管市场化的原则

### (一)监管市场化的必然性

我国资本市场是社会主义市场经济的产物,在我国的经济体制发展和改革中发挥了巨大的积极作用,但不成熟的资本市场同时也存在很多问题,需要对资本市场进行有效的监管。证券市场有效监管是指能够通过监管使建立证券市场制度的目的充分得以实现的一种有效率的金融监管,它是有效证券市场制度的组成部分,也是实现有效证券市场制度功能的必要条件。一般认为,有效证券监管包括两个主要因素:一是证券监管目标充分实现;二是监管效果与兼顾成本分析符合经济效率要求。

自1998年以来,我国逐步建立了以中国证监会为主体、以证券交易所、期货交易所和证券业、期货业协会为补充的政府主导型的集中统一的证券市场监管体制。实践证明,它对于规范证券与期货市场秩序、保障投资者合法权益、推进证券市场和谐稳定发展,发挥了积极有效的重要作用。但同时,随着我国经济体制、金融体制发展和改革的不断深化,现行证券监管体制出现了一些不相适应的方面,需要进一步的改革和完善。

党的十八大提出,要全面深化金融体制改革,健全促进宏观经济稳

---

[1] 参见何颖:《论金融消费者保护的立法原则》,载《法学》2010年第2期。

定、支持实体经济发展的现代金融体系,加快发展多层次资本市场,稳步推进利率和汇率市场化改革,逐步实现人民币资本项目可兑换。在我国金融体制市场化改革重要取向的指导下,资本市场正以其积极、蓬勃的姿态不断深入发展。资本市场作为现代经济中非常重要的一环,尤其在我国股权分置改革基本完成,逐步迈入规范、健康发展的轨道后,其影响力已经渗透到我国经济生活的方方面面,并对我国的经济运行产生着深刻作用。[1] 如今,我国正在加快多层次资本市场体系建设。我国已经具备了发展多层次资本市场体系的条件和可能,不仅有以深沪交易所为核心的主板市场、中小企业和高科技企业为核心的创业板市场,在融资融券制度建立后,还推出了可以转移风险的股指期货金融衍生品市场,而且关于境外企业境内上市的国际板市场也正在积极筹备中,同时,进一步发展产权交易市场、公司债券市场,积极拓宽融资渠道等都在积极地建设中。可见,我国证券市场市场化的趋势正进一步加强,这种市场化发展新趋势势必对我国现行的证券监管体制带来新的挑战,因此,我国的证券监管也应积极进行制度创新,坚持市场化的监管方式来适应证券市场发展的新趋势。

### (二)监管市场化的应有之义

世界各国的金融监管模式大致可以分为行政性监管和市场化监管两大类。[2] 我国目前证券市场监管体制可以归属于行政性监管类别,主要是通过行政性手段对证券市场进行监管。作为市场化的证券监管模式则强调证券监管的多层次性,更多的是从交易者之间的权利义务分担来考量监管主体与监管对象之间的关系。市场化证券监管模式中的监管主体与监管对象之间的关系是一种经济法律关系,而不是一般的行政管理关系,必须坚持证券市场与法律制度的结合,坚持市场"无形之手"与政府

---

〔1〕 参见蔡玲:《市场化目标:金融体制改革的重要取向》,载《党政干部论坛》2008 年第 3 期。

〔2〕 参见韩汉君:《金融监管的市场化模式及其有效性》,载《杭州金融研修学院学报》2002 年第 6 期。

"有形之手"的协调配合。确切地说,证券监管主体与监管对象之间的法律关系,即证券监管机构依法对证券市场,包括各种证券市场主体以及其在证券市场上的交易行为实施监督管理过程中所形成的权利义务关系,必须是基于现代经济法理念而建立的经济法律关系。由于证券法从本质上分析,是公法和私法的融合法,是社会本位法,那么,在证券法调整下的社会关系就应当是经济法律关系。[1] 这种经济法律关系追求金融安全与金融效率两大目标的对立统一,强调平衡协调、责权利相统一,能使监管主体与监管对象之间建立一种良性互动关系。我国证券市场目前正处于"新兴加转轨"的新时期,这种新型的证券监管法律关系的确立,对现有的过多依靠行政监管手段的我国证券市场监管体制而言具有重大的意义。具体来说,我国证券市场监管市场化主要是指政府监管的市场化,是指进一步适度放松政府监管力度,还权于市场,让市场承担更多的自我管理职能,以消除行政监管的"越位"现象。正如有学者所言,中国证监会的监管权力在很多方面已越界涉入了市场权利范围。那些原本属于市场的权利在性质上是私权,无论行使主体、行使方式,还是法律后果,都应当遵循私权的规律。而中国证监会以公权来行使原本属于市场的私权,将会违背私权自治的法则,限制市场主体的行为自由,挤压市场的发展空间,导致不能充分发挥市场自我发展、自我调控的机制,从而影响证券市场的健康发展。[2]

### (三)监管市场化原则的主要内容

我国股票和股指期货跨市场监管的市场化原则应关注以下几点:

(1)证监会应进一步取消行政审批项目,致力于"游戏规则"的制定与执行。取消行政审批并非意味着自由放任,证监会应关注制定和完善那些虽是企业自主行为但却与投资者利益密切相关的规则,这是证券监管市场化改革的关键所在,也是推动证券市场持续健康、良性发展的必由

---

〔1〕 参见张忠军:《金融监管法论——以银行法为中心的研究》,法律出版社 1998 年版,第6页。

〔2〕 参见高西庆:《论证券监管权》,载《中国法学》2002 年第 5 期。

之路。

(2)强化证券市场中介机构的自律作用。在证券市场中,律师事务所、会计师事务所、证券公司等中介机构发挥着重要的作用。然而现实的状况却令人担忧,律师出具虚假法律意见、主承销商策划违规“包装”、会计师出具虚假审计报告等事件屡见不鲜。因此,应根据中介机构的行业特点完善制度建设,强化行业自律。

(3)充分发挥自律监管机制的作用。证券市场中的自律组织主要由沪深证券交易所、商品期货交易所、中国金融期货交易所、证券业协会、期货业协会、律师协会、注册会计师协会等组成,随着我国证券市场市场化水平的逐渐提高,证券市场的资源配置优化应由市场自己主导,这意味着上述自律组织各自的自律管理功能应得到进一步地发挥。[1]

(4)实现监管成本最小化与收益最大化的结合。由于市场自身固有的缺陷,作为社会公共利益代表的政府需要通过建立证券市场监管机制对其运营进行不同程度的干预。证券市场监管是有成本的,因此,应合理地设计股票市场和股指期货市场跨市场监管组织体系的架构,制定行之有效的监管制度,并建立一支精通股票和股指期货市场专业技术知识和具有敬业精神及职业道德的高级监管人才队伍,以降低股票和股指期货市场监管机制的运行成本,并充分发挥和大力提高监管机制的功能和效率。

(5)推进证券监管主体的独立性。监管主体依法独立行使监管职权,是现代金融监管制度的基本要求。证券监管主体的独立性要求其必须在结构上与政府其他部门严格区分,防止受到政府其他部门的干预;在职权上具有独立自主的执法权,能够独立地执行监管政策。

## 四、协调监管的原则

### (一)协调监管的必要性

金融监管的本质是建立一个能够控制金融市场参与者与市场行为的

---

〔1〕 参见李志君、于向花:《论证券市场政府监管的市场化》,载《当代法学》2005 年第 3 期。

科学完备的、层次清晰的规范系统。[1] 股票和股指期货跨市场监管可以说是一个复杂的系统工程，需要各方面的协调合作才能实现监管目标。股票和股指期货跨市场监管的最终目的在于提高两个市场的运作效率和秩序，以保证其对经济发展的功能。资本市场效率主要表现在两个方面：一是资本市场能够形成均衡价格，并且能够正确地反映价值；二是市场能够按照均衡价格迅速成交，手续简便。资本市场秩序主要是指市场参与主体能够依照资本市场的规则有序地运作。秩序与效率是相互依存的，因此，跨市场监管机制的建构要以股票和股指期货市场的运作效率和秩序为目标，在设计跨市场监管机制时，要注重监管机制的协调性和合作性，做到依法监管、从严监管、实时监管和自律监管的相结合。[2]

协调监管原则是由我国股票市场和股指期货市场的特性及我国特殊国情所决定的。

首先，我国股票和股指期货市场监管者众多，包括有权实施监管的政府机关、机构、社会团体，其中以政府监管机关为主。现行我国股票和股指期货市场监管体制是，中国证监会对股票和股指期货市场实行集中统一的行政监管；沪深证券交易所和中国金融期货交易所各自依法授权对股票与股指期货市场承担着辅助政府对市场监管的职责，处于重要的一线监管地位；中国证券业协会、期货业协会等社会团体则肩负着对市场监管的自律职能。我国资本市场处于体制转型的关键时期，行政监管的地位和作用不容低估，一线监管、自律监管的支持和配合也不可或缺，各个监管主体必须协调配合，才能实现有效监管，单纯强调任何一类监管主体的作用都会有失偏颇。

其次，我国股票和股指期货市场各自发展程度和各自监管主体的成

---

〔1〕 参见杨华：《改革与发展中的金融监管》，载《中国金融改革与发展论坛》，中国经济出版社 2005 年版，第 163 页。

〔2〕 参见赵利敏：《我国股票市场和股指期货市场跨市场监管研究》，河南大学金融学 2008 年硕士学位论文，第 43 页。

熟度不均衡，为了防止出现监管真空和监管混乱，就需要强调协调监管原则。[1] 例如，我国股票市场发展相对较早，在几十年发展中逐渐走向成熟，而股指期货市场在2010年刚刚正式推出，还正处于探索和起步的阶段；沪深证券交易所早在20世纪90年代就已经成立，而中国金融期货交易所作为我国唯一的公司制交易所，其履行金融期货衍生品运行监管的使命才刚刚开始。因此，遵循协调监管原则，要求监管主体之间相互配合，更好地在股票和股指期货市场各自履行监管职责，避免出现纠纷、失职情形。

（二）协调监管原则的主要内容

协调监管原则主要包括以下几个方面的内容：

第一，有效的证券市场监管不可能仅依靠证监会主体就能实现，应把政府监管与一线监管、自律监管有机结合起来，形成对股票和股指期货市场互相协调的监管系统。协调监管原则体现在对股票和股指期货市场行政监管、交易所一线监管及行业协会自律监管等制度之中。就我国特殊国情而言，证监会主体的监管是市场监管的重点，但是发挥交易所、行业协会等自律作用，也是市场监管的重要组成部分。在深化资本市场改革，转变政府职能、弱化行政监管背景下，股票和股指期货市场的一线监管和自律性监管职能将会日益增大，也将发挥更大作用。因此，只有行政性监管与自律性监管相结合，才能实现有效监管，使监管目标得以真正实现。

第二，股票和股指期货市场监管机构之间应协调配合，构建起权责明确、分工协作、信息畅通的高效率协作机制。由于股票和股指期货市场的相互关系，如何协调两个市场的监管成为一个具有重大意义的课题。在我国股票和股指期货市场中，由中国证监会共同对两个市场实施集中统一监管，但是，作为两个不同的市场，行使市场一线监管与自律监管职能的交易所和行业协会各自是不同的，因此，建立沪深证券交易所与中国金

〔1〕 参见吴弘、胡伟：《市场监管法论——市场监管法的基础理论与基本制度》，北京大学出版社2006年版，第18页。

融期货交易所、证券业协会与期货业协会等各监管机构之间的协调机制尤为重要。针对股票和股指期货从事的跨市场交易行为,如果股票和股指期货市场的监管主体各自为政,极有可能产生监管真空,进而可能发展为系统性金融风险,因此,股票和股指期货监管主体之间的协调合作机制应当尽量做到责任明确、避免重复、节约监管成本、减轻监管对象负担、提高监管效率。虽然我国在股票和股指期货市场已经开始建立监管机构联席会议等形式的协调机制,但是仍然有待于进一步完善。

第三,股票和股指期货跨市场监管制度的立法、执法以及司法的各个阶段应当相互协调一致。[1] 就法的一般运行规律而言,法的创制是从社会关系层面上升为法层面,是把具体的社会要求转变为抽象的、一般的法律规范过程,而法的实施是把法律规范中的要求转化为社会现实关系,是从抽象到具体,是法的实现过程,即"权利被享受,义务被履行,禁令被遵守"。[2] 法的创制并不是最终目的,法的实现才是法的价值的真正体现。对于股票和股指期货跨市场监管法律制度来说,相关法律法规的制定和颁布仅仅是第一步,使社会证券关系上升为法律规范的范畴,这当然是实施有效跨市场监管的必要前提,但是对于我国建立一个稳定、健康、发展的资本市场体系而言,面临的更大挑战却是这些相关法律规则和制度安排的有效实施。目前,我国股票和股指期货市场已经初步建立起与其发展相适应的法律法规体系,但是随着两个市场的逐渐成熟发展,在进一步完善立法的同时,仍需要大力改善执法和司法领域。

### 五、外部监管与内部控制相结合的原则

事物的变化发展是内外因共同起作用的结果。我国股票和股指期货跨市场监管法律制度的有效实现,同样需要内外部条件的共同成就。在建立健全我国股票和股指期货跨市场监管法律制度中,发挥证监会的行

---

〔1〕 参见徐孟洲:《金融监管法研究》,中国法制出版社 2008 年版,第 81 ~ 82 页。
〔2〕 孙国华、朱景文主编:《法理学》,中国人民大学出版社 1999 年版,第 310 页。

政监管、交易所一线监管以及行业协会自律监管等作用是市场监管的重点,也是构成我国证券市场外部监管体制中最为重要的几方面要素。但是,强化市场主体的内部控制机制,同样是证券市场监管的重要组成部分。即在股票和股指期货跨市场监管中,只有外部监管和内部控制二者相结合,才能真正实现跨市场监管法律制度的目的。

从资本市场投资者角度进行分析,股票和股指期货跨市场交易的参与者应该主要包括套期保值者、套利者和投机者。这三种类别中从主体来说,既包括个人投资者也包括机构投资者,他们通过股票和股指期货市场的套期保值行为、套利行为以及投机行为,使自己获得投资收益,规避投资风险。机构投资者与个人投资者相比较而言,由于其在专业性、资金雄厚性、抗风险性以及市场信息获取程度性等方面明显具有较强优势,因此,机构投资者在股票和股指期货从事跨市场交易时更有可能进行内幕交易、市场操纵以及过度投机等行为,从而给股票和股指期货市场带来一定风险。所以对股票和股指期货从事跨市交易的机构投资者进行监管应被置于监管部门监管工作的首要位置,即证监会的行政监管、交易所一线监管、行业协会自律监管以及其他外部力量的监管都应密切关注机构投资者的股票和股指期货跨市场交易行为,通过对其实施外部强制性监管,更好地发挥和保障机构投资者在资本市场中的应有作用。

从经济学角度来说,企业内控是指企业为了更好提高经营效益和充分有效地获取和使用各种资源,实现预定的管理目标,而在内部实施的各种制度和调节的组织、计划、方法和程序。本书界定的"内部控制"主要是机构投资者的自我约束和自我监管。这里有一点需要注意,从法律角度分析,内部控制既然是企业组织的一种内部管理制度,就可以依出资人的意思自治来确定,国家不应当对企业的内部控制进行干预。正如一位学者所言,企事业单位内部人、财、物要素的管理关系以及家庭或者个人对其生产经营行为和财物的管理关系,应当遵循当事人自身利益平衡等原则,原则上一般属于当事人意思自治的私法关系范畴,国家一般不对其进行干预。[1] 但是,在证券市场领域,由于证券市场的相对高风险性以及对社会经济产生的重大影响,决定了国家需要对企业尤其是证券市场领域中金融机构的内控措施进行干预,并使之成为我国资本市场监管的组成部分。在股票和股指期货市场中,通过证券监管机构的引导和监督,可以督促机构投资者加强自我管理,始终把强化内部控制建设作为固本强基、保障其运营稳健的基础。因此,作为股票和股指期货跨市交易的主要参与者,机构投资者只有不断加大内部控制制度建设的力度,不断完善相关规章制度,科学优化组织内部业务流程,积极培育企业内控文化意识,逐步提高自我管理效率,才能够有效地防范和化解风险。显然,加强机构投资者内部控制制度建设是防范股票和股指期货市场跨市场金融风险、确保两个市场稳健运营的重要保证和不可或缺的部分,也是我国证券市场发展中值得关注探索和需要完善强化的一个方面。

由于各国的法律制度不同、文化背景不同,其证券市场的监管风格也各不相同。在一些发达国家的成熟证券市场中,监管风格迥异,各有千秋。其中,美国和日本证券市场是以外部强制性监管为主要特征,而英国和许多西欧国家的证券市场则更信奉在诱导劝说基础上的自我约束与自我管理。但是,综观全球,无论是以"外部监管"为主,还是以"内部控制"为主,一个证券市场的有序健康发展都需要两者之间的有机结合,即外部监管需要监管对象的密切配合,同样,监管对象也离不开监管主体的督促引导。在股票和股指期货跨市场交易运营的监管中,如果将希望完全寄托在机构投资者的内部控制上,完全依赖于机构投资者的自我管理,那么个别机构投资者的冒险行为极有可能危及整个证券市场乃至金融市场的安全与稳定。

我国的金融监管历来重视"外部监管"与"内部控制"相结合,在银行业、证券业以及保险业等领域都有明显体现。例如,2003 年中国证监会修订的《证券公司内部控制指引》第 2 条明确指出,证券公司内部控制是指

---

〔1〕 参见潘静成、刘文华主编:《经济法》,中国人民大学出版社 2005 年版,第 59 页。

证券公司为了实现其经营目标,根据经营环境变化,对证券公司经营与管理过程中的风险进行识别、评价和管理的制度安排、组织体系和控制措施。其中,第7条还规定了证券公司内部控制应当贯彻健全性、合理性、制衡性和独立性的原则,以确保内部控制切实有效。证监会发布本指引的目的在于更好地引导证券公司规范经营,继续完善我国证券公司内部控制机制,进一步增强证券公司自我约束能力,大力推动证券公司现代企业制度建设,有效防范和化解金融风险。2006年上海证券交易所发布了《上海证券交易所上市公司内部控制指引》,在第2条中指出,内部控制是指上市公司为了保证公司战略目标的实现,而对公司战略制定和经营活动中存在的风险予以管理的相关制度安排。同年,深圳证券交易所也发布了《深圳证券交易所上市公司内部控制指引》,该指引第2条指出,内部控制是指上市公司的董事会、监事会、高级管理人员及其他有关人员为实现一定目标而提供合理保证的系列过程。另外,为了指导证券公司建立健全融资融券业务试点的内部控制机制,2006年中国证监会公布《证券公司融资融券业务试点内部控制指引》,并于2011年对其进行修订。可以看出,经过我国证券监管部门的不断努力,我国证券市场中关于证券公司等金融机构的内部控制制度正在不断加强。

就金融企业的治理而言,市场治理机制是基础,政府治理机制是保证,而公司的内部治理机制则是核心。这些外部治理最终都要通过公司内部治理来发挥作用。[1] 目前,我国证券市场上尤其是股票和股指期货跨市场交易的机构投资者主要是各基金公司和证券公司等,尽管在股指期货推出初期,对机构投资者进入股指期货市场有较多的限制,但是,随着股指期货市场的逐步发展,证券市场的逐渐成熟,机构投资者将成为证券市场的重要主体,其跨市场交易行为将对证券市场的发展产生重大影响。在认识到机构投资者对证券市场的重大贡献时,也应注意他们的一些行为也会给证券市场带来负面影响。因此,为了规范机构投资者的投

[1] 参见宋玮:《国有商业银行治理机制研究》,煤炭工业出版社2003年版,第99页。

资行为,更好地促进证券市场投资环境健康发展,就应该在建立健全我国股票和股指期货跨市场监管制度中遵循外部监管和内部控制相结合的原则,加强机构投资者的内部控制建设,建立健全机构投资者以内部控制为基础的内部自我约束和自我管理机制,从而完善我国证券市场的监管工作。

# 第四章　股票和股指期货跨市场信息披露监管法律制度

在证券市场上，由于市场参与者自身所处的环境不同、获取与处理信息的能力差别以及对信息理解的差异，使市场参与者的信息是非对称的。信息非对称是导致证券市场失灵最为普遍、最为重要的影响因素之一。2010年时任中国证监会副主席刘新华曾说："信息公开透明是各国证券市场稳定健康发展的基本前提。"[1]我国证券市场是新兴加转轨的市场，是典型的信息市场，信息不对称现象普遍存在。为了防止信息不对称导致证券市场失灵，进一步弥补市场机制不能对资本市场资源进行有效配置的缺陷，相关立法、监管机构对证券市场的信息监管就显得格外重要。目前，我国证券市场存在相互关联、相互影响的股票市场和股指期货市场，会出现一些新的交易特性，这是过去只存在股票单边市场时所不具有的，这些新的交易特性增加了证券市场信息公开透明的难度。因此，证券监管

---

〔1〕 任晓、刘新华：《加强市场透明度建设》，载《中国证券报》2010年1月3日。

机构不仅要做好对单一股票市场信息披露监管工作，更要对具有较强关联性的股票和股指期货跨市场信息披露监管工作予以高度重视。

## 第一节　跨市场信息传导机制及信息披露监管的功能

### 一、股指期货市场存在条件下信息传导的特性

当证券市场只存在单一股票市场时，信息通过投资者的交易行为只能在股票市场内部进行传导。当知情交易者获得优势信息后会改变其在股票市场的投资策略与组合头寸：如果获得的是利空消息，这些投资者将在股票市场卖出手中持有的股票；反之，若获得的是利好信息，则买进股票。其间，投资者基于信息而进行的股票买卖交易，必须支付一定的交易成本，如佣金、买卖差价等。另外，股票市场的投资者还受到诸如限制卖空等市场交易规则的约束。但是在股指期货市场存在的证券市场条件下，信息不仅可以在股指期货和股票市场内部进行传导，而且可以在两个市场之间相互传递。由于股指期货衍生品交易具有高杠杆性、低成本性、高收益性、高风险性以及高流动性等特征，决定了信息在股指期货市场与股票市场进行传递的速度是不同的，即投资者在股指期货市场获得的信息更为快速，特别是当市场中出现影响更广泛的信息时，这种情况更为明显。对整个证券市场或对股指成分股，尤其是对权重较大的成分股有较大影响的信息，可能将首先在股指期货市场中反映出来；而影响较小的信息，则可能更倾向于在股票市场中反映出来。由此可见，在股指期货市场存在条件下信息的传递方式不同于仅存在单一股票市场时的传递过程。正如 1987 年 7 月 23 日美国商品期货交易委员会主席苏珊·菲利普斯在对美国国会的证词中所说："股指期货市场的深度性和流动性能够加速吸

收新的基本信息,从而提高和促进股票市场的效率……”[1]

## 二、监管条件下跨市场信息传导的机制

一般而言,证券市场信息的传递过程是由信息源、信息传递途径以及信息接受者构成。此外,信息在传递途中还会受到噪声信息的干扰和影响。[2] 这四个要素相互联系、相互作用,从而共同组成了证券市场信息传导机制的整体。在股票与股指期货市场中,这四个要素相互作用,构成了股票与股指期货跨市场信息传导机制。在股票和股指期货市场的监管机构对其产品交易进行信息交流和信息监管情况下,这些信息传导流程表现为以下几个方面。

第一,当某些事件能够影响股票基础价值的变动时,相关信息产生,从而形成原始的信息源。此类信息既包括宏观经济的走势情况,也包括上市公司的相关信息等。这些信息通过不同的信息传导途径传递给不同的市场参与者。[3] 在一般情形下,信息会首先通过相关中介(如媒体、网络等)向股票市场和股指期货的监管机构传递。不过,在此传递过程中可能存在信息泄露的情形,从而在股票市场、股指期货市场或两市场的交易中进行内幕交易以牟取非法暴利。

第二,随着信息的到达,不同的市场参与者将分别采取不同的行为,以促使各自目标的实现。就监管机构来说,他们会对信息进行评价和判断,采取相应的措施。

第三,针对投资者而言,在获得相关信息后,他们会相应地调整投资策略,进行合理交易,在股票和股指期货市场各自进行交易或者进行跨市

---

[1] 王春峰:《股票与股指期货市场风险关联性及跨市场监管研究》,载《上海证券交易所第16届联合研究计划》(2006年),第55页。

[2] 布莱克(Black)在1986年最早提出噪声概念,在其发表的“Noise”一文中,噪声被定义为一切能不同程度地使资产价格偏离资产价值的因素和事件。本书中的噪声信息是诸如虚假信息、非理性投资者心理的产生等信息。

[3] 不同市场参与者主要指监管机构、内幕人员、理性交易者、噪声交易者、做市商、经纪商等。

场交易。

第四，投资者在股票和股指期货市场的任何交易行为均会有记录，而且一些相关信息也会被监管机构获取。在通常情形下，监管机构会重点关注市场中的异常交易行为，并对其进行分析和判断。

第五，股票和股指期货市场中的一些信息，如最优买卖报价、新开仓量等信息，通过信息传递途径被传递出去。由于交易信息的公开性，内幕交易者和其他投资者也会获取这些交易信息，并根据各自对信息的不同理解和分析，进行不同的交易行为。

第六，在股票和股指期货市场中，上述过程不断重复。在信息传导过程中，原始信息源不断被释放、传递，直至股票和股指期货市场完全吸收了信息传递的实质内容，从而融入价格，使股票和股指期货的市场价格趋于均衡。〔1〕

总之，在股票和股指期货市场监管机构对其产品交易进行信息交流和信息监管情况下，信息来源、信息传播途径、信息接受者和噪声信息四个方面对股票和股指期货跨市场信息传导机制都有一定的影响。显然，高效的跨市场信息传导机制应能够使信息源和信息传递途径得到较好的匹配，使信息接受者通过信息传递途径获取的信息得到良好地吸收与利用。

## 三、信息披露监管对证券市场的影响

### （一）监管机构对单一市场信息披露监管的影响

对于股票或者股指期货单一市场的信息披露监管机构而言，首先考虑的是如何对监管范围内的各自单一市场进行信息披露监管工作，包括如何设定信息披露的内容、对象、方式以及时间。同时，监管机构还应通过实时监控交易信息而重点监管市场中出现的异常交易行为。由于监管

---

〔1〕　参见王春峰、卢涛等：《股票、股指期货跨市场信息监管的国际比较及借鉴国际》，载《国际金融研究》2008 年第 3 期。

机构设定的信息披露内容、对象、方式以及时间的不同,将会使市场参与者可能产生不同的交易策略,因此,信息披露监管的完善与否均会在一定程度上影响着股票市场或股指期货市场。在一般情况下,信息披露监管越完善,证券市场质量就越高,核心竞争力也就越强。对于我国证券市场来说,不仅应完善上市公司自身质量,健全信息披露制度,还应加强股指期货市场的信息披露监管,从而我国证券市场核心竞争力。

(二)监管机构跨市场信息披露监管的影响

在发展多层次资本市场体系趋势下,监管机构仅对其监管范围内的单一市场履行监管职能显然已经不能及时有效地防范证券市场中出现的异常情况。因此,监管机构应未雨绸缪,首先考虑实施跨市场信息披露监管,及时进行跨市场信息交流与分享。从股票和股指期货市场的发展实践来看,当市场中产生异常变动事件时,一些指数套利、组合保险等基于股指期货而进行的交易行为往往会导致股票市场出现异常,并引起其他投资者的市场恐慌心理,在恶性循环影响下加剧市场风险甚至爆发危机。美国 1987 年的金融危机及东南亚金融危机爆发的原因之一,就是这种投资者恐慌交易和驱动性交易的影响冲击。因此从实践来看,市场异常交易行为是监管机构从事跨市场交易信息披露监管的重点。在通常情况下,由于基本面价值变动与非基本面价值变动的存在,会导致异常交易行为。若是前者导致异常交易行为,则表明市场中可能存在内幕交易行为;如果是后者引起异常,则表明市场中可能存在人为操纵行为或市场恐慌情绪。因此,监管机构应通过跨市场信息披露监管分析查找异常交易行为产生的原因,并采取或制定相应的解决措施,以避免跨市场风险的发生。

## 四、信息披露监管的功能

从境外主要成熟证券市场的监管状况来看,信息披露监管在证券市场监管体制中处于基础性地位。由于股票和股指期货市场的不同,各国监管部门信息披露监管的重点也不相同。在股票市场中,监管部门信息监管的重点和主要内容是上市公司信息的披露和交易信息的披露；在股指期货市场中，由于监管部门认为投资者可以从股票市场及时了解与股指期货标的，即股票指数相关的信息，因此监管部门的信息披露监管重点在于股指期货交易的信息披露以及投资者信用信息的披露。

信息披露监管对股票和股指期货市场的有序运行均有一定的影响。从境外主要成熟证券市场的发展实践经验来看，各国或地区证券市场监管部门都有加强信息披露程度、加大信息监管的趋势。这种趋势的出现，正是金融市场发挥和实现其基本功能的一种客观要求，也是由信息披露监管的本质功能所致。信息披露监管的本质功能就是确保证券市场中的价格发现和信息传递能够及时、有效完成，并防范证券市场中的违法违规交易行为的出现，特别是抑制内幕交易行为的发生。

（一）信息披露监管有利于价格发现和信息传递

在具备健全完善的信息披露监管市场环境下，信息能够被有效地、及时地传递给不同的市场参与者，从而使他们通过分析判断信息，及时调整交易策略，进行相关交易，能够保证信息在尽可能短的时间内通过市场参与者的交易行为表现出来，那么市场存在较优的价格发现功能。反之，如果信息披露监管是无效的，则不能发挥价格发现和信息传导的功能价值。一方面，市场参与者不能及时、有效地获取信息，导致信息过时、失效；另一方面，可能会使优先获取信息的市场交易者利用其信息优势而赢取超额收益，而这种获利往往是以损失不能及时获取信息的投资者利益为代价的。这两个方面共同作用将会引起信息融入市场的不及时，抑制投资者的投资意愿，最终会导致价格发现功能的失效。

（二）信息披露监管有利于防范内幕交易

内幕交易是资本市场存在的一个“痼疾”，是各国和地区法律规制的违法行为之一。内幕交易从本质上来说，对证券市场的发展规律、运行机制、法律理念以及道德准则等都具有较大的侵蚀性、危害性和破坏性。因此，为了建立和发展一个规范运行的证券市场，必须加强对内幕交易的监管和规制。在多层次资本市场体系中，股票和股指期货跨市场信息披露监管能够有效防范和抑制内幕交易行为和基于内幕交易而为的市场操纵行为。

其一,完善健全的信息披露监管可以从源头上减少内幕消息的产生,从而降低内幕交易行为的发生。美国著名的布兰戴斯(Brandies)大法官说过:“阳光是最好的消毒剂,路灯是最好的警察。”[1]内幕交易是交易者以内幕信息的获取和利用为必需要件的一种违法行为。此时,如果监管部门对于有关信息及时进行监管和披露,则潜在的内幕交易人员便会因为其信息而占有的优势地位的丧失而无法进行内幕交易。因此,信息披露监管可以事先预防内幕交易行为的产生。

其二,信息披露监管有利于监管部门及时了解证券市场情况,提高监管效率。信息披露监管可以使监管部门及时、全面、清楚地了解股票市场以及股指期货市场的异常交易动向、内幕交易的苗头,从而及时有效地采取相应监管措施,以消除或降低发生内幕交易的可能性。此外,完善的信息披露监管还可以使市场交易者能够及时通过交易信息来分析判断新信息是否产生、内容如何等,并据此调整交易策略,以防止内幕交易给自己造成更大的损失。

其三,信息披露监管有利于抑制基于内幕交易的市场操纵行为。基于内幕信息的市场操纵行为存在的一个前提条件是市场上存在对某种证券产品价格有重要影响、但同时却不能够为一般投资者所获得的信息。完善的信息披露监管,一方面,可以降低此类信息存在的可能性,使其他投资者能够较及时获取和了解市场信息;另一方面,信息披露监管还可以对那些规定不能披露的信息进行监管和防控,使监管部门及时了解内幕交易行为或市场操纵行为,从根本上预防此类违法违规行为的发生。

---

〔1〕 参见王春峰、卢涛等:《股票、股指期货跨市场信息监管的国际比较及借鉴国际》,载《国际金融研究》2008年第3期。

## 第二节 境外股票和股指期货跨市场信息披露监管法律制度的经验

信息披露监管目标,是各国或地区监管部门制定信息披露监管措施的根本出发点和归宿。尽管在现实中,由于各国或地区传统文化、法律体系以及历史背景等社会现实因素的不同,导致境外主要证券市场关于信息披露监管目标有所差异,但是通过考察境外主要成熟证券市场的信息披露监管法律制度,可以看出,各国或地区监管部门进行信息披露监管具有一般性和共同性目标,主要是通过信息公开提高市场的透明度,降低和防范内幕交易发生,保证和维持证券市场的公平、公正和有效,以增强投资者的意愿和信心并吸引投资者积极参与市场交易,提高市场的流动性、完善市场的价格发现机制以及保持适度的波动性,最终活跃金融市场,实现资源的优化配置,促进整个国家或地区的经济发展。

### 一、境外跨市场防范内幕交易的立法

有句名言说道,在秘密或者是神秘开始的地方,堕落或者欺诈离我们已经不远了。因此,股票和股指期货市场信息披露监管的主要目的除了提高股票和股指期货市场效率、防止市场异常变动外,还包括防范内幕交易行为。美国证券法领域一位权威教授曾说,在联邦法律中有三句话至为重要:第一是信息披露;第二还是信息披露;第三仍是信息披露。[1] 信息披露法律制度源于英国 1844 年的《公司法》,并通过美国《1933 年证券法》和《1934 年证券交易法》予以确立和完善,现已成为英美等成熟证券市场法律的核心和基石,成为全球各国或地区证券市场畅通无阻的"金字

---

〔1〕 See Louis Loss, *Fundamentals of Securities Regulation*, the third edition, Little Brown And Company, 1995, p. 134.

招牌”。

### (一)美国防范内幕交易的立法

美国证券市场监管机构关于内幕交易的认定,经历了一个长期、复杂的过程,期间并没有形成统一的标准,而是在不同时期形成不同的内幕交易认定的主流理论。这种认定是在美国普通法的基础上,通过执法机构的提议、被告的辩解以及司法机构的审裁,在各方互动、摩擦中逐步演进,有激进,也有保守,有时个案往往受到偶然因素的影响,但是美国防范内幕交易制度总的方向是满足市场规范发展的需要。美国关于内幕交易的法律,是立足于普通法根基并以执法和司法体制为环境而建立发展起来的。主要表现在以下几个方面。

第一,美国股票市场的监管机构以《1934 年证券交易法》以及证券交易委员会规则中的相关条款作为规范证券市场内幕交易的依据。

第二,美国商品期货市场的监管机构以《商品交易法》相关规定为依据对期货市场的内幕交易进行规范,1992 年修订后的《期货交易法》不仅扩大了内幕交易的适用范围,而且授权商品期货交易委员会可以另外制定相关法令来规范内幕交易行为。

第三,在 2008 年国际金融危机后,美国进行了大规模的金融修法活动,2010 年 7 月《金融监管改革法案》终于尘埃落定。新出台的美国《金融监管改革法案》对期货市场的内幕交易行为作出了新规定,[1] 关于禁止期货市场内幕交易新规定的核心是“艾迪·墨菲”规则(Eddie Murphy Rule)。该规则认为,任何人,既包括政府公职人员,也包括市场参与者,如果是利用职位之便利而获取非公开信息来从事期货交易,均属于非法。[2]

---

[1] 新出台的美国《金融监管改革法案》修订了《商品交易法》第 4c 条第(a)款,在末尾增加了“(3)销售合同和(4)非公开信息”条文。参见《多德—弗兰克华尔街改革与消费者保护法案》,董裕平等译,中国金融出版社 2010 年版,第 327 ~ 328 页。

[2] 参见张鹏、袁圆:《“艾迪·墨菲”规则——美国金融改革法关于禁止期货市场内幕交易的新规定》,载中国金融期货交易所网:http://www.cffex.com.cn/yjcb/yjbg/,最后访问日期:2012 年 1 月 5 日。

(二)英国防范内幕交易的立法

英国证券市场对内幕交易的规范与管制主要依据《刑事审判法》,此法是英国贯彻执行欧共体《关于协调内幕交易管制的指令》的体现。英国《刑事审判法》所认定的内幕交易行为有三种:一是根据内幕信息进行交易;二是建议内幕交易;三是内幕信息的不当披露。英国依据刑法相关规定对内幕交易进行惩罚,但在实践中通常处罚较轻。

(三)我国台湾地区防范内幕交易的"立法"

我国台湾地区股票和期货市场对内幕交易进行规制主要是依据"证券交易法"与"期货交易法"的相关规则。由于股票和股指期货市场的经济功能与目的具有各自不同的特征,因此,股票与股指期货市场对内幕交易人员的规定稍有差异,并不完全一致。股票市场中内幕交易人员主要是指与该公司业务密切相关的董事、监察人、经理人或者职员等,而股指期货市场中的内幕交易人员通常是期货交易所、主管机构等相关机构的高级管理人员或者职员。

(四)新加坡防范内幕交易的立法

新加坡证券市场对内幕交易的规范是依据其《证券法》相关规定,该规定禁止内部人员从事买卖有价证券的行为,并指出内部人员的范围,界定了重大消息的内容以及指出了内部人员被禁止的行为。

## 二、境外跨市场信息监管体制

美国作为全球资本市场发展最为成熟的国家之一,证券市场的监管措施能够随着证券市场的不断发展而不断调整、创新、尝试和总结,其监管机构关于股票和股指期货跨市场信息监管也是如此。因此,对于我国来说,有很多成熟的经验可供借鉴。我国台湾地区是新兴资本市场发展的典型代表之一,其证券市场的跨市场信息监管措施对构建股票和股指期货跨市场信息披露监管机制也具有一定的借鉴意义。本书主要以美国和我国台湾地区股票和股指期货跨市场信息监管为例,从跨市场信息监管法律制度设计、跨市场信息监管机构设置和跨市场信息交流机制建立三方面进行分析和比较。

(一)跨市场信息监管法律制度的设计

美国和我国台湾地区证券市场监管制度相对比较成熟和先进,监管部门专门或者间接地都制定了关于跨市场信息监管方面的法律法规以及相关制度,从而为股票和股指期货监管机构制定跨市场信息监管制度提供了基础。

1990年美国通过的《市场改革法》正式明确了跨市场信息监管的重要地位。《市场改革法》指出,美国的财政部、联邦储备银行、商品期货交易委员会以及证券交易委员会自1991年5月31日起,每年都要向国会提交跨市场监管协调报告,此规定能够保证不同市场监管委员会与不同交易所之间跨市场信息监管工作的有效执行。

1987年我国台湾地区的证券交易公司与期货交易所签署了《证券暨期货相关单位跨市场信息互换及危机处理程序合作备忘录》,正式确立不同交易所之间的跨市场信息交流和互换成为各自监管工作的内容之一。2004年7月,我国台湾地区行政机关金融监督管理委员会颁布了"金融交易监视管理办法",进一步完善了跨市场信息监管制度,尤其是进一步规范了我国台湾地区股票交易所、期货交易所以及结算中心之间的跨市场信息交流和监管措施。

(二)跨市场信息监管机构的设置

由于证券市场之间的信息传递会出现衰减或者准确度损失的情形,而且当这种衰减或者损失程度较大时,将会造成证券市场监管机构之间信息交流和沟通机制不畅,导致不能及时有效地处理证券市场的异常情况。[1] 因此,美国和我国台湾地区证券市场的监管机构均设立了专门机构以进行跨市场信息交流工作。

美国证券交易委员会与商品期货交易委员会专门组建了两个市场之

---

〔1〕 See Foster D., Viswanathan S., "Strategic Trading with Asymmetrically Informed Traders and Long-lived Information", *Journal of Financial and Quantitative Analysis*, No. 29, 1994.

间的监视组织，由证券市场中的多家证券交易所、期货交易所以及期权交易所组成，市场间监视组织根据各个市场违法行为的不同类型，要求其成员在监管违法行为和异常交易行为时及时进行信息交流与共享，并相互配合。市场间监视组织各成员相互分享交流的信息包括不同市场之间的跨市场交易信息、交割信息以及跨市场投资者信息等内容。此外。美国证券交易委员会与商品期货交易委员会还建立了其他多种类型的市场间协调沟通组织，[1]如股票和股指期货跨市场财务监管组织、衍生性产品政策组织以及金融产品咨询委员会等组织。

我国台湾地区行政机构金融监督管理委员会依据"金融交易监视管理办法"，在我国台湾地区相关部门之间成立了专门的跨市场监管机构。该机构制定了不同市场间的跨市场信息披露机制，并且要求对通报、交流的信息建立实时文件。另外，不同市场间跨市场危机处理小组也在我国台湾地区证券交易所、结算中心与期货交易所之间建立起来，以在跨市场重大突发事件发生时能够及时利用该平台进行信息的沟通和应对措施的协调。

(三)跨市场信息交流机制的建立

一是建立跨市场信息交流系统。美国证券交易所、期货交易所等监管部门利用其一线监管优势，建立实施了信息交流系统，即证券、期货与期权市场之间信息交流网络系统。不同市场的监管部门通过该网络系统既可以实时监控市场的交易情况、及时交流信息，还可以在市场中出现异常交易波动状况时，为各监管部门提供一个信息分享、监管协调的交流途径。我国台湾地区证券市场的股票交易所和期货交易所在借鉴美国先进经验基础上，也建立了不同市场之间专门的跨市场信息交流系统。根据该系统，各监管机构应及时交流与分享以下相关信息：(1)主动通报信息，这些信息主要是指可能对股票或期货市场产生影响的重大政治经济事

[1] See Madhavan A., "Market microstructure: A Survey", *Journal of Financial Markets*, No. 3. 2000.

件、股票市场或者期货市场行情大幅波动情形、重大交易违约事件导致的跨市场之间的系列连锁反应、跨市场操纵价格导致的相关市场交易情形的异常等信息。(2)提供机密信息，除了上述相关信息的主动通报外，我国台湾地区证券交易所和期货交易所还应交换各自市场交易的调查、监督等内部相关信息，[1]以更好地监控、防范跨市场风险。

二是举行定期或不定期信息交流会议。在美国证券市场，当股指期货合约、股指期权或者有价证券即将到期之前，证券交易委员会和期货交易委员会两大监管机构会利用召开的到期日季会，对相关合约或证券产品到期时可能出现的异常交易情形及时交流和互换信息。通过交流信息，发现市场中存在异常交易状况时，各负责市场一线监管的交易所应共同商讨异常交易活动的成因，并及时采取防范与处理措施。在我国台湾地区证券市场，金融交易监督委员会会根据市场情形不定期召开不同监管机构的联合监管业务协调会，与不同市场监管机构进行联合检查与监管，以进一步监督我国台湾地区金融市场的发展，监督股票市场、期货市场等的运行状况，协调不同市场之间的监管行为和措施。

三是签署监管合作协议和备忘录。美国证券市场监管机构为了防范经纪商或者投资者利用不同市场之间信息披露的时间先后差抢先市场交易而损害其他投资者合法权益，证券交易所与期货交易所制定了关于信息交流、互换及调查方面的合作协议。这些合作协议的签订为股票、期货等不同市场监管机构进行跨市场信息交流提供了渠道，能够使不同市场监管机构及时发现多个市场的抢先交易活动。我国台湾地区的证券交易所、期货交易所以及场外证券买卖中心监管机构之间已经签订了关于跨市场信息交流的合作备忘录，规定股票交易所、期货交易所以及场外交易所要定期或者不定期主动通报和交换相关信息，当市场出现异常交易状况时，任何交易所都可以请求其他交易所提供必要的机密信息，并交流商

[1] 王春峰、蒋祥林等：《中国股市的内幕交易及监管——国际经验与中国的对策》，载《国际金融研究》2003 年第 3 期。

讨跨市场危机的处理程序等。

（四）美国和我国台湾地区跨市场信息监管的特点

通过上述美国和我国台湾地区股票和期货等市场跨市场信息监管制度的比较，可以看出二者具有共同的特点，这些特点恰是美国和我国台湾地区证券市场在全球市场中相对比较发达的原因，也是大力发展证券市场、有效完善股票和股指期货跨市场监管应借鉴的先进经验。对此，主要表现在以下两个方面：第一，有法可依。美国和我国台湾地区证券市场的监管部门专门或间接出台了关于跨市场信息披露监管方面的法律法规，以保证股票市场、期货市场等不同市场的监管机构有法可依，进行跨市场信息披露监管。有明确的法律法规依据，是不同监管机构顺利进行跨市场监管的制度基础，也是有效执行具体信息交流措施的原则之一。第二，成立沟通性强的专门机构。由于不同市场之间的信息非对称性、信息传递的局限性等因素，美国和我国台湾地区证券市场监管部门均成立了专门机构，以处理和进行不同市场之间跨市场信息交流与监管事宜。这些专门机构的存在保证了跨市场信息交流与互换的畅通性，有利于跨市场监管措施的沟通和协调。

## 第三节　我国股票和股指期货跨市场信息披露监管法律制度的完善

### 一、我国股票和股指期货跨市场信息披露法律制度的健全

我国股票市场建立时间相对较早，在借鉴和吸收经济发达国家和地区证券市场经验基础上，构建了以发行与上市信息披露、持续信息披露以及重大事项临时公告为主的信息披露框架，并且统一了信息披露的内容、形式和手段等要求，明确了信息披露不当的法律责任和行政责任，从而完善了我国证券市场的信息披露法律制度，有效规范着证券市场的健康发展。然而，随着 2010 年我国股指期货市场的推出，以股指期货为代表的

金融衍生品交易正式运行，我国证券市场信息披露监管法律制度将面临新的问题和挑战。因此，在股指期货推出条件下，亟须健全股票市场的信息披露法律制度，对其进行补充和完善。

(一)加大跨市场内幕交易法律责任的处罚力度

在股票和股指期货市场跨市场内幕交易行为中，内幕交易人实施违法行为的成本主要是其所掌握的信息资源，可见其违法成本很低。从经济学角度分析，因为一般的损害赔偿使行为人付出的违法成本小，故不足以有效制止犯罪行为，而实施刑罚的作用就在于增加犯罪行为的额外成本，刑罚责任可以对潜在罪犯的发生起到一定威慑作用，使行为人“望而却步”。鉴于此，针对这些内幕交易行为，应加大刑事处罚的力度。

另外，随着资本市场深化发展过程中内幕交易数量逐渐增多、手段更加隐蔽等情形的出现，我国关于内幕交易民事赔偿责任制度监管不足的现象也比较明显，既不能给合法利益遭受损失的投资者提供充分的救济，又不能及时有效地给予不法行为人相应的处罚。因此，还应完善我国内幕交易的民事赔偿制度，使与之相对应的受损投资者的合法利益诉求能够得以实现。光大证券内幕交易民事赔偿案就同样具有重要的借鉴意义。2013 年 8 月 16 日光大证券“乌龙指事件”发生，随后的一系列事件持续吸引着市场的眼球。2014 年 5 月光大证券内幕交易民事赔偿案第一次开庭审理。2015 年 9 月 30 日光大证券内幕交易民事赔偿案在上海相关法院再次开庭审理并作出了一审判决，有 6 名投资者的全部或部分诉讼请求获法院支持，获赔金额将近 30 万元。此次审理涉及维权的投资者共 8 名，其中 6 名胜诉，2 名诉讼请求被驳回。上海相关法院认为，投资者在非内幕交易时间段的交易，属于跟风买入受损，光大证券公司对投资者的损失并无过错，无法认定存在法律上的因果关系，由投资者自行负担投资风险。而在光大证券公司内幕交易期间，如果投资者有相关交易型开放式指数基金(Exchange Traded Funds，ETF)及其成分股、期指的交易，且其主要交易方向与光大证券公司内幕交易方向相反，则推定两者存在因果关系。因此，光大证券应对其过错造成的投资者损失予以赔偿。上海相关法院的一审判决意义非同寻常,具有"标本"性作用。在以往的投资者维权案件中,除了上市公司因虚假陈述而使投资者拥有维权渠道并常常能在诉讼中获胜外,内幕交易的民事赔偿案件尚没有维权成功的先例。此次上海相关法院的一审判决,算是开了"先河"。如果投资者与内幕交易行为主体之间有相反方向的交易,并且形成了事实上的损失,那么就可认定存在因果关系,内幕交易者就该赔偿投资者的损失。只要投资者提起诉讼,相关法院就应支持立案,并开庭审理,直至判决与执行到位。因此,最高人民法院等相关部门大可以此为契机,趁热打铁,出台内幕交易、操纵股价(市场)等违规行为的民事赔偿的司法解释,以净化证券市场环境,保护投资者合法权益。[1]

(二)强化上市公司的信息披露

我国股指期货市场的建立可以为证券市场中的投资者带来规避系统风险的便利,从而为证券市场的稳定发展提供坚实基础。但是,由于股指期货市场的特性,其也对监管部门对上市公司信息披露进行监管提出了新的挑战,即上市公司大股东及其高级管理人员利用股指期货进行操纵股票价格或者内幕交易等违法行为而牟取暴利的动机可能更加强烈。综观境外成熟证券市场,如美国、英国及我国台湾地区关于信息披露法律制度可以看出,其防范内幕交易的信息披露制度相对比较完善,已经考虑到股指期货市场存在条件下,上市公司如何更好地进行信息披露的问题。他山之石,可以攻玉。具体措施如下:

第一,监管部门必须督促进入沪深300指数的上市公司对其大股东、实际控制人、高管人员以及其控制的关联公司的关联程度和资信状况进行充分披露,尤其要关注和披露可能参与股指期货市场交易或者与其有关联的上述人员情况。

第二,监管部门对不同市场间的关联交易事项,特别是股票与股指期

〔1〕 参见曹中铭:《光大证券内幕交易案宣判 意义非同寻常》,载《上海证券报》2015年10月12日。

货间有较大关联的交易事项、异常交易情形以及市场之间资金相互往来情况等信息披露要进行监管，并聘请专业的中介服务机构出具权威专业意见，以对上市公司与相关单位是否有关联关系、是否存在关联交易、审批程序是否合法等进行核实。

第三，监管部门要进一步强化对上市公司控股股东、高管人员以及其关联方与股指期货市场参与者关系变动信息披露的监管，同时还要强化对相关履行承诺事项信息披露的监管。

第四，监管部门必须对可能会影响股指的成分股的上市公司的大股东、高管及其直系亲属从事股指期货交易的情况进行公示，而且对一些权重成分股或者影响较大的股票，禁止其上市公司的大股东或者高管人员从事股指期货市场交易行为。

（三）健全机构投资者的信息披露

随着股指期货市场的逐步发展，证券公司和证券投资基金将是股指期货市场投资的主力军。由于证券投资基金和券商作为专业的金融中介机构对市场有较大影响力，因此，在我国股指期货市场建立后，为了在更大程度上保护投资者利益，促进证券市场规范发展，需要对基金、券商等机构投资者的相关信息进行充分详细地披露，以便于投资者做出正确的决定，减少机构投资者的代理风险和交易风险。机构投资者信息披露的主要内容应该包括以下方面：

第一，揭示在信息较充分提供的条件下股票与股指期货市场可能存在的风险，投资者应该明确并承担市场投资（尤其是股指期货市场投资）所带来的风险和收益，增强风险披露协议书的法律保障。

第二，向投资者尽量提供足够多的风险教育渠道，增强投资者的风险意识。

第三，在投资者向其进行投资咨询时，结合不同客户的不同需求，提供包括股指期货品种在内的有关投资计划方面的信息，尤其要指出股指期货的使用或交易对不同客户的影响。

第四，揭示投资组合，包括所能够利用的一些投资工具，尤其要揭示和宣传股指期货衍生品在投资组合中的避险作用。

第五，揭示偏股型证券投资基金利用股指期货进行套期保值、投机的比例以及对股指期货交易导致的净值、资产与负债等方面的信息。

第六，提供基金、券商的投资性质、投资目标、可能的风险和收益以及所投资的资产类型、占有比例和分散程度等核心信息。[1]

(四)加强网络信息披露的监管

关于上市公司信息的网上披露，中国证监会将其作为一种补充方式，主要是在中国证监会指定的媒体，即三大证券类报纸(《中国证券报》、《上海证券报》以及《证券时报》)上进行披露，可以说我国证券市场的信息披露本质上仍处于纸质时代的信息披露，即使有网上信息披露也是处于相对初级的发展阶段。[2] 随着电子化信息技术的迅猛发展、快速普及，我国证券市场的投资者能够通过网络更方便、更快捷地获取各种相关信息，增强市场的流动性。但与此同时，网络的普及也使证券中虚假信息的传播更加容易、传播范围更广泛。因此，随着股指期货市场的发展，证券市场中的消息源逐渐增多，这就需要监管部门在充分利用网络完善信息披露制度的同时，还应该加强网上信息披露的优化，加强防范和打击虚假信息在网络上的披露、传播和扩散，从而使监管部门能够在网络信息化时代对证券市场信息披露实行有效监管，以实现对投资者合法权益的充分保护。

## 二、我国股票和股指期货跨市场信息监管体制的构建

(一)跨市场信息监管体系框架的构建

国际证监会组织的调查研究表明，信息交流与共享对于监管合作具有重要意义。目前，我国证券市场各交易所和各市场之间还缺乏有效的跨市场信息互换和监管合作机制。因此，随着股指期货市场的日渐发展，

---

〔1〕 参见胡茂刚:《金融期货市场监管法律制度研究——以股指期货为中心》，华东政法大学经济法学院 2008 年博士学位论文，第 117 页。

〔2〕 参见冯果、武俊桥:《由"类推监管"到"网络导向监管"——论网络信息时代证券信息披露监管制度的建构》，载《现代法学》2010 年第 12 期。

应该根据我国证券市场监管体系的实践情况,可以借鉴美国、英国证券期货市场“三级监管”制度经验,建立由证监会、交易所以及行业协会三级监管部门组成的我国股票和股指期货跨市场信息监管部门,在此基础上,再建立不同监管级别之间与不同监管级别内部的跨市场信息共享和监管机制。构建由三级监管机构组成的跨市场信息监管体系主要目的是积极进行监管协作,加强信息交流与共享,提高监管效率,在各自监管职责范围内及时采取正确、有效的联合监管措施,防范并查处跨市场内幕交易、操纵市场等违法违规行为,从而维护市场健康有序运行,保障股票和股指期货市场的协调平稳发展。

由证监会、交易所与行业协会组成的三级跨市场信息监管体系中,不同监管机构的属性如下:

中国证监会级别的联合信息监管:我国证监会对股票、期货市场实现集中统一监管,在跨市场信息监管框架中处于主导的地位,在证监会内部可以成立一个专门机构或者联合信息监管委员会,负责不同市场不同监管部门之间的信息共享、监管协作等事宜。此专门机构或联合信息监管委员会具有一定的法定权利和责任,主要任务为:(1)利用不同市场各交易所提供的数据、资料等,分析和调查不同市场的交易状况,并关注和研究市场中可能出现的交易风险;(2)及时调查由不同市场各交易所上报的异常交易情形,进行确认后依法严厉追究相关责任人,惩处市场违法违规行为。

交易所级别的联合信息监管:在三级跨市场信息监管体系中,交易所处于市场交易的发生地,属于一线监管,具有实时监控的便利,很容易获取市场交易方面的第一手数据,因此,其主要任务就在于:(1)及时向证监会上报不同市场的交易数据,以便于证监会分析和调查;(2)不同市场的各交易所实时监控和分析各自市场交易中发生的异常情况,并通过信息交流系统及时采取防范措施;(3)充分行使一线监管职能,深入市场并对市场中的违法违规行为进行调查和查处。

行业协会级别的联合信息监管:证券市场中不同市场的行业协会属

于自律监管组织，在监管体系中具有自身的优势。其主要任务为：(1)当接到中国证监会或不同市场各交易所监管部门要求其进行配合调查时，行业协会应积极配合上述监管部门进行相关调查；(2)行业协会应对其行业会员积极进行教育和宣传，提示市场风险。

（二）跨市场信息监管体系机构的设置

1. 第一层次机构——中国证监会联合信息监管委员会

立足于我国股票、期货市场均是由中国证监会统一监管的实际，在跨市场信息监管机构设置上，可以由中国证监会的市场监管部、期货监管一部和二部、基金监管部、机构监管部以及稽查局等相关部门组成一个专门的跨市场联合信息监管委员会，通过信息交流机制（如定期会议、不定期会议）对股票和股指期货市场实施联动监管。在联动跨市场监管的过程中，证监会联合信息监管委员的各个部门应严格依据自身职责进行监管，主要可以分为两大类别，即投资者监管部门和市场监管部门。

关于投资者监管部门，包括基金监管部和机构监管部两个部门，主要负责对我国股票和股指期货市场的机构投资者（如券商、证券投资基金、合格境外机构投资者、期货经纪公司等）进行监管。在证监会信息联合监管委员会中，基金监管部主要负责对基金公司在股票和股指期货市场交易行为的监管；而机构监管部主要负责监管除基金公司之外的机构投资者在股票和股指期货市场的交易行为，还对结算会员的结算情况进行监管。

关于市场监管部门，则包括市场监管部和期货监管部，前者主要负责股票市场交易行为的监管，后者主要负责商品期货和股指期货市场交易行为的监管。由于在证监会联合信息监管委员中，已有专门的机构监管部对机构投资者实施监管，因此，市场监管部门主要侧重于对中小投资者股票和股指期货市场交易行为的监管。

另外，还要注意联合信息监管委员会中各个部门之间的合作。当各部门或其中任一部门发现市场中出现异常交易行为时，联合信息监管委员会中的各个监管部门应及时将发现的异常交易行为、各自监管职责范围内获取的相关信息以及监管权限内的初步调查意见等一并提交给联合信息监管委员会中的稽查部门,由其主要负责对市场异常交易行为进行深入调查和追究。当发现投资者的违法违规交易行为时,稽查部门应及时对投资者进行追究查处,并在掌握充分证据基础上,暂停投资者的相关交易行为;当发现由于信息披露不健全导致市场出现异常信息时,稽查部门除了对相关责任人进行追究处罚外,还应当及时发布信息,以弥补信息披露的不健全,或者督促相关责任人及时发布准确有效的信息。

2. 第二层次机构——交易所及结算中心等联合信息监管部门

由于交易所在证券市场监管体系中处于一线监管的重要地位,对证券市场有序发展具有重要意义,因此,在股票和股指期货跨市场信息监管体系构建中应同样重视和发挥交易所的一线监管作用,由上海证券交易所、深圳证券交易所以及中国金融期货交易所三大交易所与中国期货保证金监控中心、中央登记结算公司组成跨市场信息监管部门。同时,应借鉴美国股票和股指期货跨市场信息监管经验,充分发挥自律监管部门作用,进行实时监控。交易所之间应及时沟通,交流股票和股指期货市场的相关信息,共享市场中的异常行为、结算或交割中的异常情况等信息,及时制定和协调监管应对措施。

交易所等联合信息监管部门的信息交流和监管的流程如下:

第一,证券、期货交易所等 5 家监管机构应建立证券信息网络系统,以方便信息交流与沟通。当市场中出现异常情形时,不同市场的交易所监管机构可以通过此信息网络系统平台,及时交换相关信息,并在市场出现重大事件时,各监管机构之间实施监管的同步协调。

第二,作为对市场进行实时一线监控的各个交易所,其之间应签订市场间抢先协议,以避免投资者或者经纪商利用不同市场之间信息披露或发布的时间先后差进行抢先交易从而损害其他投资者利益的行为。另外,上海证券交易所、深圳证券交易所以及中国金融期货交易所还应签订信息分享与交流协议,以共同对股票和股指期货市场中的异常交易行为进行监控、调查以及处罚等。由于股指期货市场的特性,其容易发生抢先交易行为,因此也应建立各交易所之间监管信息交换、调查协调等方面的合作协议。

第三,应建立定期会议制度,共同商讨股票和股指期货市场的相关交易事宜,尤其是在股指期货合约到期前,针对市场中可能出现的异常情形,共同商讨和分析产生的原因,并制定协调一致的防范与处理措施。

3. 第三层次机构——行业协会联合信息监管部门

行业协会在我国证券市场监管体系中属于自律组织,是证券市场监管的有益补充,因此,可以由中国证券业协会和期货业协会相结合建立股票和股指期货市场的联合信息监管部门。在股指期货市场推出条件下,券商、期货经纪公司等机构投资者是市场风险的主要缔造者,同时也是主要承担者,因此在市场风险控制体系中居于重要地位。另外,由于券商、期货经纪公司等机构投资者背景复杂、规模不一、数量众多等特点使监管部门对其监管的难度大幅增加,风险控制难度也大幅提高。[1] 通过境外成熟证券市场的监管经验来看,在监管和控制券商、期货经纪公司等机构投资者风险方面,其行业协会的监管是有力手段和措施,行业协会在防范券商等风险以及违法违规交易中发挥着重要作用。相比之下,我国证券市场的证券业协会和期货业协会对券商、期货经纪公司等的监管权力是有限的,在实际监管体制中发挥着较小的作用。因此,在构建股票和股指期货跨市场信息监管体制中,应提升我国证券市场行业协会自律组织的监管地位,使其真正成为我国跨市场信息监管体制中有益且有力的补充。[2]

首先,赋予行业协会联合信息监管部门适当的权限。应当具有如下权限:审批行业协会会员的资格;审核和监督会员是否符合协会的相关财务要求;制定并强制执行关于客户利益保护的规则和标准;可以对与股票市场、期货市场相关的纠纷进行仲裁。

---

〔1〕 参见褚玦海:《中国期货市场风险研究》,中国财政经济出版社 2002 年版,第 78 页。

〔2〕 参见付存恩:《试述我国股指期货跨市场信息监管体系的构建》,西南财经大学 2006 年硕士学位论文,第 42 页。

其次，制定信息监管方面的专门制度或措施。可以包括：不同市场的行业协会可以要求各自会员即券商或者期货经纪公司等签署诚信协议，保证其不参与内幕交易、市场操纵等违法违规行为；及时向相关主管部门上报或披露各自会员的违法违规行为，并对发现的违法违规行为在监管职责权限内予以严厉的惩罚。

最后，在行业协会联合信息监管部门内设置一个专门负责中国证券业协会与期货业协会交流的协作部门，以实现不同行业协会之间的信息共享和沟通。中国证券业协会和期货业协会应充分利用协作部门的作用，定期举行或召开双方联席会议，总结和探讨一段时间内该协会信息监管的状况，并及时对下一阶段时期内可能要出现的某些违法违规事件制定有针对性的预防机制。同时，不同行业协会之间应签订协议，规定当市场中出现可能异常交易情形时，各行业协会应立即就各自内部的会员进行自查，在掌握充分材料基础上，共同分析或商讨市场异常的可能成因，并及时向证监会、交易所等监管部门上报，磋商解决措施。

（三）跨市场信息监管体系信息交流机制的建立

1. 三级信息监管部门之间跨级交流与沟通机制的建立

除了证监会、交易所以及行业协会不同层次联合信息监管部门内部的股票与股指期货跨市场信息监管协作外，还应完善各不同层次监管部门之间的跨级信息监管交流与协作机制。尤其在市场出现异常交易情形时，上述三个不同层次、级别的联合信息监管部门之间应及时进行定期或者不定期的交流，共同分析和商讨异常情形，并将发现的内幕交易、市场操纵等违法行为迹象及时上报给相关监管部门，提供自己监管职责范围内所获得的信息，对相关监管部门的深入调查活动予以充分配合。[1] 上述三个不同级别信息监管部门在进行跨级信息交流与分享时，应注意以下几个方面：

---

〔1〕 参见益智、刘逖等：《股指期货跨市场监管——基于投资者跨市场交易行为的理论及实证研究》，载《上海证券交易所联合研究计划第 21 期课题报告》（2010 年），第 47 页。

第一，各级信息监管部门应设置专门负责跨市场信息交流与监管协作相关事务的内部职能部门或人员，以保证不同级别信息监管部门之间跨级沟通的顺畅。同时，还应要求负责股票和股指期货跨市场监管的专门人员或部门在信息交流与共享时必须坚持相关业务保密原则，防止信息泄露与外传。

第二，各级信息监管部门应依法进行信息交流与沟通，根据相关协议建立跨市场信息披露机制，各部门应对相关信息的通报建立实时文件记录，以便于在跨级信息交流时相互通报和操作。

第三，由于中国证监会的集中统一监管地位，因此，当三个不同级别信息监管部门发现市场中存在异常情形时，都应及时向证监会上报或通知，以便于证监会及时采取相关措施，增强市场违法违规行为的处理力度，有效遏制市场风险的发生或蔓延。另外，为了有效监督和协调不同市场金融服务业之间的监管行为，不同级别的信息监管部门之间可以不定期召开联合信息监管业务方面的协调会议，并根据市场实际态势发展，在必要情形下由证监会主导或牵头负责，会同不同级别的监管部门进行联合统一的检查工作。

2. 三级信息监管部门之间定期或不定期报告制度的建立

上述三个不同层次信息监管部门之间除了通过签订相关协议进行信息交流与沟通外，还可以通过定期或者不定期报告的途径进行跨市场信息交流。在定期报告方面，证监会联合信息监管委员会应定期（如1个月或2个月）对股票与股指期货市场交易的监管情况进行总结和分析，总结成书面形式的定期报告，并及时通过信息交流网络系统传递给证券、期货交易所和证券业、期货业协会。上海证券交易所、深圳证券交易所以及中国金融期货交易所应定期（如每周或者10天）进行信息交流，并保持与中国期货保证金监控中心、中国证券登记结算公司的信息联络，上述各部门之间可以通过信息交流网络进行信息互换与分享，并成立专门的联合信息报告小组，撰写关于股票市场风险、到期日临近的股指期货合约风险以及股指期货市场风险等方面的专项书面报告，并将这些报告提交给证监会联合信息监管委员会，以便于证监会及时了解和分析交易所实时监控的相关情形。行业协会联合信息监管部门应将定期信息监管会议的会议记录或决议、行业成员发生的违规事件情况及对其处理意见、行业协会对未来市场状况的预测以及相应的信息监管建议等向证监会提交书面定期报告。在不定期报告方面，主要是当市场中发生异常交易情况时，证监会信息监管部门、实时监控的交易所以及行业协会联合信息监管部门应成立市场异常交易情况的临时报告小组，认真分析调查，及时交流和传达信息。

# 第五章　股票和股指期货跨市场反操纵法律制度

在证券和期货市场发展过程中，价格操纵一直是一个比较突出问题。市场操纵（Market Manipulation）是证券市场中一类常见的违法违规交易行为，是证券监管部门重点监管的对象之一。市场操纵行为从本质上分析就是操纵者人为地扭曲市场价格的形成机制，以获得有利于操纵者价格的行为。一般认为，市场操纵行为的危害性较大，将会制造市场繁荣的虚假表象，误导市场投资资金流向，损害广大投资者的利益，破坏市场竞争机制，进而造成其他金融市场（如银行信用）的不稳定以及有可能影响整个金融体系的安全。[1] 因此，世界各国和地区都把反对市场操纵行为的规则看作资本市场监管的重要组成部分和提高证券市场有效性、增强投资者信心的重要制度安排和设计。

由于股指期货具有套期保值、价格发现以及风险管理等诸多功能以及自身具有的高杠杆性特征，

---

〔1〕 参见顾肖荣、张国炎：《证券期货犯罪比较研究》，法律出版社 2003 年版，第 165 ~ 167 页。

使投资者在进行股票和股指期货跨市场交易时,可能出现两个市场联合操纵的违法行为。此时,股指期货市场套期保值、价格发现以及风险管理等功能价值将会散失殆尽,而且会给其他投资者带来巨大的经济损失,沦为市场操纵者的“游戏玩伴”,甚至还会威胁到国家的证券市场稳定以及金融安全。另外,我国目前关于证券市场价格操纵尤其是跨市场操纵的法律法规、监管体制等方面存在较多不足。因此,在这种双重压力挑战之下,作为监管主体就必须具有前瞻性,在立法和执法上对股票和股指期货跨市场操纵行为进行严格监管。[1] 我国资本市场自建立之初就一直充斥着市场操纵行为,可以说,我国证券市场的发展史实际上也是一部操纵市场和反操纵市场的发展史。[2] 因此,为更好地防患于未然,应积极关注和研究股票和股指期货跨市场操纵问题。

## 第一节 境外主要成熟证券市场反操纵立法与监管制度的经验

### 一、境外主要成熟证券市场跨市场反操纵的立法与监管制度

#### (一)美国股票和股指期货跨市场反操纵的立法与监管制度

1.关于市场操纵认定的法律制度

操纵是为了经济利益而扭曲市场价格。但是,由于操纵首先是一种经济事实,作为立法和司法机构在是否能准确把握操纵上存在相当的难度。因此,从法律上给操纵下定义并不是一件很容易的事情。多年来,美国法院和商品期货交易委员会一直努力为操纵下一个明确的定义,并通过对一系列案例的分析和研究,最终形成了如何判断操纵的四个要件:一

---

〔1〕 参见杨振能:《论股指期货市场操纵的法律规制》,西北大学法学院2009年硕士学位论文,第22页。

〔2〕 参见董安生、郑小敏等:《我国操纵市场的监管:现状、反思与进路》,载《法学家》2005年第1期。

是影响市场价格的能力；二是操纵的意图；三是人为价格的存在；四是因果关系。"操纵"这一术语在美国立法中曾经多次出现过，有的是采用名词形式，即证券价格的操纵（manipulation of securitiesprice）；有的是采用形容词形式，即操纵的手段（manipulative devices）。[1] 然而，无论哪种形式，对操纵的含义均未明确，且法律后果也不尽相同。

20世纪20年代，美国开始对市场操纵行为进行规范和立法。根据其普通法规定，所有操纵行为都属于市场欺诈。联邦立法则始于《1933年证券法》和《1934年证券交易法》，这两部法律出现了许多禁止操纵行为的条款，从而开创了禁止市场操纵的立法先河。其中又以《1934年证券交易法》为重，力图通过消除操纵行为以实现市场的充分披露，并且国会通过该法授权证监会对操纵行为进行监管，证监会据此又出台了相应的规章。不过，这两部法律也没有对市场操纵行为给予确切的定义，只是采用列举加兜底条款的方式描述了市场操纵行为。

为了弥补判例法欺诈理论适用的缺陷，更好保障证券市场的健康发展，纽约州在1931年制定了所谓的《马丁法案》。[2] 该法还规定了州总检察官有权禁止以欺诈方式销售证券行为。其他州也相继颁布了适用于证券价格操纵的禁止虚假或误导性广告的相关立法。这些立法不仅有利于保护私人利益，还有助于维护公众利益。

2. 关于市场操纵惩罚的法律制度

关于惩罚和防范操纵行为一直是美国期货立法的焦点与核心。美国1936年的《商品交易法》关于立法目的的表述中，就有"防止价格操纵或其他破坏市场完整性的行为"内容规定。由于过度投机与操纵之间存在某种天然联系，在法律法规不健全的情形下，过度投机往往是操纵行为滋生的温床。因此，为了有效打击和防范操纵行为，《商品交易法》第4条规

---

〔1〕 参见马江河：《美国证券市场操纵认定标准研究》，载《证券市场导报》2005年第8期。

〔2〕 《马丁法案》规定：对于意在影响证券价格的虚假陈述行为，任何在证券市场买入证券的人都有诉权。如果证明虚假陈述存在，可以推定被告有引诱他人买入的故意。不转移所有权的交易行为可被视为虚假陈述。

定了交易量和头寸限制，虽主旨是防范过度投机，而不是直接的反操纵条款，但对于防范操纵具有非常重要的作用。《商品交易法》相关条款在防止操纵方面的规定，较以往而言，内容相对更详细、更具可操作性。

为了更有效预防和打击期货操纵，必须赋予期货监管机构必要的反操纵权力。在 1987 年颁布并经过多次修订的《商品交易法》中，许多条款赋予了商品期货交易委员会多种监管权，其反操纵监管权力主要包括中止撤销相关资格、限制令、禁令和执行令状、通报、修改交易所规则等，而且该法还规定了对操纵的刑事处罚等措施。

2008 年国际金融危机后，美国 2010 年 7 月通过的《多德—弗兰克华尔街改革和消费者保护法案》(以下简称《金融改革法案》)重新设定了反期货操纵法律监管的规定。美国《金融改革法案》第 753 条在强化商品期货交易委员反期货操纵监管权的同时，对《商品交易法》第 6 条第(c)款进行了实质性修改。商品期货交易委员为更好地执行《金融改革法案》中关于期货操纵的最新规定，进而完善了《反操纵建议规则》，制定了强制性反操纵具体规则，并对新修订的《商品交易法》条款进行了解释。

### (二)欧盟股票和股指期货跨市场反操纵的立法与监管制度

#### 1. 关于市场操纵认定的法律制度

2001 年以来，欧盟在市场操纵界定的立法方面取得较大突破，逐步形成了独具一格的市场操纵定义。同时，欧盟还对证券市场的立法和监管体系进行了重大改革，其中，立法方面的突出变化就是将框架性原则和实施细则分开立法，建立两个层次不同的立法框架。

与之相对应，欧盟关于市场操纵的定义也主要分为两个层次：一是框架性的原则规定；二是具有较强可操作性的实施细则。在框架性的原则方面，涉及的指令主要是 2003 年 1 月由欧盟理事会和欧洲议会颁布的《市场失当行为指令》，即第 2003/6/EC 号指令。市场操纵的原则性定义主要集中于该指令的第 1(2)条，采用了一般性描述和具体操纵行为相结合的定义方式。在操作性较强的实施细则方面，涉及的指令主要是 2003 年 12 月由欧盟委员会颁布的，与《市场失当行为指令》相互配套的两个指令,即第2003/124/EC号指令和第2004/72/EC号指令。这两个指令分别对"市场操纵的征兆"和"被许可的市场行为"作出了规定,为证券监管机构的执法实践提供了可操作性较强的指导意见,具有重要意义。

2. 关于市场操纵监控的法律制度

欧共体理事会早在1977年就提出了《欧洲证券交易行为准则指令》的理事会建议,针对包括市场操纵行为在内的各种市场不当行为提出了一些概括性的监管机制建议。在新形势下,欧洲议会和欧盟理事会分别于2002年10月24日和2002年12月3日通过了《关于内幕交易和操纵市场(市场不当行为)的指令建议》。2003年1月28日欧盟正式发布了欧洲议会和欧盟理事会《关于内幕交易和操纵市场(市场不当行为)的指令》(Directive2003/6/EC)。后来,欧盟委员会又通过了该指令的一些具体实施措施。

欧盟新突破的立法更加强调了建立有效的预防机制,而不再只是通过禁令的形式对市场失当行为进行监管。针对反市场操纵来说,欧盟的预防措施主要体现在三个方面:一是欧盟明确规定了市场参与者通报可疑交易的义务;二是在严格信息披露的基础上建立安全港;三是对公平陈述投资建议及披露利益冲突的要求。

3. 关于市场操纵惩罚的法律制度

第2003/6/EC号指令要求,抛开欧盟各成员国在刑事处罚政策上的分歧,各成员国应当保证依照其国内法对违反该指令执行措施的行为采取适当的行政措施,并对相关责任人处以行政处罚,这些行政措施应当是有效、适当和劝诫的。

该指令在体现加强监管和处罚精神的同时,还充分尊重了基本权利,并遵循欧盟基本权利宪章以及欧洲人权宪法的有关规定,对程序权利和基本权利给予了关注。[1]

---

〔1〕 参见唐洪敏:《欧盟关于市场操纵的定义及其特点》,载《证券市场导报》2005年第8期。

（三）英国股票和股指期货跨市场反操纵的立法与监管制度

英国属于普通法系国家，由于其法律传统文化，长期以来并没有形成对市场操纵的成文法律法规，在实践中市场操纵问题基本依赖于法官对个案的自由裁量和审慎判断。近年来，为了更好地辅助法官判断证券市场不当行为的构成，英国颁布了一些法律和守则。其中，与市场操纵问题密切联系的法律规范主要是《2000 年金融服务与市场法》和 1998 年英国金融服务管理局出台颁布的《市场滥用：市场行为守则》。《2000 年金融服务与市场法》对市场滥用进行了界定。据此，在英国，市场操纵行为被纳入市场滥用行为之列。1998 年金融服务管理局出台颁布的《市场滥用：市场行为守则》中则较集中体现了关于市场操纵认定及其类型的规定。[1]

1. 关于市场操纵的监管体制

从英国整体金融业来看，在 1998 年 6 月 1 日之前，一直实行的是分业监管体制，监管权能主要涉及英格兰银行、财政部、证券与投资管理局等政府部门。而在金融证券法领域主要有 9 家具体监管机构，其中，包括英格兰银行的审慎监管司、证券与投资管理局、证券与期货管理局等。这些监管机构对金融业进行监督和约束所依据的法规主要有《1979 年信用协会法》《1986 年金融服务法案》《1987 年银行法》等 6 部法律法规。

具体到市场操纵行为，在 1998 年之前，根据《1986 年金融服务法案》的规定，证券投资委员会是证券市场的日常监管机构，有权对证券业务和大部分的投资活动行使监管权能。但在实践中，证券投资委员会将大多数监管权能授予私人投资监管局、投资监管局及证券与期货管理局等自律机构行使。贸易工业部虽然也有权参与对证券市场违法行为的监察与管理，但其介入的角度不同。

1998 年之后，在将上述除英格兰银行之外的 8 个监管机构合为一体，

---

[1] 参见刘凤元：《现货市场与衍生品市场跨市监管研究》，载《上海证券交易所联合研究计划第 16 期》（2006 年），第 18 页。

金融服务管理局即告成立,其全面整合了原先各监管机构的监管权限,成为英国金融行业唯一的监管机构。随后2000年颁布的《金融服务与市场法》则更加强化了金融服务管理局作为“超级金融监管机构”的权能。

在很长的一段历史时期内,英国金融监管奉行的是自我管理为主导的模式,《1986年金融服务法案》颁布之后,英国开始逐渐运用法制手段对证券违法行为进行较为严厉的监管和惩罚,而《2000年金融服务与市场法》则明确了金融服务管理局作为法定专门监管机构拥有对市场滥用案件的执法和惩处权,并且对调查权力、审裁和复议程序等措施作出了缜密规定。自此,英国对市场操纵行为的监管逐步进入法制化、规范化的轨道。

2. 关于市场操纵惩罚的法律制度

第一,当市场主体违反法定义务,进行市场操纵行为时,英国金融服务管理局有权对责任人实施民事制裁措施。但是在发出制裁决定通知之前,金融服务管理局必须先向相对人发出警示通知,说明拟施加制裁的性质和数量。

第二,从刑事处罚方面看,进行市场操纵行为的市场主体最高可判7年的监禁。

第三,英国关于市场操纵的违法行为有三类强制令,即责令停止违法行为、责令采取补救行为和限制处分资产的命令。

第四,关于市场操纵案件的恢复原状令。是指对于经过特许而从事金融证券等受管制活动的被授权人(authorized person)来说,金融服务管理局有权直接施予恢复原状命令,而不需要通过法院发布。[1]

(四)澳大利亚股票和股指期货跨市场反操纵的立法与监管制度

尽管澳大利亚证券市场出现较早,产生于19世纪,但澳大利亚联邦政府对证券市场进行全国性统一监管的历史却相对较短。1989年澳大利亚颁布了两部紧密关联的重要法律,即联邦《公司法》和《澳大利亚证券委

---

〔1〕 参见蔡奕:《英国关于市场操纵的立法与实践》,载《证券市场导报》2005年第2期。

员会法》,[1]这两部法律不仅对市场操纵等市场不当行为进行了明确界定,而且标志着澳大利亚对证券市场开始实行全国性的统一监管。

1. 关于市场操纵认定的法律制度

澳大利亚关于证券业市场操纵的认定主要是依据联邦《公司法》。2001年联邦《公司法》不仅对公司的设立、运作、财务报告、合并、信息披露等内容作出了细致规定,而且对金融服务和金融市场的有关内容作出了缜密规定,其涵盖的内容与我国《公司法》和《证券法》是大致相当的。

从法律层面看,澳大利亚并没有对广义市场操纵行为做出统一的概括性定义,而是以列举的方式指出了市场不当行为的类型,并将狭义的市场操纵行为视为市场不当行为的一种。在2001年联邦《公司法》第7.10部分对各种市场不当行为以及其他禁止行为作了明确规定。

2. 关于市场操纵的监管体制

目前,澳大利亚对证券市场实行的是以全国性证券与投资委员会集中监管和证券交易所自律管理相结合的双重监管体制。总体而言,澳大利亚证券与投资委员会主要从联邦《公司法》层面上对证券市场进行集中监管,而澳大利亚证券交易所则主要从交易所规则层面上对证券市场进行自律监管。

澳大利亚证券与投资委员会统一了各州对证券业的监管权,提高了监管效率和效力。其主要负责执法和监管公司与金融服务,以保护消费者、投资者和债权人合法利益。澳大利亚证券与投资委员会目前有7个分部,如执法分部、金融服务监管分部等。在执法过程中澳大利亚证券与投资委员会拥有强大的权力,有权起诉和被起诉。另外,其还拥有广泛的调查权。

澳大利亚证券交易所则是一个自律性监管机构,其主要职责是负责证券发行、上市与交易行为,在其职责权限范围内监管证券市场,以维护

〔1〕 2001年,澳大利亚颁布新的联邦《公司法》和《澳大利亚证券与投资委员会法》,取代了1989年的联邦《公司法》和《澳大利亚证券委员会法》。

市场的公开、公正和健全。其本身也接受澳大利亚证券与投资委员会的监管。澳大利亚证券交易所对股票市场和衍生品市场进行监管的部门主要有市场监察部、交易系统市场监控部、衍生产品市场监控部等。

3. 对市场操纵调查与处罚的法律制度

澳大利亚关于证券市场操纵案件的调查和处罚，主要是由澳大利亚证券与投资委员会的执法分部负责和执行。其执法的主要依据是2001年《澳大利亚证券与投资委员会法》和联邦《公司法》，同时，调查和处罚在人员、程序和时间方面是相互分离的。此外，对操纵案件查处一般需要经过分析立案、调查以及处罚三个阶段。[1]

（五）中国香港特别行政区股票和股指期货跨市场反操纵的立法与监管制度

1. 对市场操纵认定的法律制度

我国香港特别行政区证券市场管理和监察的法例很多，关于市场操纵行为的法律界定则主要体现在《证券条例》和《保障投资者条例》的部分条款之中。例如，《证券条例》对防止不正当交易行为、使用欺诈或欺骗手段等、对固定证券价格等的限制、关于证券的虚假或属误导性的陈述等内容进行了规定。《保障投资者条例》对欺诈或不顾后果诱使他人投资金钱的罪行进行了规定。

2. 对市场操纵惩罚的法律制度

我国香港特别行政区《证券条例》规定，针对操纵证券市场的行为，经过公诉程序可以对相关人员处罚金5万港元及监禁2年。另外，除应负刑事责任外，还应对有关受到损害的人员支付相应的损害赔偿金。

（六）我国台湾地区股票和股指期货跨市场反操纵的立法与监管制度

1. 对市场操纵认定的法律制度

我国台湾地区对于禁止证券市场操纵行为的法令主要是“证券交易

---

[1] 参见陈峰：《澳大利亚关于市场操纵的认定及处罚》，载《证券市场导报》2008年第8期。

法”的第155条。[1] 综合这6项规定,可以归纳出台湾地区关于证券市场操纵行为的界定主要包括违约交割、冲洗交易、共谋买卖、炒作价格、散布流言和不实数据等行为。

2. 关于市场操纵的监管制度

依照“证券交易法”,我国台湾地区设立了证券管理委员会,其是具有准立法和准司法职能的独立监管机构。我国台湾地区在参考“证券交易法”第155条第1项的立法精神基础上,在“期货交易法”第106条、第108条中明确了禁止证券操纵行为的规定。[2] 除“期货交易法”第106条外,证券市场操纵行为还包括“期货交易法”第108条中规定的对作、虚伪、诈欺、隐匿或其他足以使期货交易人或第三人产生误信的行为。

3. 对市场操纵惩罚的法律制度

根据我国台湾地区“证券交易法”明确规定:凡有违反者,必须承担法律责任,对行为人处以7年以下有期徒刑或拘役,或处25万元以下的罚金,以此保护投资者的合法利益,维持证券市场交易公正、合理地进行。

## 二、境外主要成熟证券市场跨市场反操纵监管法律制度的评价

关于证券市场操纵行为的界定是世界各国和地区在证券立法和实践中面临的一个基础性问题,大多数国家和地区基本上都是通过列举操纵行为类型的方法来对市场操纵行为进行界定。不过,综观美国、欧盟、英

---

[1] 我国台湾地区“证券交易法”第155条禁止规定包括:在集中交易市场报价,承诺接受而不实际成交或不履行交割,对市场秩序造成影响者;在集中交易市场,不转移证券所有权而伪做买卖者;意图抬高或压低集中交易市场某种有价证券的交易价格,与他人通谋,以约定价格在自己售,或购买有价证券时,使约定人同时为购买或出售的相对行为者;意图抬高或压低集中交易市场某种有价证券的交易价格,自行或以他人名义,对该有价证券,连续以高价买入或以低价卖出者;意图影响集中交易市场有价证券交易价格,而散布流言或不实资料者;直接或间接从事其他影响集中交易市场某种有价证券交易价格的操纵行为者。

[2] 我国台湾地区“期货交易法”第106条规定:对于期货交易,不得意图影响期货交易价格而为下列行为之一:(1)自行或与他人共谋、连续提高、维持或压低期货或其相关现货交易价格者;(2)自行或与他人共谋、提高、维持或降低期货部位或其相关现货之供需者;(3)自行或与他人共谋、传述或散布不实之信息者;(4)直接或间接影响期货或其相关现货交易价格的操纵行为者。

国等境外成熟证券市场国家和地区的证券法律法规，却鲜有对市场操纵行为直接进行准确定义的。

美国《1933 年证券法》和《1934 年证券交易法》，尽管出现了许多禁止操纵行为的规定，开创了禁止市场操纵的立法先河。但是，在这两部法律中也没有给市场操纵行为进行明确定义，而只是采用列举加兜底条款的方式对市场操纵行为进行描述。这些规定对规范其他法规或条文没有明确禁止的违法行为具有重大意义，并且对证券监管机构从事监管操纵行为以及制定相应规章行为进行了授权。同时，这些条款规定也反映了美国证券监管机构和法律法规禁止市场操纵的核心理念。证监会依据联邦立法的核心理念在其具体规则中对市场操纵违法行为进行了具体界定。此外，在美国的证券市场操纵行为司法实践中，美国法院会根据不同市场操纵个案情况作出不同判例，以丰富和完善市场操纵行为的内涵阐释。[1]因此，可以看出，美国在关于证券市场操纵行为的立法和监管实践过程中，联邦立法、判例法、各州立法等相互补充，共同发挥着重要作用。

2001 年以来，欧盟对证券市场的立法和监管体系进行了重大改革，特别是 2003 年颁布的《市场不当行为指令》，在市场操纵的界定方面取得了较大的突破。欧盟法律法规关于市场操纵的界定具有一些鲜明的特点。首先，没有规定市场操纵行为的主观要件。这是采取了与美国等国家截然不同的单纯的客观主义立法原则，法律规定只要是符合客观要件的行为均构成市场不当行为，而并不要求行为人主观上具有故意或某特定的目的。其次，立法注意把握对市场操纵行为监管的合理限度。一方面，为特定类型的市场操纵行为设置了违法阻却的事由。另一方面，为某些具有积极功能的特定行为设立了安全港。最后，创造性地规定了市场操纵的征兆，提高了适用的可操作性，可以有助于监管机构判断某个行为是否

---

〔1〕 例如，美国最高法院曾经在圣达菲工业公司诉格林（Santa-Fe Industries Inc. v. Green）一案中对操纵进行了阐释，即操纵一词在用于证券市场时是一个专门术语，通常指洗售、对敲、锁定价格等意在通过人为影响市场交易的方式误导投资者的行为。

符合市场操纵的定义。[1]

英国、澳大利亚以及中国香港特别行政区、台湾地区关于市场操纵行为的立法和监管体制也比较完善。主要表现在以下几个方面:第一,重视证券、期货市场的自律管理。这尤其体现在英国和澳大利亚国家的证券市场中,英国金融监管体制长期奉行的是以自我管理为主导的模式,澳大利亚也深受其影响。作为自律监管机构的证券交易所和期货交易所在反市场操纵行为方面具有较大的执法权限。第二,加大法律规制的力度。在注重发挥自律监管作用的同时,注重运用法制手段对证券市场操纵行为进行较为严厉的监管和惩罚。第三,加强监管机构对市场操纵行为的监管。第四,严惩证券市场操纵违法犯罪行为。市场操纵犯罪行为无疑是对证券市场秩序的破坏,鉴于此,英国和中国香港特别行政区、台湾地区等在各自的法律法规中对市场操纵犯罪行为都进行了严厉的处罚规定。

## 三、境外主要成熟证券市场跨市场反操纵监管法律制度对我国的启示

我国的法律法规同境外大多数成熟证券市场国家和地区一样,目前也没有对市场操纵行为进行确切的法律界定,而主要是通过列举禁止性行为的方式对其进行规定,散见于《证券法》《期货交易管理条例》《刑法》等法律法规中,从而形成我国关于规制市场操纵行为的法律框架。但是,正如前文所述,与境外成熟证券市场国家和地区的立法相比较,我国关于市场操纵行为的规定相对简单。随着我国融资融券制度的实施,股指期货市场的发展以及证券市场的深化改革进程,反观境外成熟证券市场反操纵法律制度,无疑对我国具有重要启示作用和借鉴意义。

尽管美国证券市场反操纵法律制度立法较早,在实践中也很好地发

[1] 参见王春峰:《股票与股指期货市场风险关联性及跨市场监管研究》,载《上海证券交易所第16届联合研究计划》(2006年),第146页。

挥了作用，可依然有学者担心反操纵措施会损害市场的有效竞争，认为对证券、期货市场的操纵是困难的、担风险的事情；[1] 认为操纵本身就是治愈操纵的最好办法。[2] 不过，随着市场中竞争均衡趋势的出现，市场操纵行为的有效性正在逐渐减弱，竞争均衡应是立法的宗旨所在。[3] 美国的证券、期货市场立法和监管在防范和打击操纵方面，不仅较好地发挥了作用，还巧妙地平衡了市场的有效竞争与政府管制这一对矛盾冲突问题。与其他国家和地区的证券市场监管体制相比，美国具有制度上优势，在反市场操纵方面也是成功的典范。首先，通过美国的经验，我国立法和监管应注重对市场操纵认定方法的研究，继续关注和探索对人为价格、市场优势、操纵意图等进行确认的一些规范与方法。[4] 其次，通过美国证券、期货市场发展，可以看出市场操纵行为并不是我国证券市场所独有的。由于美国具有较成熟的反市场操纵制度，使美国拥有一个值得信赖的证券期货市场，其如今已经演变成为一个更为相对自由安全的衍生品市场。[5] 近年来，市场操纵在美国证券市场中发生的数目大为减少。我国证券市场目前正处于新兴加转轨时期，股指期货市场的发展时间也不长。因此，在尚处于发展初期的我国证券、期货市场发生操纵行为是极有可能的。但是，这并不可怕，我们应不断提高监管水平，完善法律规范，最大限度地减少市场操纵行为的发生，以促进证券市场的规范发展。

2001 年后，欧盟通过建立框架性原则和实施细则两个层次不同的立法体系，构建了较为全面的市场失当行为监管框架，并由此派生出较为全面、完善的市场操纵定义，对我国具有借鉴意义。其一，在市场操纵的定

---

〔1〕 参见［美］托马斯·A. 海尔奈莫斯：《汤姆期货文集》，中国财政经济出版社 2000 年版，第 390 页。

〔2〕 参见［美］托马斯·A. 海尔奈莫斯：《期货交易经济学》（第 2 版），中国财政经济出版 2004 年版，第 382 页。

〔3〕 参见［美］理查德·J. 特维莱斯、弗兰克·J. 琼斯等：《期货交易实用指南》（第 3 版），经济科学出版社 2000 年版，第 52 页。

〔4〕 参见马卫锋、黄运成：《期货市场操纵的认定：美国经验及其启示》，载《上海管理科学》2006 年第 2 期。

〔5〕 参见温观音：《美国期货法上的反操纵制度研究》，载《河北法学》2009 年第 7 期。

义内容上,欧盟从多个视角对市场操纵进行界定。不仅直接规定了市场操纵的原则性定义,而且通过举例、征兆以及被许可的市场行为等其他概念对市场操纵的定义内容进行补充和完善,减少了市场操纵定义在法律适用中的漏洞和不足。这恰恰与我国单一且薄弱的市场操纵法律界定形成了鲜明的对比。其二,关于市场操纵定义方式,欧盟采用一般性描述和具体操纵行为列举相结合的定义方式,直接规定了市场操纵的定义,这更加明确了市场操纵的本质含义。而我国法律法规则主要是采取列举禁止性行为的方式,在适用中缺乏可操作性。其三,在市场操纵规制法律框架上,欧盟将市场操纵定义的框架性原则和具体的实施细则进行了分开立法,既保证了市场操纵定义的稳定性,又能够及时补充和完善定义。与之相比,尽管我国法律体系也具有多个层次,但是存在缺少可操作性法律规范的问题。因此,我国应积极分析和借鉴境外成熟证券市场关于市场操纵行为法律界定的相关概念,在此基础上,修改现有法律法规或者制定新的法律规范,将市场操纵行为指标化、类型化,从而为监管机构认定市场操纵行为提供指导性意见,也为投资者规范自身交易行为提供具体参考。〔1〕

英国、澳大利亚以及我国香港特别行政区、台湾地区关于市场操纵行为的立法和监管体制同样具有重要的启示作用,尤其体现在重视发挥自律监管职能和严惩市场操纵行为两个方面。与之相比,我国证券市场中的证券交易所、期货交易所以及中国金融期货交易所等自律监管机构的一线监管权极其有限,主要接受和服从于中国证监会的行政指导,面对市场操纵行为的发生,交易所自身的调查权、执法权也很有限。至于市场操纵行为的惩处,我国相关立法规定的责任较轻,对当事人威慑作用不够大,对受损失投资者保护不够强。

---

〔1〕 参见唐洪敏:《欧盟关于市场操纵的定义及其特点》,载《证券市场导报》2005 年第 8 期。

## 第二节　我国股票和股指期货跨市场反操纵立法与监管体制的完善

### 一、建立健全法律法规体系

(一)加快"期货交易法"出台,完善反市场操纵行为的法规体系

我国是成文法国家,司法机关与行政机关在执法过程中必须严格按照法律规定,不能逾越或篡改。如果立法不能对证券市场操纵行为的共性进行明确规定,不能指出市场操纵行为的本质,则监管机构就会依靠自身权限进行执法,这样的法律适用当然会有失偏颇。因此,需要加快"期货交易法"立法进程,根据我国市场发展状况,明确市场操纵行为的共性,确立市场操纵行为的法律概念,这将有利于我国市场操纵行为的认定,也将弥补和完善现有《证券法》《期货交易管理条例》等关于市场操纵具体行为列举的不足和漏洞。

"期货交易法"是规范商品期货市场和金融期货市场的基础法律,在当前我国股指期货市场已有序发展的背景下,尽快制定和出台"期货交易法"具有重要意义。首先,"期货交易法"应明确界定市场操纵行为的法律概念,从根本上确立市场操纵行为的实质内容。在市场操纵行为界定上,可以将金融期货市场操纵和商品期货市场操纵分别界定,其中,在金融期货市场操纵行为法律界定中,应将为了使购买的期货合约获利而单纯操纵股票指数或股票的行为列为操纵行为,从而弥补现有法律法规关于股指期货与股票跨市场操纵进行规制的空白。[1] 其次,由于我国法律明确禁止的市场操纵行为远远少于实践中操纵者进行的操纵行为,因此,可以在未来的"期货交易法"中以尽量穷尽列举的方式对期货市场操纵具体行为作出规定。例如,可以在法条中列举市场中常见的一些操纵行为(虚假

〔1〕 参见杨振能:《股指期货市场操纵的法律界定》,载《河北法学》2009年第6期。

申报、特定价格、特定时段交易行为等)，更重要的是还可以列举一些消息类型的操纵行为，这将有利于提高监管市场操纵行为的可操作性。最后，“期货交易法”应明确期货市场操纵行为的一般构成要件。建议可以细化主客观条件，如主观上明示或者默示，以获利为目的；客观上期货合约的持有规模大、与成分股有较强的相关度等。[1] 一般构成要件则是认定市场操纵行为是否成立的重要条件，一方面，监管机构可以据此判断市场操纵行为是否成立；另一方面，一般构成要件也会对监管机构的监管形成约束，只有符合一般构成要件的行为才能构成市场操纵。

此外，相应的监管部门还可以在未来“期货交易法”及现行《证券法》《期货交易管理条例》等法规的基础上，为了更好地规制股指期货市场、防范跨市场操纵行为，针对股指期货市场操纵行为的具体特性，制定专门的《股指期货市场操纵认定规则》，将一些常见的和新近出现的市场操纵行为规定其中，并根据实践变化而灵活地作出相应修改，以实现对《证券法》《期货交易管理条例》及未来“期货交易法”等法律法规体系的进一步解释和补充，增强对市场操纵行为的法律规制。

(二)落实操纵市场行为的民事责任

民事责任具有向受害人提供充分救济的功能。证券市场中操纵市场行为民事责任制度的推行和落实能够真正实现保护投资者利益的监管目标，同时还可以鼓励投资者加强对操纵市场违法行为的追究，从而使投资者能够形成净化证券市场的一股重要力量，进而提高打击操纵市场行为能力，并在一定程度上降低政府监管成本，以促进证券监管全面、有效地进行，最终有利于整个证券市场的健康有序发展。在我国现阶段法律体系中，关于操纵市场行为的刑事责任和行政责任规定的较为全面和详细，但民事责任方面的规定却极其少见，使市场操纵行为的受害投资者缺乏获得相应损害赔偿的途径。因此，应进一步加强和真正落实对市场操纵

[1] 参见刘洪珊：《股指期货交易功能性监管的法律制度设计》，载《北方工业大学学报》2004 年第 2 期。

行为民事责任的规定，尤其是加强受害者民事责任赔偿制度的可操作性。笔者建议，进一步完善和细化市场操纵行为民事责任的规定，譬如，建立有效的股东集团诉讼机制，[1]大大方便受害投资者对市场操纵不法行为人提起损害赔偿诉讼，在经济上对市场操纵者施加沉重压力，增加操纵者的操纵违法成本，对其形成制约。

(三)增设"安全港规则"条款

与境外成熟证券市场相比，由于我国证券市场建立和发展相对较晚，股指期货市场更是建立不久，因此，我国证券市场法律法规还存在较大发展与完善空间。目前，我国证券市场法律法规中还没有关于"安全港规则"的条款，为了进一步推动和规范现货市场与衍生品市场的跨市场交易以及完善证券市场操纵行为法律体系，建议在借鉴境外立法尤其是欧盟关于市场操纵行为立法基础上，根据本国市场发展状况，对于某些特定跨市场交易行为，制定"安全港规则"条款，以增加这些特定跨市场交易行为的合理性。不过，应注意把握特定跨市场交易行为合理例外的适度，不宜过多或只求创新，建议可以结合国际惯例，只对目前国际上最为常见的"安全港规则"的豁免行为，即股份回购和安定操作这两种行为进行规定。此外，还需要增设一定规则，通过制度约束来防止其演化成市场操纵行为。

## 二、改进政府监管

(一)积极履行证监会对股票和股指期货市场的统一监管职责

在我国整个证券市场中，只有中国证监会能够同时监管股票市场和期货市场，这种统一监管也非常便利，因此，身负重任的证监会应该承担起大部分股票和股指期货跨市场操纵等违法违规行为的监管责任，发挥

---

[1] 所谓证券集团诉讼，是指当上市公司等违法主体的证券侵权行为损害了股东群体性利益时，少数股东为群体甚至全体股东的利益向侵权人(包括但不限于上市公司及其高管人员)提起的民事赔偿诉讼，其诉讼结果适用于全体受损股东。参见任自力等：《证券集团诉讼：国际经验&中国道路》，法律出版社2008年版，第29页。

其在证券市场监管中的主导作用。股指期货市场与股票市场的交易规则不同,股指期货是以现金进行交割的期货合约,股指期货交易者一般不能在期货到期日以其持仓数量来影响现货价格水平。因此,证监会应重点监管股指期货结算价格计算的各种因素是否合理恰当。同时,证监会还应特别注意持有大额股指期货合约头寸的交易人,尤其在最后的交易时间里,关注与股指期货市场密切联系的股票市场是否存在异常交易行为。加强证监会对股票和股指期货市场的统一监管,有利于避免和防范交易者通过操纵股票市场价格而从股指期货市场获利的违法行为。

(二)加强证监会与交易所的合作

尽管在监管体制中,我国证监会对股票和股指期货市场统一监管,但是若真正发挥证监会统一监管作用,实现统一监管的执行效力,并不是证监会的“独角戏”,而是需要证监会与各交易所相互合作和交流。在合作过程中,政府监管部门和自律监管组织应当就掌握的股票和股指期货市场信息交流和分享,针对可能会涉及的跨市场操纵信息、行为等,积极进行磋商并采取一致行动。加强证监会与相关交易所合作,采用及时、有效处理方式,可以更好地防止跨市场联合操纵风险隐患的出现,避免事态的扩大。

(三)证监会应大力授权于交易所

从当前我国实施的股票、期货市场相关法律法规看,外国法律法规禁止或限制的行为,中国都禁止或者限制了;但是外国法律法规没有禁止或者限制的行为,中国法律也禁止或者限制了。[1] 在很多领域,中国证监会拥有较大的权限,这固然有其合理性,但是为了防范股票和股指期货跨市场联合操纵行为的风险,可以借鉴国外成熟证券市场反操纵先进经验,对于我国承担着过多行政干预的证监会而言,应该授权于证券、期货交易所,积极促进沪深证券交易所、中国金融期货交易所等自律监管职能的发挥,争取在第一线就能够解决股票和股指期货市场内出现的问题。当然,

---

〔1〕 参见王保树:《投资者利益保护》,社会科学文献出版社2003年版,第57页。

证监会不能完全放松对交易所的监督作用，如果交易所没有能够及时处理或处理不宜，证监会则有权要求交易所采取相关措施，如实行降低头寸限制、停止市场交易等。

### 三、强化自律监管

有学者认为，社会主体的关系距离与法的作用变化之间存在曲线关系。当群体处于亲密而持久的关系中时，显然应尽量避免诉诸法律及诉讼；当关系逐渐疏远时，法的作用也相应增大，关于纠纷解决模式的选择也直接受其影响。即控告式法律（如诉讼）与社会主体的关系距离成正比关系变化，而补救式法律（如和解、调解）则与社会主体的关系距离成反比关系。[1] 在证券市场中，不同市场主体之间的关系，也带有亲密、距离近和持久的特征。譬如，交易所和会员之间、会员相互之间、证券公司和上市公司之间、投资者与证券公司之间等。当这些关系较近的市场主体之间发生纠纷后，如何选择解决纠纷的法律模式至关重要。此时，应选择以妥协而不是对抗、以对话而不是对立的方式进行解决，才有利于维护这些市场主体之间长久维系的一种商业合作关系、团队关系和人际关系，有利于证券市场关系的和谐。为此，证券市场不仅需要法律、司法的介入，而且同样需要证券行业自律监管作用的发挥，使二者各司其职，扬长避短。证券市场的交易所、行业协会对证券市场实施的自律监管，是属于自我约束的一种柔性监管，有利于对市场主体在刚性法律之外施加柔性的道德标准和行业标准约束，并将其纳入自身的行业章程和业务规则中，要求市场主体、自律组织等共同遵守，这种柔性监管可以有效弥补法律制裁的对抗性和刚性所带来的诸多弊端。[2]

#### （一）交易所层次的自律监管

交易所作为证券市场监管体制中的一线监管组织，无疑最有效率，这

---

〔1〕 参见[美]布莱克：《法律的运作行为》，唐越、苏力译，中国政法大学出版社 1994 年版，第 47～57 页。

〔2〕 参见罗培新：《我国证券市场和谐生态环境之法律构建——以理念为研究视角》，载《中国法学》2005 年第 4 期。

也决定了交易所在证券市场风险控制体系中的核心地位。美国前证监会主席道格拉斯曾说过,交易所发挥着领导性作用,政府则发挥着补充作用。[1] 在大多数国家法律中都赋予交易所微观监管权,我国也不例外。由于我国的股票交易和股指期货交易是在不同交易所进行的,即分别在沪深证券交易所和中国金融期货交易所进行交易,因此,为了有效防范跨市场操纵风险,交易所不仅应重视自身内部风险控制机制的完善,还应加强交易所之间的交流与合作。

对于我国的证券交易所而言,首先,应充分尊重证券交易所的独立法律人格,增加证券交易所的自主性,有效发挥其对股票市场异常交易行为尤其是市场操纵行为的一线监管作用,进一步反思行政权力与证券交易所自律、自治权的边界,真正还权于证券交易所。[2] 其次,应扩大证券交易所的一线监管权限。在我国证券市场中,本来由交易所自身行使的一线监管权限与职责,现行法规却把其赋予中国证监会,或者设置一些不合理程序,如向证监会备案、报告、批准等。这大大降低了证券交易所对市场操纵等违法违规行为进行监管的权威性和有效性。因此,随着资本市场深化发展,应给予证券交易所更多自主监管的权限。

对于中国金融期货交易所来说,也同样存在证券交易所上述问题,解决和完善的路径也类似。因此,应从其主要创新之处即公司制的不完善入手,弥补中国金融期货交易所公司制治理结构的不足,以提高其应对和防范股指期货市场操纵等风险的水平。在现行中国金融期货交易所公司制发展过程中,可以逐步通过股权结构的分散化调整,例如,交易所之间的重组、相互参股、引进机构投资者等多种方式,来培植和发展多元化的投资主体,这可以在一定程度上逐渐完善同国有产权内在缺陷所导致的低效治理结构,从而提高中国金融期货交易所经营绩效,更好地发挥对股

---

〔1〕 参见胡茂刚:《我国股指期货三层监管体系的法律思考》,载《政治与法律》2008 年第 5 期。

〔2〕 参见徐明、卢文道:《从市场竞争到法制基础:证券交易所自律监管研究》,载《华东政法学院学报》2005 年第 5 期。

指期货市场操纵等异常交易行为的实时监控作用。

另外,加强我国证券交易所与中国金融期货交易所之间的交流与合作,是有效防范股票和股指期货跨市场操纵行为的关键。我国沪深证券交易所和中国金融期货交易所处于监管股票与股指期货市场操纵的第一线,可以发挥各自交易所的地位优势,利用先进的风险监控系统,依靠经验丰富的专业人才队伍,及时发现市场操纵行为的萌芽,并采取合理解决措施以消除操纵风险。

(二)行业协会层次的自律监管

针对我国股票、股指期货市场中行业协会自律监管存在的一些问题,不仅需要政府监管部门不断完善证券业、期货业协会自律监管的外部环境,还应该促进证券业、期货业协会自身积极采取有效措施,从而防范跨市场操纵行为的风险。

第一,完善法律法规对行业协会自律监管的授权保障。随着我国股指期货衍生品市场的发展,需要在未来的"期货交易法"中,进一步明确期货业协会的法律地位,从法律的效力层面授权期货业协会行使期货行业(包括股指期货行业)的自律监管职能,并对期货业协会的具体职责进行界定与完善,[1]加大对期货市场操纵行为的监管力度。同时,中国证券业、期货业协会也应健全自律规则,立足于维护本行业利益,对政府监管提出自己的意见,使自律监管与政府监管构成一对矛盾统一体,在对立中寻求一种发展平衡,[2]以促进立法完善,避免法律滞后性,督促政府及时清除一些阻碍行业发展的法规。

第二,加强行业协会的独立性。我国证券市场行业协会的任务主要是执行政府决策,在与中国证监会的合作中也多以执行性参与方式为主,很难与政府进行平等协商和沟通,这使证券业、期货业协会对中国证监会

---

〔1〕 参见陈晗:《金融衍生品:演进路径与监管措施》,中国金融出版社 2008 年版,第 594 页。

〔2〕 参见董长安等:《对建立我国期货市场监管新体制的建议》,载《中国农业大学学报》(社会科学版)2000 年第 3 期。

存在较大依赖性,甚至在某种程度上是其下属机构。在发达成熟的美国证券市场中,据统计,59%的行业协会将改变政策作为自身自律监管的重要功能,而其中近30%的行业协会将影响政策作为自身自律监管的首要目标。鉴于此,我国证券业、期货业协会的权力应主要来自其会员的授权,来自行业协会对自身行业切身利益的自发维护,[1]真正做到以会员利益为本,减少证券市场行业协会对中国证监会的依赖程度。

第三,加强分工合作,完善行业协会自律监管组织的职权。按照现有中国证券业、期货业协会章程,各自协会的自律监管作用尚待于充分发挥,自律监管职能尚待于有效展开。[2] 中国证券业、期货业协会与沪深证券交易所、中国金融期货交易所应就不同的自律监管职责建立协调关系。交易所自律监管重点在于一线监管,即监控会员是否有跨市场操纵等违规行为,而行业协会应和交易所建立联席会议制度以加强各自自律监管信息的交流与沟通,进行合作开展会员培训等,同时交易所还应大力支持行业协会的监管工作,积极拓展行业协会自律监管空间,加强对跨市场操纵等违法违规行为的警示,以发挥行业协会在我国证券市场监管体系中的有益补充作用。

第四,强化行业协会日常监管的职权。随着我国资本市场发展以及法律、政府监管对行业协会授权的增加,中国证券业、期货业协会自律监管的深度与广度将会不断扩展,自律监管职能也应不断增加。为此,需要完善对会员特别是结算会员业务与财务行为的监察,以防止会员出现跨市场操纵等违法违规行为;加大政府对行业协会违法违规惩处权的授予力度,维护行业的整体利益;引导行业协会适应市场发展需要,及时、有效对市场进行监察,减少跨市场操纵风险的发生,调动会员防范跨市场操纵以及风险控制的意识。

---

〔1〕 参见陈野华:《证券业自律管理理论与中国的实践》,中国金融出版社2006年版,第37页。

〔2〕 参见张维、张建刚:《中国期货市场自律体系改革研究》,载《中国地质大学学报》(社会科学版)2006年第3期。

## 第三节 我国股票和股指期货跨市场反操纵具体法律制度的完善

### 一、促进重大信息公开制度

证券市场重大信息充分、及时公开,可以有效保护投资者,以防止市场操纵者散布虚伪或不实消息进行操纵市场违法违规行为。在证券市场中,针对股指期货市场而言,任何影响股票价格指数的消息(如国家宏观的利率走势、货币或财政政策、经济情势变化、重要经济数据、市场规制措施等),或监管部门为稳定市场、防止市场波动,而准备采取的一些紧急应变措施,这些信息在尚未公开之前,都极有可能被市场操纵者事先获悉而进行股票和股指期货跨市场操纵行为。因此,为有效防范跨市场操纵风险,对与市场有较大关系的重大信息、热点的报告新闻等,中国证监会与沪深证券交易所、中国金融期货交易所应建立联合监控机制,各方保持相互联系,经常沟通,不断监控在相关重大信息影响下股票和股指期货市场的价格走势、交易情形等。同时,为了更好地防范信息操纵,还应加强对股票市场上市公司信息披露的监管,以消除信息型市场操纵的基础,使操纵者很难利用自身掌握的信息优势进行非法获利行为,进而有效防范和打击市场操纵行为。

### 二、完善投资者分类监管制度

在股指期货的投资者中,套期保值者、套利者和投机者都是保证市场有效运行的必要组成部分。应该注意,套利者和套期保值者二者同时在期现两个市场上进行操作,有可能会利用现有的头寸进行期现联动操纵而获取巨额利润。[1] 其中,机构投资者作为期现联动交易者,会利用自身

〔1〕 参见陈洪赟:《股票指数期货与现货联动操纵及反操纵研究》,复旦大学金融学 2008 年硕士学位论文,第 46 页。

的资金优势改变股指期货和股票市场的供求关系，极可能产生操纵市场的行为，破坏市场功能的正常发挥。因此，需要重点监控机构投资者，即将证券公司、证券投资基金、合格境外机构投资者、私募基金等其他投资公司列为重点监管的对象。

我国证券投资基金、证券公司按照相关法律法规可以投资股指期货，但是投资规模、方式等有一定的限制，随着我国股指期货市场的逐渐成熟以及这些机构投资者规模的迅速壮大，其参与股指期货的实力将不断增强。因此，中国金融期货交易所、沪深证券交易所应重点掌握这些机构投资者的交易账户情况，尤其是在股指期货到期日前，重点监控沪深300指数中权重较大的股票交易情况，并实时追踪交易异常的行为，必要时可以要求这些机构投资者报告相关情况。

随着2011年5月《合格境外机构投资者参与股指期货交易指引》的颁布，合格境外机构投资者参与股指期货交易正式启动，但仅限于套期保值。相比较我国的证券投资基金、证券公司等机构投资者而言，合格境外机构投资者具有较丰富的股指期货交易经验，在国际实践中，更有利用到期日效应来操纵市场的疑似与不良案例。而且随着合格境外机构投资者在我国投资股指期货范围的放宽以及投资规模的增大，其进行市场操纵的可能性也会逐渐增大。因此，应重点监控合格境外机构投资者，不仅监察其对我国股指期货的投资，还应密切关注其在境外股指期货市场的投资状况。

我国私募基金、投资公司等在利益追求的驱动下，以各种形式间接参与股指期货市场的交易，由于这类投资者在股票和股指期货市场的投资方向、操作行为等方面有较大的自由度，他们的账户也较为隐蔽，监管上有一定难度。因此，在我国股指期货市场发展初期，尤其需要加强对这股力量在到期日临近时异常交易账户的监控。

### 三、严格限仓及大户持仓申报制度

在证券市场上，无论是何种形式的市场操行为，操纵者都必须对产品持有大量头寸,达到一定垄断地位时,通过影响和控制资产价格,以实现操纵目的而获取巨额收益。因此,大多数国家金融衍生品市场监管者立足于监控市场操纵行为,建立了限仓制度和大户报告制度。

具体而言,限仓制度是指金融衍生品交易所为了防止市场风险过于集中于少数大额交易者,有效防范市场操纵行为,一般会规定某一会员对某种衍生品合约的单边持仓量不得超过一定比例,否则交易所将会对这一会员持仓的超量部分进行强制平仓,并且在一般情形下,客户持仓的越临近交割期或到期日,对其合约的数量限制越严格。大户报告制度则是指当市场投资者对其投机的衍生品合约头寸达到了衍生品交易所规定的数量限制时,必须向交易所申报相关情况,包括开户情况、交易运作情形、资金的规模与来源、交易动机等内容,以便于交易所对其进行审查和监管,从而防范大额交易者的过度投机和操纵市场行为。[1]

这些制度和措施对于我国防范股票与股指期货跨市场操纵行为具有重要借鉴意义。目前,我国关于股指期货法律法规中规定投资者最大持仓限额为600手,很明显对股指期货合约持仓量的限制较为严格。不过,实践中市场操纵者可能通过分仓来逃避交易所的监管,因此,作为一线监管的交易所有必要建立一套能够甄别同一操纵者分仓账户的系统。当投资者关于股指期货合约的持仓量和交易量有异常放大情形时,关注和分析其在股票和股指期货两个市场的异常账户,找出期现市场的关联交易者,并收集大户持仓者的详细信息,了解和观察其在股票和股指期货市场的交易行为,一旦发现有操纵迹象,及时应对以防止操纵市场行为的发生。我国股指期货合约的标的物有沪深300指数,由于沪深300指数权重较分散,实践中通过操纵个股而达到操纵股指期货的可能性很小。但是,在沪深300指数中,金融与地产股的行业占据着较大比重,市场反应也较为敏感,市场中的某些信息可能会对股票市场的价格走势产生较大的影

〔1〕 参见张雪莹:《现货与衍生品市场的跨市场操纵研究——基于大额交易者的分析》,载《经济论坛》2008年第1期。

响,因此,监管主体之间应加强对特定大户投资者持股信息的交换。同时,对股指期货合约大户持仓者也应进行信息交换,[1]通过相关信息的了解和掌握以加强对大额交易行为的监控。

## 四、强化分阶段监管制度

以股指期货合约到期日为标准,可以分为事前、事中、事后三个监管阶段,通过事前监控防范、事中应对措施和事后追查责任的监管过程,构成一个完整的监管链。

事前监管,主要是指对投资者同时从事股票和股指期货市场交易的账户进行重点监管,尤其是密切监管关联账户的异动情况。由于操纵者一般会选择在到期日进行操纵,其事先会在股票市场、股指期货市场采取部仓行为,因此,事前监管工作应是整个持续监管工作的重点和基础。具体措施为,在股指期货到期日前的一段时间内,监管部门应重点监控投资者在股票市场的账户异动情形,并根据所掌握的股票市场信息对投资者在股指期货市场的账户情况再进行相应了解。事中监管主要体现在股指期货到期日对股票市场的监控和对股指期货市场风险的应对措施方面。一方面,监管部门应密切监控在股指期货合约到期日最后 2 小时时间内股票市场是否存在异常情形,股票指数是否在合理的区间范围内运行;另一方面,监管部门一旦发现股票市场有所反应,股票指数出现了暴涨、暴跌的异常情况,应在股指期货市场积极采取相关措施(如提高保证金、限仓制度、强行平仓制度)来化解和消除市场风险。事后监管主要是指在股指期货合约到期日之后,监管部门若发现在股票市场、股指期货市场有操纵行为,应对操纵行为进行严格追查,同时重点检查最后受益人的账号,并严厉追究操纵者相关行为的法律责任。

---

[1] 参见邢精平:《香港衍生品跨市场监管机制与启示》,载《深交所》2008 年第 3 期。

# 第六章　股票和股指期货跨市场稳定机制

伴随着资本市场高收益而生的往往是高风险。正如美联储前主席格林斯潘曾言:“承担风险的主观意愿对于自由经济的增长具有非常关键的作用。如果储户和金融中介只投资于没有风险的资产,那么潜在的经济增长可能会根本不能实现。”[1] 因此,我们应正确地认识和关注风险,它是资本市场中不可消除的客观现象。现在,度量和控制风险是现代所有人类活动最为关注的事情之一。而金融市场则由于其对社会经济与政治环境的高度敏感性,自然也不例外。[2] 可以说证券市场自产生以来,一直是在外界各种事件的影响下曲折地向前发展着。当证券市场遭遇 1987 年美国股灾、1997 年亚洲金融危机、美国“9·11”恐怖袭击以及 2008 年全球金融危机等重大经济或政治突发事件时,如何

---

〔1〕 CBOT, *Commodity Trading Manual*, Chicago and London, Fitzroy Dearborn Publishers, 1997, p. 227.

〔2〕 参见[法]简·菲利普·鲍查德、[比]马克·波特:《金融风险理论——从统计物理到风险管理》,周为群译,经济科学出版社 2002 年版,第 100 页。

建立和制定适当、稳定的市场机制以避免证券市场的剧烈波动,重振市场投资的信心,最小化降低此类突发事件给证券市场带来的损失,一直是全球各国和地区理论界和学术界关注与研究的热点问题。因此,证券市场的稳定机制就是为了抑制或者降低证券市场在受到外界重大事件影响时出现异常波动,而专门研究设计出的一种制度安排或交易机制。证券市场稳定机制产生于美国1987年的股灾,其后,证券市场稳定机制备受人们关注和推崇,在全球主要证券市场广泛存在,并且绝大部分国家和地区资本市场都制定了不同表现形式的稳定机制。在我国,随着资本市场市场化与国际化水平不断提高,金融衍生工具的发展成为迫切之需。2010年我国股指期货市场建立,沪深300股指期货合约产品正式交易运行,股票和股指期货跨市场交易无疑会对证券市场稳定、健康发展带来一定挑战和考验。因此,亟须关注和研究跨市场稳定机制,在借鉴境外发达证券市场成功经验基础之上,构建适合我国国情的股票和股指期货跨市场稳定机制。

## 第一节 股票和股指期货跨市场稳定机制概述

### 一、熔断机制的概念

证券市场稳定机制本质上属于证券交易机制范畴,是保障证券交易系统实现价格发现功能的重要机制之一。目前,世界上大多数证券市场的稳定机制主要有涨跌幅限制和熔断制度。其中,涨跌幅限制是最为常见的证券市场稳定机制,在我国又称为涨跌停板,是对资产价格涨跌幅度进行限制的一种措施。具体而言,是指当证券产品价格在当日涨跌幅度达到参考价格(一般为前一交易日该证券产品的收盘价)上下一定标准时,则继续交易的价格便不能跟着上涨或下跌。当证券价格上升到涨跌停幅度的最大限度时为涨停板;而下跌到涨跌停幅度的最低限度时为跌停板。即涨跌幅限制规定了证券产品交易价格在一个交易日内的最大波动(向上或向下)幅度。因此,涨跌停板的主要目的是当证券产品的价格出现大幅震荡时能够发挥稳定资产价格变化的作用。目前,很多国家和地区证券市场都采用了涨跌幅限制,只是具体到不同的国家和地区,由于证券市场具体情况不同,采用的涨跌幅限制存在一定的差别。

熔断机制是证券市场稳定机制之一,也是股票和股指期货跨市场稳定机制的核心部分。熔断机制起源于美国,1987 年 10 月美国股市大崩溃对包括股票与股指期货市场在内的证券市场产生了致命创伤和打击,为了防范类似市场暴跌风险的再次发生,纽约证券交易所、芝加哥商品交易所以及芝加哥期货交易所等相继适用了熔断机制。熔断机制又可以称为断路器、市场交易暂停,是在关于 1987 年美国股灾分析和研究的《布雷迪报告》中提出的一个名词,意指当股票市场、期货市场价格波动超越预先设置标准时所必须采取的一种交易中断或者暂停措施。其主要目的是在整个证券市场出现恐慌时,采取交易中断或暂停措施防止市场非理性的继续大幅度下跌,以维护证券市场的相对稳定。[1] 由于这种情形与家庭生活中保险丝在超压电流通过时会自动熔断而保护电器安全相似,因此,又被形象地称为熔断机制。熔断机制区别于涨跌幅限制,后者对证券产品价格变化进行双边(上涨或下跌)限制,而前者并不干预证券市场的上涨行情,只是对非理性市场暴跌行情进行干预。

在通常情况下,根据价格波动幅度触及事先规定标准后是否对交易进行限制,"熔断"机制有两种表现形式:"熔而断"与"熔而不断"。"熔而断"是指当价格波动触及"熔断点"之后,在紧接着的一段时间内停止市场交易;"熔而不断"的含义则是指当价格触及"熔断点"之后,在紧接着的一段时间内仍可继续进行交易,但报价必须限制在"熔断点"幅度之内。熔断机制最早是在美国纽约证券交易所运行,之后不少国家,如法国、加拿大、韩国等,相继在股票现货市场与股指期货等衍生品市场采用此类

---

〔1〕 See Franklin R. Edwards, "Studies of the 1987 stock market crash: Review and appraisal", *Journal of Financial Services Research*, No. 6, 1988.

机制。

## 二、熔断机制的作用

### (一)证券市场稳定机制对市场的积极效应

当证券市场因极度恐慌或过度投机而剧烈震荡时,证券市场稳定机制通过积极干预市场的交易行为,可以让市场参与者获得更多时间和机会来重新认识和评估市场,以使市场价格异常变化的现象逐渐趋于平稳。关于证券市场稳定机制的积极效应,国外学术界研究较多,具体而言,主要包括如下三种观点:

第一,价格稳定效应。此种观点认为,证券市场稳定机制可以在市场大幅波动时将价格变化维持在一定的范围之内,从而抑制市场上的过度投机或恐慌情绪蔓延,是一种能够控制投资者风险、减少市场不确定性及波动性,成本又较低的有效方法。这一效应已被许多学者研究并证明。例如,有学者通过分析涨跌幅限制对美国国债期货的影响验证了此观点。[1] 还有学者从理论上对稳定机制的价格稳定效应进行了分析。[2]

第二,冷却效应。此观点认为,证券市场价格波动一旦触发稳定机制的设置标准后,市场投资者将有较多时间重新思考和判断相关信息,以便更能够准确、理性地认识市场,从而避免市场可能出现的过度恐慌以及投机反应。例如,有学者通过建立理论模型对期货市场中稳定机制关于信息的作用进行考察,验证了此观点。[3]

第三,降低违约风险。此种观点认为,当证券市场价格波动方向对市场交易者不利时,交易者可以通过市场价格稳定机制将其保证金账户的亏损限制在一定幅度内,让交易者根据自身的风险承担能力,及时做出锁

---

〔1〕 See Ma. C. K. and R. S. Sears, "Volatility, Price Resolution and the Effectiveness of Price Limits", *Journal of Financial Services Research*, No. 3, 1989.

〔2〕 See Sutrick, K. H., "Reducing the Bias in Empirical Studies due to Limit Moves", *Journal of Futures Markets*, No. 13, 1993.

〔3〕 See Arak, M., "Do Daily Limits Acts as Magnets? The Case of Treasury Bond Futures", *Journal of financial services research*, No. 12, 1997.

定亏损范围的选择;另外,如果证券市场的均衡价格在稳定机制规定的标准幅度之外,则市场交易者的实际损失程度就会被稳定机制规定的幅度掩盖,从而可以使市场交易者的违约冲动或行为大幅降低。国外有学者通过研究获得了支持该观点的论据。[1]

（二）熔断机制在股指期货市场中的作用

尽管国内外研究者对熔断机制存有不断的争议,褒贬不一。但是,熔断机制作为股票和股指期货跨市场稳定机制的核心,不仅对股指期货市场,甚至对整个证券市场的风险控制都具有重要的意义。因此,国内外许多学者都肯定熔断机制的重要作用。格林沃尔德(Greenwald)和斯坦(Stein)认为,熔断机制的作用是重新平衡市场及时交易和充分信息披露之间的关系,以减少市场交易风险从而能够使真正投资者的指令进入市场。[2] 另外,克里斯蒂(Christie)、科温(Corwin)和哈里斯(Harris)经论证研究后也认为熔断机制中的"熔而断"制度有利于提高证券市场信息传播效率,从而降低证券信息的非对称性。[3] 国内关于熔断机制的支持者认为熔断机制具有较强的价格缓冲和风险警示作用,具备一定合理性。[4] 具体来说,熔断机制对股指期货市场的作用主要表现为以下几个方面:

第一,为股指期货市场交易提供风险预警作用,以防止风险的突发性和严重性。根据熔断机制,当股指期货市场价格波动超越预先设置的标准时,会在相应时间内出现交易中断或者暂停措施状态。这不仅可以给股指期货市场交易者起到一种风险警示作用,而且可以为股指期货市场监管机构进行警示,使他们能够意识到在这种市场状态下接下来的交易会是何种情形,并促使市场交易者以及监管者各自采取相应的防范措施,

---

[1] See Michael J. Brennan, Eduardo S. Schwartz, "Arbitrage in Stock Index Futures", *Journal of Business*, Vol. 63, No. 1, 1990.

[2] See Greenwald, B. and J. Stein, "Transactional Risk, Market Crashes, and the Role of Circuit Breakers", *Journal of Business*, No. 3, 1991.

[3] See Christie, W. G., S. A. Corwin and J. H. Harris, "Nasdaq Trading Halts: The Impact of Market Mechanisms on Prices, Trading Activity, and Execution Costs", *Journal of Finance*, No. 57, 2002.

[4] 参见董放:《我国股指期货交易中的熔断制度》,载《企业科技与发展》2007 年第 12 期。

从而避免股指期货市场风险在没有任何征兆情况下突然发生,使交易者和监管者遭受措手不及的影响。

第二,为股指期货市场交易者和监管者及时控制风险赢得思考时间和操作时间。当股指期货市场价格波动达到熔断机制设置标准时,交易暂停或终止举措可以使相关市场参与者获得较充足时间以对风险控制进行思考,并在市场重新恢复交易之后,将按照经过充分、成熟考虑的操作交易指令成交,以避免或减少风险的发生。

第三,有助于消除股指期货市场陈旧价格,提高股指期货市场流动性。当股指期货市场单边出现价格异常波动时,由于大量买卖交易行为指令的堵塞可能会延迟市场行情的正常显示,导致陈旧性价格的出现,从而降低了股指期货市场的流动性。根据熔断机制,就可以消除股指期货交易系统出现的买卖交易指令堵塞现象,避免陈旧性价格出现,以保证股指期货市场交易的畅通。

第四,为逐步化解股指期货市场交易风险提供了制度上的保障。当股指期货市场出现极端异常波动行情时,如果没有熔断机制,而采取立即停市措施,可能会进一步加剧市场行情震荡,使交易者未能充分思考,可能会在错误交易方向指导下顷刻间遭受巨大损失,加剧市场风险的爆发。[1] 而在股指期货市场引进熔断机制情形下,就可以使市场交易者和监管者能够做到在缓冲时期内,分阶段、有计划地逐步化解市场交易风险,从而避免措手不及带来的负面效应。

## 三、熔断机制在我国证券市场中的实际效用

### (一)熔断机制在我国股指期货仿真合约中的实施

我国股指期货在经过5年精心筹备后,终于在2010年4月正式问世,但是却在中国金融期货交易所经过反复制定、修改的风险监控制度措施

〔1〕 参见王定红:《论股指期货交易中的"熔断"》,载《中国人民大学复印报刊资料》(投资与证券)2007年第2期。

中取消了此前在筹备过程中曾一度试用的熔断机制。回顾1992年上海证券交易所推出我国首个金融期货品种——国债期货，当时由于相关准备工作的不充足以及风险监控措施的不健全等，1995年发生了震惊中外的"327国债事件"，因此，我国监管部门立即停止国债期货品种，此后长时期内我国金融期货衍生品市场"陷于停滞"状态。[1] 前车之鉴，正是出于对金融期货市场风险控制的考虑，2006年中国金融期货交易所推出沪深300股指期货仿真交易合约，为给市场投资者提供一个准备了解和熟悉股指期货知识和实战的平台与机会，在筹备过程中制定出了各种交易规则和风险监控制度，其中就包括熔断机制。

有学者利用多个国家和地区指数期货的相关数据进行分析，在美国道琼斯指数期货、Nas指数期货等七个样本中发现，[2]我国沪深300仿真指数的潜在风险较大，因此需要有熔断机制，否则在准备不足的情形下贸然推出可能带来难以预料的市场风险。[3] 通过对过去几年沪深300仿真股指期货模拟交易中熔断机制实践总结可以看出：(1)由于我国沪深300仿真指数股指期货的价格波动幅度较大，作为风险监控措施之一的熔断机制则被经常触及和启动，可以有效保持市场在合理范围内运行；(2)在熔断机制被触及后，市场走向相关区域，或多或少抑制了市场行情的极端发展，在一定程度上发挥了稳定市场的作用。

(二)熔断机制在我国创业板市场中的实施

我国于2009年建立了创业板市场，在我国创业板市场个股上市首日，熔断机制就发挥了作用。2009年10月30日创业板市场首批28家公司上市，开盘后便出现集体上涨情形，很快便触及盘中涨幅20%的第一次

[1] 参见胡润峰、毕爱芳等：《股指期货悬念》，载《金融实务》2007年第4期。

[2] 这七个样本分别为：美国道琼斯指数期货、美国Nas指数期货、S&P500指数期货、日本日经225指数期货、新加坡A50指数期货、香港恒生指数期货和我国沪深300仿真指数期货。

[3] 参见曹忠忠：《股指期货风险测算及监管研究》，同济大学经管学院2007年博士学位论文，第274页。

熔断点规定,[1]于是集体停牌半个小时后便重新恢复交易,接着,其中20只个股很快又触及第二次熔断点规定,于是再度停牌半个小时。后来创业板市场的过度投机情绪明显有所收敛,并在当日收盘前市场股价全部大幅回落。通过创业板市场首日个股上市价格走势的情形来看,在我国创业板市场中,熔断机制较好发挥了价格缓冲的作用;在创业板开盘首日,28家公司股票的当日收盘价基本低于其熔断价格,说明熔断机制真正发挥了及时警示作用,并给市场投资者提供了理性思考时间。尽管创业板市场股票上市首日出现了过度投机氛围,但通过熔断机制得到有效抑制,表明我国创业板市场中熔断点设置是较为科学合理的,并不是忽视股票内在价值而进行的简单行政干预。[2] 由于创业板市场首批股票出现的过度投机经历了熔断机制的严厉限制和考验,随后在创业板市场中陆续上市的股票基本没有再出现暴涨局面,可见熔断机制在市场中发挥了冷静投资者过度投机情绪的效果,确实在市场异常波动时具有价格缓冲以及信息传递等方面的良好功效,对市场的风险监控具有重要意义。

(三)熔断机制在2015年我国证券市场异常波动后的实施

鉴于2015年6~8月我国证券市场"股灾"的剧烈影响,2015年9月7日上海证券交易所、深圳证券交易所和中国金融期货交易所共同发布《关于指数熔断相关规定公开征求意见的通知》(以下简称《通知》),经过中国证监会同意,在《通知》中,上证所、深交所和中金所拟在保留现有个股涨跌幅度制度的前提下,引入指数熔断机制,包括以沪深300指数作为指数熔断的基准指数,设置5%、7%两档指数熔断阈值以及涨跌都熔断等内容。2015年12月4日上交所、深交所和中金所发布了指数熔断机制的相关规定,并通过问答方式详细解释了我国指数熔断机制的业务规则。我

---

〔1〕 根据《深圳证券交易所创业板交易规则》规定,当创业板市场股票上市首日盘中成交价格较当日开盘价首次上涨或下跌达到或超过20%时,深交所可对该股实施临时停牌30分钟;首次上涨或下跌达到或超过50%时,深交所可对其实施临时停牌30分钟;首次上涨或下跌达到或超过80%时,深交所可对其实施临时停牌至14时57分。

〔2〕 参见陈旭光、陈旭东:《论股指期货中熔断机制在我国的效用》,载《东北财经大学学报》2010年第3期。

国熔断机制自2016年1月1日起正式实施。

2016年1月4日沪深300指数在下午1点13分触及了5%跌幅的阈值,引发15分钟的熔断,这是中国证券市场历史上的第一次熔断。在中断15分钟交易后,本应冷静缓和的沪深股市并没有冷静下来,而是在恢复交易后继续下跌,直至触及7%的熔断上限。因此,从1点34分开始,沪深两市提前结束全天的交易。2016年1月7日上午9点42时,沪深300指数跌幅扩大至5%,再度触发熔断阈值,沪深两市于9点57分恢复交易。开盘后,沪深300指数再次下行,最大跌幅7.21%,二度触及熔断阈值,当天股市暂停交易直至收市。在我国熔断机制实施短暂4天中,却有两天触发熔断点,导致交易暂停直至收盘。[1] 因此,1月7日晚,上交所、深交所和中金所三大交易所紧急发布通知,内容是为维护市场稳定运行,经中国证监会同意,自1月8日起暂停实施指数熔断机制。从2016年1月4日始,至1月7日被叫停,指数熔断机制成为中国证券史上最短命的股市政策。

(四)与我国证券市场其他风险监控制度的比较

股指期货市场建立后,在中国金融期货交易所制定的风险控制管理办法中,并没有关于熔断机制的规定,其中只规定了涨跌停板制度和强制减仓制度,这两种风险监控制度功效与熔断机制相类似。2016年1月1日至7日我国短暂实施了熔断机制。总体来说,我国熔断机制具有如下特点:第一,采取国际上通用的"熔而断"模式,即只要触发阈值范围,交易就要立即暂停;第二,在引入指数熔断机制的基础上,保留原有的个股涨跌幅制度,形成既限制全盘,又限制个股异常波动的较为全面的防控体系;第三,熔断的应用对象囊括了股票现货和股指期货两大市场。从市场反应速度、对市场风险的缓冲效果等方面来说,涨跌停板和强制减仓两种制度并没有熔断机制明显。

---

[1] 参见李文莉、王冰冰:《我国熔断机制的存与废》,载郭峰主编:《证券法律评论》(2016年卷),中国法制出版社2016年版,第171页。

首先,与涨跌停板制度对比。当市场行情剧烈震荡时,如果仅依靠现有的涨跌停制度,合约价格将可能在极短时间内上下波幅达到20%,这样就会使投资者不能及时作出思考和反应而导致严重亏损,同时也会造成交易所和结算会员出现相应的结算风险。而在熔断机制存在的情形之下,预先设置的熔断点就可以在股指期货合约达到涨跌停板限制前发挥一定的缓冲作用,及时向投资者进行风险预警,提醒投资者理性思考,正确评估市场风险状况,同时,也给市场监管者提供缓冲时间以及时采取相应风险监控手段,并作出配套风险防范措施。

其次,与强制减仓制度对比。当市场出现极端异常交易行为时,即使交易所临时果断决定采取强制性减仓措施,但是由于从交易所自身至结算会员再到市场交易者对这个措施均有一个反应时间和过程,此时,继续的市场极端行情可能会放大风险惯性,引起更剧烈的价格变化,这必然会加剧市场监管者控制风险的难度,并增加结算风险严重性,带来更多纠纷。而熔断机制设置的目的,简言之,就是降低市场因为意外重大事件而引发的“瀑布风险”。〔1〕 因此,当市场出现极端行情时,采用熔断机制,通过有效放缓或者暂停市场价格的变动,可以使市场投资者能够冷静思考,平息非理性情绪,作出正确合理交易行为;可以促进市场信息尽可能充分而及时地传递给不同的市场参与者;还可以为交易所等监管机构及时调查市场并采取风险控制措施提供一定的操作时间。〔2〕

〔1〕 所谓瀑布风险是指市场因为一些意外或偶然因素导致价格异动,触发一些较大的止损盘,而这些止损盘的交易引发更多新开仓止损盘的交易,导致市场不同价位的止损盘犹如多米诺骨牌一样倒下,引发市场跳水下跌,仿佛瀑布效应的风险。

〔2〕 参见陈旭光、陈旭东:《论股指期货中熔断机制在我国的效用》,载《东北财经大学学报》2010年第3期。

## 第二节　美国等境外主要成熟证券市场跨市场稳定机制的经验

### 一、美国证券市场的稳定机制

#### （一）美国证券市场稳定机制的引入与修改

美国政府在1987年股市大崩盘事件之后，专门成立了以当时财政部长布雷迪为首的工作小组，在对这次股灾进行分析总结而提交的《布雷迪报告》中，首次提出在证券市场中应引入和设立“断路器机制”，以防止类似股市崩盘事件的再次爆发。随后，美国几大交易所如纽约证券交易所、芝加哥商业交易所与期货交易所等相继设立断路器机制。[1] 在美国证券市场随后的发展中，断路器机制较好发挥了市场稳定作用。在逐步适应证券市场发展以及接受证券市场发展考验的过程中，美国分别于1996年7月和1997年1月对“断路器机制”进行了两次修改。

#### （二）美国证券市场稳定机制的现行规定

1997年东南亚金融危机和股灾引发世界区域性股灾之后，美国证监会将证券市场稳定机制调整为一种比例制，并在每个季度都根据市场状况需要动态调整市场稳定机制的标准，以更好实现熔断机制设置的合理性。

1. 股票现货市场关于熔断机制的规定

纽约证券交易所是美国最具影响力、最大证券市场的交易所，其断路器机制设置是以道琼斯指数为计算基准指数。断路器机制门槛规定主要有三种：第一，10%触发点，当道琼斯指数下跌达10%时，则股票现货市场会出现暂停交易。如果在下午2点之前到达触发点，则暂停1小时；如果

---

〔1〕 See Charles S. Morris, “Coordinating Circuit Breakers in Stock and Futures Markets”, *Economic Review*, No. 6, 1990.

在2点至2点半到达触发点,则暂停半小时;如果在2点半以后到达触发点,则对市场交易不进行限制。第二,20%触发点,当道琼斯指数下跌达到20%时,则股票现货市场会出现暂停交易。如果在下午1点之前到达触发点,则会暂停2小时;如果在1点至2点半到达触发点,则会暂停一小时;如果在2点半以后到达触发点,则会直接宣布休市。第三,30%触发点,当道琼斯指数下跌达到30%时,则股票现货市场在当天会停止交易。

受到纽约证券交易所熔断机制的影响,美国纳斯达克市场、美国证券交易所以及场外交易市场在证监会监管机构规则指导下,采用了与纽约证券交易所保持协同一致的断路器机制。以道琼斯指数为计算基准,当纽约证券交易所监管的证券市场达到触发点而交易暂停时,以上3个股票现货市场也会出现相应的暂停交易,以实现整个证券市场的协同稳定。

纳斯达克市场、美国证券交易所与场外交易市场3个市场的具体断路器机制触发标准以及持续时间的规定同纽约证券交易所一样。

2. 期货衍生品市场关于熔断机制的规定

美国芝加哥商业交易所关于S&P500股指期货仅仅设有跌幅限制,并没有上涨限制规定。不过,跌幅限制规定并不是单一的,而是逐渐放大的,即采用断路器设置方式,跌幅限制的触及标准由低到高依次为5%、10%、15%和20%。

美国芝加哥期货交易所关于道琼斯股指期货合约也没有上涨限制,只是对跌幅有限制,同芝加哥商业交易所一样,也是采用了断路器设置方式,其关于跌幅限制的触及标准略有不同,依次为10%、20%和30%。

2006年10月17日美国芝加哥城内的两大衍生品交易所,即芝加哥商业交易所与芝加哥期货交易所正式合并,从而诞生了迄今为止世界上最大的交易所——芝加哥交易所集团,合并机构的营运总部仍然在芝加哥。美国两大衍生品交易所合并的目的主要在于可以拥有规模优势,以提升市场的竞争力。因此,在关于不同市场股指期货合约断路器机制的规定方面并没有改变,仍然沿袭其原有的设置标准。

(三)美国证券市场稳定机制的特征

1987年股灾后美国证券市场引入和设定了断路器稳定机制,经过不断变迁与发展，主要具有以下几个方面的特性：

1. 稳定机制规定的多级性。美国证券市场的稳定机制都是多级的，例如，美国芝加哥商业交易所关于 S&P500 股指期货跌幅限制的触及标准由低到高依次为 5%、10%、15% 和 20%，这种弹性的触发机制尽可能在维持市场正常交易状况下，让投资者能够有充足时间对市场信息进行收集与判断，并正确评估市场的发展态势。

2. 稳定机制调整的动态性。在 1997 年东南亚金融危机和股灾引发世界区域性股灾之后，美国证监会将证券市场稳定机制调整为一种比例制，在每个季度都根据市场状况需要动态调整市场稳定机制的触发点数。触发点数是证券市场大盘断路器机制的标志性数值，一般发挥着标识证券市场走势状态的职能，这种标志性触发点数应保持相对稳定，但是为了能够更充分反映市场走势状态的变化，体现断路器设置的合理性，稳定机制还必须具有动态调整性。

3. 不同股票现货市场稳定机制之间的统一性。美国证券市场发展成熟，层次分明，在证券市场中，不同股票交易所的功能定位也是各自不同。在美国纽约证券交易所上市的主要是超大型的企业，而美国纳斯达克市场则主要是高科技上市公司的股票交易，美国证券交易所则主要服务于中小企业。尽管美国众多股票交易所的功能定位存在差异，但是，各个交易所却都采用了统一、协同一致的断路器机制，均以同一个指数即道琼斯指数为基准。

4. 股票现货和股指期货市场稳定机制之间的协同性。美国股票现货市场中的稳定机制，一般在期货市场中都会有相对应的稳定机制，而且不同市场之间的稳定机制触发点数以及限制时间也基本上是协同一致的。例如，在股票与股指期货跨市场指数下跌数限定中，当股票现货市场道琼斯指数下跌达 250 点时，其大致相当于股指期货市场标准普尔指数下跌 30 点；当道琼斯指数下跌达 400 点时，其大致相当于股指期货市场标准普尔指数下跌 50 点，并且股票市场与股指期货市场稳定机制对市场交易暂停时间的规定也是保持一致的。

## 二、其他国家与地区证券市场的跨市场稳定机制

### (一)英国证券市场的跨市场稳定机制

英国伦敦国际金融期货交易所对股指期货市场并没有涨跌幅限制和断路器制度的规定,在股票现货市场同样不存在涨跌幅限制和断路器制度。由于做市商制度在英国较为健全和成熟,[1]因此英国的期货交易所与股票交易所认为它们的做市商能够根据市场的变化而及时地调整市场价格,现实中的重大事件不会造成对市场价格的破坏。当交易所认为市场走势变化出现极端情形,而市场价格的报价不能在当前价格范围内正常成交时,做市商可以按照快市原则(Fast Market Rule)在市场报价范围以外的价格进行成交。

### (二)法国证券市场的跨市场稳定机制

法国股票现货与期货市场设有涨跌幅限制,且涨跌幅限制也呈多级规定。期货市场中涨跌幅限制规定同现货市场是协同的,存在与现货市场相匹配的涨跌幅限制指数触发点数。

### (三)日本证券市场的跨市场稳定机制

东京交易所对一般股票市场每日的涨跌幅限制介于6.67%至30%,并且根据股票前一日的收盘价作为计算基准,来制订每日股票阶段性的涨跌幅度。而东京证券交易所则是依据股票指数的高低来分段设置股指期货不同的价格涨跌的波动限制。例如,东京证券交易所Nikkei225指数水平小于20,000时,涨跌幅限制规定1000;在20,000至30,000时,涨跌幅限制为1500。

### (四)韩国证券市场的跨市场稳定机制

韩国股票现货市场设置有涨跌幅限制,规定为15%。1998年12月7

---

[1] 做市商(market maker)是指在证券市场上,由具备一定实力和信誉的证券经营法人作为特许交易商,不断地向公众投资者报出某些特定证券的买卖价格(双向报价),并在该价位上接受公众投资者的买卖要求,以其自有资金和证券与投资者进行证券交易。做市商通过这种不断买卖来维持市场的流动性,满足公众投资者的投资需求。

日韩国交易所正式启用了断路器机制，如果 KOSPI200 综合指数下跌达到 10% 并超过 1 分钟，则所有的股票暂停交易半小时。韩国期货交易所对股指期货市场也实行涨跌幅限制，并随着市场发展的逐渐成熟，分阶段逐步提高了涨跌幅限制的标准范围。最初推出股指期货时，涨跌幅限制为 5%，1998 年 3 月涨跌幅限制提高到 7%，1998 年 12 月价格波动限制则提高到 10%。

（五）新加坡证券市场的跨市场稳定机制

新加坡的股票现货市场不存在涨跌幅限制，新加坡期货交易所对其海峡指数期货则采取了 15% 涨跌幅限制的稳定机制，不过交易所同时规定当期货市场价格达到 15% 之后，在此限制范围之内交易 10 分钟，然后市场价格再度放开，没有涨跌幅限制的存在，因此，其本质上相当于没有涨跌幅限制。

（六）我国香港特别行政区证券市场的跨市场稳定机制

在 1987 年美国股市崩盘引发的全球股市危机中，我国香港特别行政区证券市场采取了停市 4 天的措施，结果不仅没有化解市场风险，还给投资者造成巨大损失，严重影响了香港特别行政区作为国际金融中心的地位与声誉。其后，我国香港特别行政区交易所痛定思痛，采取了较为宽松的措施，对市场中的产品均没有实施价格波动方面的限制，这一点与英国交易所很相似。

## 三、美国等境外主要成熟证券市场跨市场稳定机制的比较

1987 年 10 月 19 日的美国股市暴跌，让人们触目惊心地看到了由于投资者对市场过度恐慌反应以及交易指令的暂时非平衡给市场带来的巨大冲击，这一切促使许多境外证券市场建立了稳定市场价格的相关机制和措施，主要包括：断路器机制和涨跌幅限制。

通过以上境外主要成熟证券市场跨市场稳定机制的比较，可以看出，它们在跨市场稳定机制的设定方面还是存在一定差异。主要有以下几种表现：

一是股票现货市场与期货市场既存在大盘断路器，又有涨跌幅限制，主要包括法国、韩国等市场。

二是股票现货市场与期货市场既没有断路器，也没有涨跌幅限制，主要包括英国、我国香港特别行政区和新加坡等市场。

三是股票现货市场与期货市场只采用涨跌幅限制，主要包括日本等市场。

四是股票现货市场与期货市场只采用断路器机制，主要包括美国等市场。美国证券市场对个别股票的限制相对较少，但是对大盘整体指数水平剧烈下跌却设定有详细、多级的断路器措施，并且这些断路器机制能够不断地根据市场条件的变化而调整，比较有弹性。[1]

任何一项制度改革都有其特殊的历史背景。[2] 不同国家与地区证券市场的监管部门在充分结合各自独特的市场环境、市场交易习惯以及具体交易机制等基础上，制定和采用符合各自证券市场实际的不同稳定机制。即便是有的国家与地区证券市场并未采用所谓的市场稳定机制，这本身也可以认为是证券市场监管部门的一种制度选择，仅表明交易所监管机构对稳定机制的一种态度，不过这当然是建立在对本国或地区证券市场充分考量的基础之上。

在证券市场设定有稳定机制的不同国家与地区中，各个交易所尽管对稳定机制的具体规定不同，但是都在不同程度上对股票与股指期货市场稳定机制的设置进行了相互协调与相互对应，即股票现货市场的稳定机制与期货市场的稳定机制相互协同一致。表现在：如果市场存在大盘断路器机制，其必然具有跨市场效应，对股票现货与期货市场均产生约束作用；如果市场存在涨跌幅限制，其必然在股票现货市场与期货市场都会进行设置，尽管由于各个市场具体情形不同，而采用的触发条件不同。

---

〔1〕 参见杨峰：《海外股指期货市场比较研究》，载《金融研究》2001 年第 7 期。

〔2〕 参见冯果、田春雷：《临渊羡鱼莫如退而结网——关于我国证券交易所组织形式改革的一点反思》，载《法学评论》2009 年第 5 期。

## 第三节　我国股票与股指期货跨市场稳定机制的完善

证券市场跨市场稳定机制主要目的是防范和避免系统性风险的发生。当跨市场稳定机制触发时,在一定程度上表明整个证券市场遭遇了比较严重的系统性问题或者比较重大的突发事件,为了保证证券市场平稳运行,此时就需要一个缓冲期,让整个市场的投资者能够收集相关信息,正确评估市场,作出理性的投资决策。因此,当股票和股指期货跨市场稳定机制,即大盘断路器被触发后,整个证券市场都应同时暂停交易,进入缓冲期。在我国,随着资本市场深入发展和国际化程度提高,资本市场结构发生了较大变化,金融衍生工具的发展越来越受到投资者青睐。但是,我国证券市场仍然属于新兴市场,并处于转轨阶段中,具有很大特殊性,体现在股票市场规模、投资者结构、投资理念与行为等诸多方面。在我国股指期货市场建立发展后,这些实际状况都会对股票和股指期货市场的稳定、有序发展带来严峻考验。为此,建立健全我国股票与股指期货市场跨市场稳定机制应充分结合我国证券市场发展实际,树立正确的基本指导原则,力求构建全面、严谨、实效的跨市场稳定机制。

### 一、结合我国证券市场的实际

证券市场稳定机制的主要作用在于有效地平抑市场价格的剧烈波动,防止市场危机的爆发。但是,证券市场稳定机制在某种程度上也会带给市场一定的负面影响,可能会抑制市场流动性。因此,在构建完善的股票与股指期货市场跨市场稳定机制时,不仅应借鉴国际先进经验,还应结合我国证券市场实际,尤其应充分考虑在我国证券市场中可能影响跨市场稳定机制的客观因素。主要包括以下两个方面。

#### (一)股票现货市场的格局及其股票价格指数

我国的股票现货市场主要是由上海证券交易和深圳证券交易所运营

的市场。在我国股票市场发展中，上海证券交易所与深圳证券交易所的定位逐渐发生变化，从建立之初的定位趋同演变为现在的一个主要定位于主板等市场，一个主要定位于中小企业板以及创业板等市场。股票与股指期货跨市场稳定机制涉及不同市场之间的协同，必将影响股票与股指期货两个市场的运行，也将受到股票与股指期货市场因素的影响。因此，在当前我国沪、深两大股票现货市场格局之下，为了更有效发挥跨市场稳定机制作用，应设计选用一个跨市场指数来同时约束沪、深两个股票现货市场。尽管沪、深两个股票市场早已存在各自独立的综合指数和成分股指数，并且投资者对这些指数有较高的认同度。但是，无论是综合指数，还是成分股指数，都只是分别代表了沪、深两个不同市场各自的行情走势，并不能反映沪、深两个市场整体的行情走势。[1] 在这种情形下，后来推出了跨市场统一指数，沪深300 指数就是其中之一。沪深300 指数的成分股包括了 300 只股票，可以说较全面地覆盖了沪、深两个股票市场的大部分流通市值，而且能够较方便地反映出市场主流投资的收益状况，在一定程度上可以成为沪、深两个证券市场整体行情走势的"晴雨表"。不过，从国际经验来看，证券市场跨市场稳定机制中断路器制度所选用的指数，一般而言都具有一定发展历史，并且经受过市场检验的指数，如美国道琼斯指数、标准普尔指数以及韩国 KOSPI 指数等。相比之下，我国沪深300 指数编制时间较短，其有效性、稳定性等都有待于市场的进一步检验。随着我国股指期货市场逐步发展成熟，断路器机制即熔断机制的实施仍有必要，2016 年 1 月中国证监会发布的熔断机制暂停应是权宜之计。

（二）证券市场投资者结构和投资理念的变化

随着我国资本市场的深入发展和国际化水平的不断提高，近年来，我国证券投资基金的发展规模不断扩大，境外机构投资者的投资规模也逐步扩大，而且社保基金、保险基金等机构投资者也源源不断进入投资领

[1] 上海证券交易所编制并发布的上证指数主要包括有上证 180 指数、上证 50 指数、上证综合指数等，深圳证券交易所编制的深证指数主要包括由深证综合指数、深证成分股指数、中小板指数等。

域。这些迹象表明,我国证券市场的投资者结构正在经历着较大变化,越来越多的机构投资者正在不断地进入证券市场。机构投资者群体的发展壮大,将会改变我国证券市场投资者结构中个人投资者比例过多的现象,未来的证券市场将发展成为机构投资者占多数的机构化市场,这将进一步推动我国证券市场的持续健康发展。另外,在证券市场投资者结构发生变化的同时,我国证券市场的投资理念也正悄然发生着巨大变化。证券市场的投资行为逐渐趋于理性,由过去盲目跟风的投机理念逐渐过渡到重视价值的投资理念,证券投资基金公司、证券公司等机构投资者越来越重视对上市公司基本面的研究,并以此作为自己投资决策的重要依据。我国证券市场中机构投资者的发展壮大以及投资理念的变化,将会减少市场的大幅波动,使证券价格走势能够更多地反映上市公司基本面以及整个市场的信息变化。因此,在这种情况下,在完善股票与股指期货跨市场稳定机制设置时,应在一定程度上放宽对市场价格波动幅度的限制,使其能够较充分地反映整个市场的信息。

## 二、树立科学合理的基本原则

构建完善的股票与股指期货跨市场稳定机制,不仅应有效抑制市场剧烈冲击与波动,而且应尽可能不影响市场流动性和交易情况,不干扰市场正常波动。因此,设立合理恰当的跨市场稳定机制应遵循以下三个基本原则。

### (一)非频繁性触发原则

一个合理健全的跨市场稳定机制应尽可能保持市场充足的流动性,而不干扰市场正常波动与交易情况。非频繁性触发原则就意味着在设立跨市场稳定机制时,应重视和充分考量触发条件的具体规定,使稳定机制不能在一段时间内经常、频繁地触发。在正常的证券市场环境中,证券价格的变化、波动和交易本身都是证券市场信息的一种传递与反映,也是市场发展的前提。如果在此正常环境下,通过稳定机制经常、频繁地限制市场交易的进行,必然会影响市场正常的价格发现,阻碍市场信息的正常传播，导致投资者不能做出正确的投资判断和决策，增大其交易的成本和风险，进而减少证券市场的流动性。由此可知，只有当恐慌情绪和过度投机充斥市场，造成市场巨大波动，市场形态扭曲，以致市场正常的价格发现和交易行为发生紊乱而不能顺利反映和传递信息时，证券市场稳定机制才能挺身而出，干预市场的剧烈波动。对于任何一个国家与地区而言，其总是致力于建设一个稳定有序发展的证券市场，因此，证券市场价格发现和交易行为紊乱、市场发生扭曲、信息不能有效传递、市场剧烈波动等情况并不是经常发生的，这也就决定了证券市场稳定机制的设置标准也并不是频繁触发的。

（二）动态调整性原则

在跨市场稳定机制设置过程中，遵循动态调整性原则能够更有效发挥稳定机制的作用，能够根据证券市场环境的变化而及时地进行动态调整，增强针对性。随着证券市场的深入发展与金融衍生产品的日益创新和复杂，对于很多投资者来说，无论是个人还是机构投资者，金融衍生产品是刚加入投资世界的，它们由所谓的“火箭专家”构思与设计，特别复杂。[1] 另外，股票与股指期货不同市场的行情走势也会发生巨大的变化，当市场环境变化时，衡量市场发生异常的指标也应发生变化。因此，在设置稳定机制时，应摈弃一成不变的观点，针对证券市场整体环境的变化而进行灵活的动态调整。

（三）便于市场重新运行原则

在证券市场中设置稳定机制主要目的并不是限制市场价格的正常波动和交易行为，而是更好地实现市场的价格发现，促进市场交易的有序运行，以更有效地反映市场中的信息。因此，跨市场稳定机制便于市场重新运行原则，是指在稳定机制发挥限制作用结束之后，市场中的投资者不仅应主观上愿意重新进入市场进行交易，而且市场自身应在客观上能够较

---

〔1〕 参见［英］大卫·福特：《股票衍生产品：关于市场、应用及风险的进阶指南》，吴林祥译，上海财经大学出版社 1999 年版，第 98 页。

容易恢复运行。具体而言,应能够合理地设计出稳定机制限制市场交易的时间长短;应在限制交易结束之后市场可以重新开始运行;应重新恢复市场价格发现的有效、市场交易行为的有序。这也就意味着证券市场稳定机制在真正发挥作用后,应给市场参与者较充分收集信息、判断信息的时间,使他们经过冷静思考,重新评估市场并作出投资决策行为,以便于市场重新恢复流动性,持续有序运行。

## 三、建立健全跨市场断路器法律机制

自 2015 年 6 月至 8 月我国股市出现暴跌现象之后,监管层采取了许多改革措施,其中就包括 2016 年 1 月 1 日实施的熔断机制。无疑,熔断机制开启了 2016 年我国股市改革的新纪元。但在 2016 年 1 月 4 日正式实施首日,股市就触发熔断机制,引起证券市场恐慌,1 月7 日股市再次触及熔断机制,1 月 8 日起指数熔断机制被暂停。这一猝不及防的状况表明我国证券市场引入的熔断机制并未起到稳定股市的应有功效,相反还加剧了股市动荡。因此,需要进一步反思熔断机制及其法律适用,既要借鉴国际上成功经验,也要充分考虑中国国情,以建立健全我国证券市场的熔断机制。

### (一)完善熔断机制的法律规范

第一,适当放宽我国熔断机制 5% 一档的阈值。在我国现有的法律规范中,5% 一档的熔断阈值范围相对较低,触碰频率较高。根据我国自 2005 年到 2016 年 1 月 7 日的股票波动数据统计显示,2005 年以来的 2676 天中,沪深 300 盘涨跌幅超过 5% 阈值范围的有 107 次,约占总交易日的 4%,即平均每 25 个交易日就会触发一次 5% 的熔断机制。因此,目前我国熔断机制 5% 的阈值设定过于狭窄,可适当放宽,以避免频繁地触及熔断,进而影响证券市场交易秩序,导致股市投资者情绪恐慌,不利于股市的长期稳定发展。

第二,扩大我国熔断机制 5% 和 7% 两档阈值的间距。我国现有熔断机制 5% 和 7% 两档阈值的间隔过窄,但由于我国资本市场是以散户投资者为主，因此过窄的阈值间距很容易导致投资者在触及熔断第一档阈值后，诱发投资者的锚定心理，给恐慌中的投资者一个明确“止损”目标，加剧盲目的非理性交易行为，加速触发第二档阈值，这可能导致市场的流动性枯竭式暴跌。2016 年 1 月 4 日和 7 日两天，股市从触发熔断的第一档阈值 5% 到再次触发第二档阈值 7% 的用时分别仅为 5 分钟和 3 分钟，这么短的时间触及两档阈值，原因之一在于两档阈值的间距过窄。

第三，延长触发熔断的交易暂停时间。延长触发熔断的交易暂停时间，可以为之后的市场冷静、证券交易所信息公开和权威表态等留足余地。触发第一档熔断后暂停交易的制度设计，是为了兼顾市场交易者情绪稳定和证券交易所及时应对两个目的。对于市场交易者而言，触发熔断之后，需要一定时间进行冷静思考，作出理性判断，考虑到我国投资者以非专业化为主的现实状况，交易暂停的时间不能过短，以便交易投资者可以充分了解信息并加以反馈，减小“羊群效应”爆发的概率。对于证券交易所而言，在证券市场交易出现异常情况时，证券交易所、监管机构在暂停交易期间承担着更沉重的责任，即需要及时对现有状况进行消化、思考，并果断作出信息公开或者澄清的危机应对措施稳定市场波动。

（二）完善熔断机制的相应配套制度

熔断机制在本质上是一种牺牲市场效率来换取阶段性稳定的价格稳定机制，其并不会消除市场内在因素导致的股市大幅波动的根源，可以说它是一个“治标”但不能“治本”的制度。因而，要改变我国证券市场暴涨暴跌的局面，单纯依靠熔断机制并不能取得效果，还需要积极加强其他交易制度和相应配套措施的完善。尤其是我国注册制改革即将实施，势必会对股市波动产生较大冲击，更需要事先对股市可能的异常交易状况做好防范措施和应急预备方案。另外，熔断机制还需要与信息披露体制的完善、跨市场反操纵机制的构建、大股东减持以及投资者结构的转变及理性投资人意识的培养等措施相互配合、共同作用，才能最大限度地发挥熔断机制的正面作用,维护证券市场的长期稳定与发展。[1]

## 四、加强证监会主导下监管机构之间的协同合作

### (一)加强中国证监会主导下跨市场监管机构的作用

2007 年 8 月 13 日,在股指期货推出的筹备期间,由中国证监会牵头主导,联合上海、深圳两大证券交易所、中国金融期货交易所、中国证券登记结算公司以及中国期货保证金监控中心公司 5 家机构,在上海签署了关于股票和股指期货跨市场监管协作的一系列协议,既有原则性的备忘录,也包括具体性的操作流程方案。由此来看,我国股票与股指期货跨市场监管框架已经形成,在中国证监会主导下,这 5 家机构严格遵循着"平等协作、职责明确、快速反应、联合监管"的指导原则。我国股票和股指期货跨市场监管组织机构由中国证监会统一监督管理,特别是在中国证监会组织内设立了跨市场监管领导小组和跨市场监管具体工作小组。跨市场领导小组成员主要是由上述 5 家机构的总经理组成;跨市场工作小组成员则是由上述 5 家机构指定相关部门的负责人组成。另外,还包括中国证监会等其他各方机构指定的专门联络人员,他们负责股票和股指期货跨市场监管协作方面的联络与沟通工作。

在发挥股票和股指期货跨市场监管组织机构的协同作用时,为了提高各方跨市场监管协作效率,应重视和强化中国证监会在跨市场监管框架中的主导作用,充分发挥其宏观指导、统一管理的优势,制订出各方能够遵循的跨市场监管协作具体措施。例如,关于股票和股指期货跨市场监管协作的工作方式可以采用定期会议和非定期会议两种形式。定期会议可以每月召开一次,具体时间安排在每个月中的第二个周五举行比较适合,非定期会议则根据股票和股指期货市场发展的实际状况而灵活举行。另外,在充分考虑和尊重上述 5 家不同监管机构工作性质以及各自

[1] 参见樊朱丽:《熔断机制的中国本土化及其法律适用》,载郭峰主编:《证券法律评论》(2016 年卷),中国法制出版社 2016 年版,第 165～169 页。

高度独立性的基础上,中国证监会应进一步利用其统一监督管理的主导地位,加强对各方机构对一系列跨市场监管协作协议贯彻与落实力度的监督以及对各方机构关于一系列跨市场监管具体流程方案演练的督促。

(二)建立不同监管机构之间的信息共享与沟通机制

根据国际证监会组织的调查,信息共享对于监管合作具有重要的意义,[1]而目前我国证券市场中各交易所之间以及各市场之间就缺乏跨市场信息互换与合作机制。就我国股票和股指期货跨市场稳定机制的完善而言,应建立和加强各交易所、证监会、央行等部门之间的信息共享与沟通机制,不仅包括交易所之间的合作、交易所和证监会之间的合作,还包括证券监管部门和其他政府监管部门之间的合作,以加强当前证券市场监管格局下的信息交流与沟通,实现相关信息的分享,从而便于各监管机构较全面地了解和掌握金融情况、证券市场行情,尤其是证券市场中异动交易情形和价格的剧烈波动,以及时采取相应监管措施。

在建立证券市场跨市场监管层面信息共享与沟通机制过程中,建议应重点建立健全不同市场交易所之间,如沪深两大证券交易所与中国金融期货交易所之间的信息共享与沟通机制,对有关跨市场交易信息、衍生品市场交割信息、会员信息、不同市场间相关投资者信息等,进行分享、分析,便于监管措施的协调。另外,还可以在各交易所之间建立专门的信息交流系统,以便于不同市场交易所能够随时跟踪整个证券市场的交易状况和资金走向,当其中一个市场出现异常情形时,其他市场可以通过该信息交流系统及时采取措施,以避免跨市场风险的发生。

(三)建立监管层面的共同风险控制和危机应急处理预案

证券市场中的高风险总是与高收益如影相随,市场中无时无刻都充斥着风险,导致市场一直潜藏着剧烈震荡甚至崩盘的危机,在一根导火索的引燃之下会随时爆发。证券市场中的很多危机是不能避免的,但是,建

[1] 参见何晓春:《基于反跨市场联合操纵的监管探讨》,载《现代商贸工业》2008 年第 11 期。

立监管机构间的共同风险控制机制，并在必要时启动程序，其本身要义并不在于避免风险、杜绝危机的发生，而在于尽可能减少市场体系内的风险，防止出现因监管机构失误而引发的系统性风险。

当市场中较大危机发生时，市场可能就会失去其自我调节的功能，市场价格会出现剧烈波动，暴涨暴跌，甚至引发股灾。行为经济学的调查研究表明，投资者的非理性状态在证券市场中是一种常见的现象而并非是一种例外。[1] 因此，当证券市场危机发生时，寄希望于投资者的个体理性来挽救岌岌可危的市场是极不现实的，这就需要监管机构采取共同风险控制和联合调查机制，启动事前规划好的应急处理预案或程序。在监管机构对市场危机启动共同风险控制和联合调查机制时，应需要注意以下两个方面：

一是确认是否需要监管机构的介入。市场有其一定的自我调节能力。从全球证券市场发展历史过程中历次股市崩盘的案例可以看出，监管机构采取共同风险控制机制，启动应急危机处理预案是有前提条件的，即市场危机已经影响证券市场的有序性以及整个金融体系的稳定性。当通过具体的系统显示股票市场或者股指期货市场危机将要对整个金融体系构成威胁时，监管机构就必须果断介入。

二是确定具体的应对危机紧急措施。当市场爆发危机时，投资者恐慌情绪蔓延，争先恐后的抛盘行为将会导致证券市场崩盘，市场走势将一路下泻。因此，在这种情形下，监管机构采取应对危机紧急措施的根本目的是为市场注入流动性，以恢复市场运行。可以采取的主要措施有降低市场准入门槛、降低市场利率、提高市场整体融资能力等。在围绕根本目的采取相应措施时，也要结合市场危机爆发时特定的经济条件、社会环境，考虑和权衡相关措施的得失与利弊，以确定最终的方案。通过全球证券市场发展实践来看，在一般情况下，当市场发生危机时，政府部门以及

---

〔1〕 参见季冬生、魏建华等：《股指期货：中国金融市场新品种》，中国时代经济出版社 2002 年版，第 78 页。

各市场监管机构都会采取"一揽子"处理计划,这也是必需的,因为当市场处于危机状态时,整个金融体系的脆弱性比较明显,监管机构某一个单独的措施或方案往往由于当时经济环境的限制而失去其应有的功效。

## 五、发挥交易所的市场一线监管作用

美国证监会前主席道格拉斯曾经说过,"与那些在必要程序要求下的政府监管相比,行业自律监管可以做出更快更灵活的反应;同时,行业自律还可以避免由于政府执法部门的进攻性太大而带来的官僚主义不良影响"。[1] 官僚主义会导致思想僵化、墨守成规、不思改革等,"一切官僚主义的管理都是属于受一定规则约束的照章办事,原则上拒绝灵活机动,拒绝根据具体情况做出具体处理"。[2] 我国证券市场的发展是政府主导型强制性制度变迁的过程,因此,自律监管存在先天不足,自律监管的作用比较有限。在如今我国多层次资本市场体系发展进程中,更需要完善自律组织的监管功能,树立正确的自律文化,弘扬自律精神。"正如任何制度都很难做到完美一样,自律监管制度本身也是一个渐进发展并完善的变迁过程。"[3] 我国股指期货市场的推出结束了我国证券市场一直以来的单边市格局,在这种新市场领域中,作为证券市场自律组织的交易所、行业协会等机构应积极思变,进一步发挥其自律监管的优势,不断完善自律,成为证券市场稳定有序发展的重要推动力量。

### (一)加强对日常交易行为的实时监控,重点监控异动情形

在建立健全股票与股指期货跨市场稳定机制过程中,为了使稳定机制能够正常运行,作为处于证券市场一线监管地位的自律监管组织应积极改进监管技术,以保证实时监管的有效性。有学者通过对美国主要交易所近年来的监管执法情况的调查,分析总结出美国交易所在防范内幕

---

〔1〕 [美]乔尔·赛利格曼:《华尔街变迁史——证券交易委员会及现代公司融资制度的演化进程》(修订版),田风辉译,经济科学出版社2004年版,第159页。

〔2〕 [英]约翰·基恩:《公共生活与晚期资本主义》,刘利奎等译,社会科学文献出版社1999年版,第30页。

〔3〕 李志君:《证券市场自律的价值分析》,载《云南大学学报法学版》2009年第3期。

交易、价格操纵、过度投机等市场违法违规行为中发挥着重要作用。[1] 因此,我国在股票和股指期货跨市场稳定机制建设中也应发挥交易所重要角色的功效。对不同市场的交易所如中国金融期货交易所、上海证券交易所等而言,交易所应认真履行对各自市场交易行为的监察和风险管理职责,实时监控各自市场价格和成交额的走势;应及时要求各自的上市公司即时披露关于价格敏感的有关信息,以保持各自市场的透明度;同时应重点监察一些异常交易行为,并采取相关措施,遏制市场违法违规行为的发生。就股票和股指期货跨市场监管而言,不同市场交易所应每天互通信息,共享一些交易信息,如股票和股指期货的跨市场结算、集中持仓等信息,尤其应重点监控和分析跨市场交易行为,如期现套利、套期保值等行为。通过加强沪深证券交易所、中金所等对日常交易行为的监管,可以较好地维护不同市场之间的关系,这样的市场环境有利于证券市场稳定机制的正常运行。

在我国证券市场实践中,各交易所严格依据法律规定,[2] 在各自职责权限范围内强化市场交易的日常监管,使证券市场自律监管工作取得一定成效。关于沪深证券交易所,一方面,各交易所提高对股票市场重大异常交易行为的监管力度,做到及时发现、制止和查处。通过实施重点监控,对频繁的大笔、连续、高价申报等类型异常交易行为,采取电话或书面警示、限制交易等措施进行及时制止,并对一些相关概念股、题材股异常交易实施临时停牌等风险控制措施。另一方面,全力遏制和防控对股票的过度炒作行为,突出重点,严防严控,及时警示过度炒作风险。[3] 关于中国金融期货交易所,在借鉴我国沪深证券交易所和 3 家商品期货交易

[1] 参见杜惟毅、张永开:《近年美国期货监管执法总体情况分析及启示》,载《中国金融期货交易所研究报告》2011 年。

[2] 我国《证券法》第 115 条规定:"证券交易所对证券交易实行实时监控,并按照国务院证券监督管理机构的要求,对异常的交易情况提出报告……证券交易所根据需要,可以对出现重大异常交易情况的证券账户限制交易,并报国务院证券监督管理机构备案。"

[3] 参见杜雅文:《深交所自律监管工作取得明显成效》,载《中国证券报》2010 年 6 月 25 日。

所自律监管经验尤其是风险控制机制建设经验基础上,结合股指期货交易监控方式的新特点,也制定出风险监控机制。自 2010 年股指期货上市以来,中金所积极履行一线监管职责,加强对股指期货交易的日常监控,及时发现市场中的异动情况,并采取相关监管措施,坚决制止市场违法违规交易行为的发生,力争将违法违规交易行为消除在萌芽状态中。在实际工作中,中金所监控人员认真实行"有异动必报告,有违规必查处"方针,对市场中的异动情形做到及时发现、制止并查处,而且及时跟踪分析引起股指期货市场价格波动的各种市场谣言、消息。[1] 我国证券市场中各交易所自律监管职能的有效发挥,能够有利于证券市场有序发展,有利于股票和股指期货跨市场稳定机制的高效运行。

(二)建立风险预警程序

与上述共同风险控制机制一样,不同自律监管组织尤其是交易所建立风险预警程序主要目的,也是尽可能减少市场风险发生与及时发现并防范风险。因此,证券市场各交易所等监管机构应建立适当的风险评估程序,确立适当的价格和流动性的监测指标,通过这些细化、可操作性评估程序和监测指标,及时发现风险,从而为证监会的紧急风险应对措施,提供准确信息来源和决策依据。在对股票和股指期货跨市场风险进行预警时,各交易所具体措施可以如下:(1)沪深证券交易所负责监控股票市场申报、交易等行为,并向证监会提供这些数据和相关信息,对股票市场中重大异常交易等违法违规行为可能导致的跨市场风险进行预警;(2)中国金融期货交易所负责监控股指期货市场中的申报、交易、持仓等行为,并向证监会提供这些数据和相关信息,对股指期货市场中重大异常交易等违法违规行为可能导致的跨市场风险进行预警。

由于证券市场的不确定性,建立风险预警程序并非一件易事。尽管美国等其他国家证券市场已经建立了股票市场危机预警程序,其有效性

---

[1] 参见李中秋:《严字当头,股指期货一线监管出重拳》,载《中国证券报》2010 年 5 月 17 日。

也有待于进一步检验。但是,在我国股指期货发展时间不长,证券市场处于深化发展的环境中,亟须建立我国股票和股指期市场风险预警程序。

# 第七章　机构投资者内部风险控制制度

自20世纪70年代以来，证券投资法人化、机构化成为国际金融证券市场的一个突出发展趋势。在我国，为促进证券市场进一步发展，监管部门积极顺势而为，大力培育和发展规范化的证券市场机构投资者。因此，机构投资者的快速发展是我国证券市场近年来较为突出的现象之一，机构投资者逐渐成为我国证券市场的主力军。随着股指期货金融衍生品市场的深入发展，机构投资者将成为我国股票和股指期货市场从事跨市场交易的重要主体。目前，我国证券市场中主要的机构投资者是证券公司、证券投资基金公司以及合格境外机构投资者，在证券市场发展过程中，它们的规模也将逐步扩大，对证券市场的影响也将逐步明显。但是机构投资者在对证券市场做出重要贡献的同时，它们的一些投资行为也给证券市场带来不良影响，逐渐暴露出追逐暴利、过度投机、操纵市场、内幕交易等诸多问题，机构投资者的这些违法违规行为损害了广大中小投资者的利益和证券市场的公平，不利于证券市场的平稳健康发展。证券市场发展历史中一系列金融衍生品事件引发的全球金融危机乃至经济危机仍历历在目，在广泛关注金融衍生品的同时，人们发现金融机构尤其是机构投资者俨然成为全球经济中最重要的套利者之一。[1] 因此，随着我国股指期货市场的逐步发展，在机构投资者将成为股票和股指期货市场交易的重要主体趋势下，加强规范机构投资者的投资行为，对于促进证券市场稳定健康发展具有重要意义，而增强和完善机构投资者内部控制制度的建设，就是规范机构投资者运作的一个重要组成部分，有利于规范机构投资者在股票和股指期货市场的跨市场交易行为。

## 第一节　机构投资者成为我国股票和股指期货跨市场投资者结构主体的发展趋势

### 一、机构投资者发展的必要性

（一）股指期货上市初期以个人投资者为主，市场投机氛围较浓

自 2010 年 4 月 16 日沪深 300 股指期货上市至今，市场运行较平稳。由于投资者相关规则没有出台，在股指期货交易推出前后，个人投资者占据了大幅比重。根据中国金融期货交易所的数据，在股指期货正式开市前 9000 多名开户者中，自然人开户数占绝大部分，比例超过 95% 以上，而法人投资者开户数却不足 200 名，而在所有开户投资者中，以前做商品期货的投机者则超过了 90%。

从股指期货刚上市的交易情况看，首批进入股指期货市场的个人投资者投机性较强，基本上都是资本市场久经考验的高手，由于他们相对成熟，使股指期货市场走势也表现得较为理性和成熟。但是从股指期货波动性较大、成交量超过预期、日内交易多等情况看，由于持有现货的机构

[1] See Adam Tickell, "Dangerous derivatives: controlling and creating risks in international money", *Geoforum*, No. 31, 2000.

投资者尚未参与，其套期保值的力度微乎其微，而以非阳光私募为代表的短线参与就成为股指期货市场的主要参与者。因此，股指期货市场投机氛围稍显浓郁，其中不排除一些投机者利用资金对股指期货进行操控，让资本市场投资者产生股指期货助跌的恐慌感觉。

截至2010年6月21日，在股指期货市场已经开户的3.5万户投资者中，法人机构投资者的开户数仍然很低，比重仅占整体开户数的3.2%，其交易量也很小，只占总成交量的1%。[1] 到目前为止，股指期货市场投资者主体还是以资产管理类为主的个人投资者，机构投资者的开户数在未来还有很大发展空间。

股指期货和融资融券制度是我国资本市场后金融危机时代的重大创新，带给中国资本市场前所未有的交易杠杆和做空机制，但是在股指期货上市初期，真正的做空和对冲机制并没有发挥出来，这主要是由于我国股指期货市场的主要参与者是个人投资者，他们对股指期货可能存在既新奇又顾虑的心态，虽有意愿参与股指期货交易，可又担心持仓过夜的风险，导致市场投机性较强。而对于做空和对冲机制，个人投资者可能既没有需求也不知道如何去使用，导致“进去的人不知道怎么用，想用的人又进不去”的投资者结构现象。

（二）机构投资者的重要作用

股指期货不仅是一种投资工具，更是一种防止风险的基础金融产品，与股票、债券相比，具有专业性强、杠杆率高、风险性大的特点，这决定了机构投资者是股指期货市场的参与主体，因为客观上，机构投资者比个人投资者具备更高的专业水平、更强的经济实力和风险承受能力。

国际经验表明，在相对成熟的股指期货市场中，机构投资者扮演着举足轻重角色。随着我国股指期货市场机构投资者的逐步进入，股指期货市场投资者结构将会逐步改善和优化，证券公司、证券投资基金将成为市

---

[1] 参见李中秋：《特殊法人参与股指期货正稳步推进》，载《中国证券报》2010年4月22日。

场中最主要的机构投资者，这支主力军发挥的套期保值作用将逐渐冲淡股指期货上市初期市场稍显浓厚的投机氛围。

随着我国机构投资者参与股指期货相关政策的明确，股指期货市场交易量、持仓量会同步上升，从而改变我国股指期货上市初期由个人投资者主导的格局，增强市场稳定性和流动性。尤其是大量套利资金进入市场后，如果股指期货市场与现货市场价格偏离过大，套利空间将会很快抹平，期货指数反应的价格将更加准确。因此，这会使市场更加平稳，更能有效地发挥股指期货风险管理的作用。

对于基金这一类机构投资者而言，目前参与股指期货交易的最主要作用是在于风险的对冲，尤其对股票型证券投资基金表现明显。由于《证券投资基金参与股指期货交易指引》相关规定对基金持仓量有严格限制，无论市场是否下跌，仍要保持一定的持仓量。因此，通过股票型证券投资基金参与股指期货交易，将在一定程度上抵御由于市场单边下降所导致的风险。

另外，券商、证券投资基金等参与股指期货，不仅带来股指期货市场投资者结构的彻底改变，还能使股指期货市场的价格发现功能得到真正有效的发挥。在较多基金逐步参与股指期货后，会增加股指期货市场的成交量与持仓量，而目前我国股指期货市场的成交量与持仓量的比例较高，远远大于境外成熟证券市场的比例。因此，未来机构投资者的参与将会大幅度降低这一比例，同时还会使股指期货的定价功能更有效率，减小期货指数的日内波动幅度，促进股指期货的价格发现。

## 二、机构投资者发展的可行性

### （一）机构投资者参与股指期货市场交易的法制逐步完善

在监管层秉承积极稳妥的原则推出股指期货投资者品种后，2010 年 4 月 23 日中国证监会发布了《证券投资基金参与股指期货交易指引》和《证券公司参与股指期货交易指引》，使证券公司、证券投资基金从事股指期货交易有了合法依据。这些指引对证券投资基金投资股指期货产品的投资策略、比例限制、参与程序、风险管理、信息披露、内控制度等都作了具体规定;还对证券公司自营业务、资产管理业务参与股指期货交易的有关问题提出了具体、明确的要求。两项指引的发布,意味着资本市场最主要的机构参与者——证券公司、证券投资基金将成为股指期货市场的主体。

中国证监会相关负责人在指引发布的同时还透露,将进一步协调相关监管部门,积极稳妥地推动我国保险基金、社保基金等其他机构投资者进入股指期货市场从事交易。另外,合格境外机构投资者、信托公司等参与股指期货交易的相关指引也陆续发布实施。

2010 年 5 月 13 日据中国金融期货交易所公布,其已经受理并批准了套期保值编码及其套保额度,第一次获准的机构以广发证券、中信证券等 3 家券商为主,标志着我国股指期货的机构时代即将来临。5 月 25 日根据"第二轮中美战略与经济对话"中的成果显示,我国将允许合格境外机构投资者依照相关法律法规开展股指期货业务,投资股指期货金融产品。2011 年 1 月 25 日中国证监会发布了《合格境外机构投资者参与股指期货交易指引(征求意见稿)》。

在证券公司、基金公司、合格境外机构投资者及信托公司等几大类机构投资者中,截至 2011 年 3 月,证券公司、投资基金与基金的专户这三类机构从事股指期货交易相关的政策已经明确,合格境外机构投资者参与股指期货交易的指引也已经向社会征询了意见,具体明确的政策由中国证监会于 2011 年 5 月正式公布。此外,另一类利用信托模式的投资者(如阳光私募)也可能是未来股指期货市场的重要投资者之一。可见,我国股指期货市场正迎来"机构时代"。"机构时代"能够改善股指期货市场投资者结构,保障股指期货市场平稳运行,有利于股指期货功能的真正发挥,推动我国金融衍生品市场以及资本市场的长远发展。

(二)我国机构投资者规模和结构的不断发展

国务院在 2004 年 1 月 31 日发布了《关于推进资本市场改革开放和稳定发展的若干意见》(以下简称"国九条"),这被认为是我国证券市场建立以来，政府对证券市场问题阐述最为全面、最为专业的一次。“国九条”提出要继续大力发展证券投资基金，支持社会保险资金以多种方式直接投资资本市场，并逐步提高社会保障基金、商业保险资金等投入资本市场的资金比例，要大力培养一批诚信、守法、专业的机构投资者，并使基金管理公司和保险公司为主的机构投资者能够成为资本市场的主导力量。“国九条”的出台为培育和发展证券市场的机构投资者提供了政策依据，指明了发展方向，标志着我国机构投资者进入了一个加速发展的新阶段。

与此同时，我国证券市场机构投资者的发展日益成熟，规模基础日益雄厚。目前，我国证券市场机构投资者的主体主要包括证券公司、证券投资基金、社会保险基金、保险公司、养老基金、合格境外机构投资者等。近几年，我国机构投资者的开户数、投资规模等都出现了较大发展。尤其随着 2006 年我国合格境外机构投资者制度推出后，机构投资者更是进入迅速发展趋势，机构投资者持股市值占总市值以及流通股市值的比例逐年上涨。另外，近几年来我国证券市场投资者的结构也发生了很大转变，由于机构投资者的专业性等特点，机构投资者正逐步取代个人投资者成为我国证券市场的主力军，其市场的影响力也将逐步增强。

### 三、机构投资者发展的渐进性

不存在机构投资者的证券市场不是一个成熟的证券市场，然而，机构投资者的发展并不是一蹴而就的。随着我国证券市场的逐步成熟与发展，目前已经基本实现投资主体由中小投资者向机构投资者的逐渐转变，证券公司、证券投资基金、合格境外机构投资者等成为证券市场投资的重要力量。在我国股指期货市场进一步发展之际，应借鉴境外成熟证券市场机构投资者以及我国证券市场已有的培育和发展机构投资者经验，把证券市场尤其是股票和股指期货市场机构投资者发展作为一个重要战略和重大课题来进行研究，确定一个总体目标，分步分阶段地有序实施，以推进我国期货市场尤其是股指期货市场机构投资者队伍的培育工作，使机构投资者逐渐成为我国股指期货市场的投资主体，更好地实现股指期货等金融衍生品市场的价值和功能。[1]

随着我国股指期货市场的平稳有序发展,部分机构投资者已经参与股指期货市场,而且这种扩大机构投资者入市的序幕也正逐渐拉开,机构投资者将逐步进入股指期货市场,成为我国股指期货市场的主要参与者,极大地丰富我国股指期货市场主体和交易策略。境外股指期货市场中机构投资者是最为重要的参与者,比例竟占到股指期货市场参与者总量的70%~80%,而个人投资者的比例只有20%左右,数量相对较少。其中,美国股指期货市场中机构投资者所占比例就高达80%左右;日本股指期货市场中机构投资者的交易量占市场绝大部分比重,大约占90%;韩国市场机构投资者数量也占据着大部分比例;我国香港特别行政区股指期货市场也不例外,机构投资者在股指期货市场发挥着显著作用。[2] 因此,这些境外股指期货市场在以机构投资者为主参与的情形下,发挥着金融衍生产品的应有作用,已经迈向成熟与稳定态势。相比之下,我国新兴沪深300股指期货市场投资者的结构和规模还不够理想和成熟,存在较大差距。其中,机构投资者参与股指期货市场比例还非常低,只有券商、证券投资基金特殊法人可以参与市场进行投资,而且其规模和策略也受到较大限制,尽管合格境外机构投资者、信托公司等机构能够参与股指期货市场,但其作用发挥还有待时日,而诸如保险资金等机构参与股指期货依然遥遥无期。因此,我国沪深300等股指期货市场要发展成为国际成熟市场还有很长的道路要走,同样,机构投资者进入股指期货市场进行跨市场交易,成为跨市场交易主体的主导力量也是一个渐进发展进程。

---

〔1〕 参见黄运成、王爱华等:《国际期货市场机构投资者的发展及借鉴》,载《证券市场导报》2007年第5期。

〔2〕 同上。

## 第二节 机构投资者内部风险控制的不可或缺性

### 一、内部控制及其有效性基本理论

20世纪40年代末至70年代，由于经济发展，企业规模不断扩大，分支机构不断出现，业务变得日益复杂，亟须建立更完善的内部控制制度，以能够及时提供企业舞弊、差错方面的信息。同时，由于企业经济业务规模的扩大，审计人员的行为发生变化，从详细检查企业的经营状况转向评价企业内部控制，这种审计方向转变不仅提高了审计效率，而且大大节约了审计成本。因此，企业的内部控制得到进一步发展。1936年在由美国会计师协会和联邦储备委员会修订出台的《独立公共会计师对财务报表的审查》中最早提出了内部控制的概念。[1] 1949年美国会计师协会出台了一个专项报告，即《内部控制、协调系统诸要素及其对管理部门和注册会计师的重要性》，报告对内部控制第一次进行了权威性定义："所谓内部控制是指公司为了保护资产、保证核查会计资料的准确性和可靠性、提高经营运行效率、推动管理部门既定管理方针得以遵循贯彻执行而采取的各种方法和措施。"[2] 这个相对权威的定义使人们开始重视内部控制制度，不过，由于这个内部控制定义的内容过于宽泛，并没有界定内部控制的评价范围，因此，在某种程度上增加了注册会计师的法律责任。1963年美国注册会计师协会首次对内部控制进行了类型划分，分为内部会计控制和内部管理控制两类，对上述定义进行了改进。其后，对内部控制的概念进行了不断细化和完善。

20世纪80年代后，人们对内部控制研究更加深入，西方国家会计审计界从对内部控制一般定义的研究转向对内部控制具体内容的深化研

---

〔1〕 参见杜本峰：《机构投资者内部风险控制治理研究》，载《经济问题探索》2004年第1期。

〔2〕 宗怿斌、张景雨：《商业银行内部控制与风险管理》，载《金融纵横》2006年第1期。

究。1988 年美国会计师协会出台了《审计准则公告第 55 号》,该公告不再区分会计控制和管理控制,而是采用了用内部控制的组成部分对内部控制进行定义的方法,立足于审计人员,从财务报表审计的视角去定义内部控制,用"内部控制结构"来替代"内部控制",并指出公司的内部控制结构是为公司提供特定目标实现的合理保证而建立的一切政策和程序,包括控制环境、会计系统和控制程序三个要素。[1]

20 世纪 90 年代以后,人们对内部控制的研究进入一个崭新阶段。美国的全美反舞弊性财务报告委员会成立,并于 1992 年发布了《内部控制——整体框架》的报告。该报告指出:"内部控制是受到公司董事会、管理当局以及其他职员的影响,旨在为获得公司经营效果和效率、财务报表精确性和可靠性、法律法规遵循性而提供合理保证的一种过程。"[2] 该报告中的定义明确了内部控制的 4 个要点,即内部控制是一个过程;内部控制会受到人为因素的影响;内部控制旨在实现 3 个目标(经营性目标、信息性目标、遵循性目标);内部控制是提供合理保证。该定义同时明确了内部控制应包括 5 个要素:控制环境、风险评估、信息与沟通、控制活动以及监督。并强调在现代企业管理过程中风险因素和信息系统具有重要的地位。[3] 1994 年美国会计师协会发布了《内部控制结构》,其中,对内部控制进行修订,认为内部控制是这样的一个整体系统,它是由管理者建立的、旨在通过一种有序和有效的方式进行公司的各种业务,并确保这个整体系统能够与公司的管理政策和规章保持一致,并能够保护资产的安全。从这个定义中,可以看出内部控制的实质是能够合理地评价风险和控制风险,将内部控制和风险管理有机地结合在一起。[4] 目前,这个定义被人

---

[1] 参见杨俊川、舒新国等:《西方银行内部审计》,企业管理出版社 2000 年版,第 86 ~ 133 页。

[2] 朱荣恩、贺欣:《内部控制框架的新发展》,载《审计研究》2003 年第 6 期。

[3] 参见周颖:《我国机构投资者内部风险控制研究》,东北林业大学 2006 年硕士学位论文,第 12 页。

[4] 参见杜本峰:《机构投资者内部风险控制治理研究》,载《经济问题探索》2004 年第 1 期。

们广泛使用。

内部控制的有效性是指围绕上述5个要素在执行过程中如何保证其取得一定的成效。具体而言,包括两层含义:一是指内部控制的政策、具体措施不能与国家的法律法规相抵触;二是指内部控制在设计完整合理的基础上,应具有一定的可操作性。[1]

## 二、外部监管替代不了内部风险控制

一般而言,机构投资者的风险控制主要包括两类:一是资本市场监管部门、法律法规的外部监管;二是机构投资者自身内部的风险控制。在这两种风险控制类型中,机构投资者的内部控制可以说是其风险控制的第一道防线,可以预防风险发生,降低风险控制的成本。内部风险控制还有利于强化公司的内部管理,有利于公司采取有效的组织、制约、考核以及调节等行为,从而为实现预期目标提供一种合理保证,最终有助于公司树立良好形象。无论是政府、交易所,还是法律法规等外部监管,对于机构投资者风险控制而言都只是第二道防线,一般是在事后发挥着重大作用,并不能及时进行评估风险和防范风险,相应成本较高。因此,相比而言,在机构投资者风险控制方面,外部监管不能替代内部控制,内部控制具有外部监管所不具有的优势,因而是不可或缺的。在证券市场日新月异的发展中,风险也更将变幻莫测,此时,机构投资者只有在内部建立起不断完善的风险管理和控制体系,才有可能有效地去评估各种风险和规避各种风险,以保护公司资产安全和客户利益。

## 三、基于契约理论的第三方治理失灵

2007年一系列金融衍生事件引发的全球金融危机,使人们格外关注金融衍生品。对于金融衍生品,曾经有学者认为,其交易的社会成本为

---

〔1〕 参见刘慧:《新形势下我国金融机构的内控制度研究》,载《江西社会科学》2009年第8期。

零,任何金融衍生品进行交易的结果只是财富的再分配,并且能满足公司、银行规避风险的需要,因此对于金融衍生品交易是不需要进行任何政府监督。[1] 这里的政府监管指的就是第三方治理。但是通过这次以金融衍生品为主要投机工具的全球金融危机爆发,可以看出金融衍生品交易存在风险,必须对其进行防范与治理,这也是维护国家金融乃至经济稳定和安全的一个不容忽视的方面。

日本学者青木昌彦认为,关于交易的市场治理机制是一种整体性的制度安排,各种治理机制之间存在互补性和替代性。[2] 针对金融衍生品交易而言,对其交易进行治理主要有两种治理模式:一是以政府监管为主导的第三方治理;二是机构投资者的内部治理模式。尽管在金融衍生品市场交易中,第三方治理发挥着主导作用,但是机构投资者的内部治理也是不可缺少的,与第三方治理的关系是相互补充的。[3] 著名学者哈耶克在其《知识在社会中的运用》一文中指出,在社会生活中经济问题的本质是如何充分利用分散在每个社会成员中的知识问题,知识在社会中的分散需要权力的分散化。[4] 按照此理论,在金融衍生品交易中产品的专业知识及其交易的风险知识不仅分布在包括机构投资者在内的市场参与者中,而且分布于那些非市场参与者中。在金融衍生品交易中,机构投资者作为利益相关者之一,本身也有动机进行相应的内部治理,以防范风险发生。机构投资者内部知识不仅包括机构内成员个人知识,还包括机构组织知识,这些知识具有不可转移性和重要性,对于风险防范和交易治理而言都是必不可少的。相比较第三方治理的事后适应和调整,作为机构投

---

〔1〕 See Merton H. Miller, "The Social Costs of Some Recent Derivatives Disasters", *Pacific-Basin Finance Journal*, No. 4, 1996.

〔2〕 参见[日]青木昌彦:《比较制度分析》,周黎安译,上海远东出版社 2001 年版,第 78 页。

〔3〕 参见谭燕芝、熊慧等:《国际金融衍生品交易机构投资者的内部治理》,载《湘潭大学学报》(哲学社会科学版)2008 年第 1 期。

〔4〕 See Friedrich Hayek, "The Use of Knowledge in Society", *American E-conomic Review*, No. 35, 1945.

资者的不完全事前治理是不可或缺的。[1] 另外，由于金融衍生品交易专业性、非专业第三方判断能力欠缺，使各种非专业第三方治理成本提高，因此，此时金融衍生品交易风险的治理就需要由专业金融机构来进行，其中，机构投资者的内部治理就是比较实际、直接的一种方式。随着金融发展的全球化、自由化以及金融衍生产品的不断创新趋势，原有金融监管体系和安全网制度已经越来越不能适应整个金融行业发展需要，逐渐显露出其中不足，其中，政府监管（第三方治理）就存在严重失灵现象。

### 四、机构投资者投资行为的失范性

在2008年爆发的全球金融危机中，一系列金融机构走向破产的道路。这些金融机构在金融危机中最终经营失败的原因或许是综合的，但是，不可否认其有一个共同原因，即这些金融机构的经营管理和内部控制都存在比较严重问题。[2] 近年来，我国机构投资者得到了迅速发展，成为我国资本市场比较突出现象之一。但是，由于我国金融机构内部控制制度建立和发展相对较迟，因此其在快速发展同时也出现若干违法违规行为，如操纵市场、内幕交易、过度投机、牟取暴利等，机构投资者的违法违规行为严重损害了证券市场广大中小投资者利益，有损于资本市场公平，影响了资本市场稳定健康发展。我国机构投资者的违法违规行为主要表现在下文几个方面。

#### （一）操纵市场时有发生

我国证券市场建立于20世纪90年代，在早期证券市场发展中，由于庄股横行，机构投资者操纵市场现象比较严重。2000年10月初，《财经》杂志中曝光的“基金黑幕”在我国证券市场中引起了强烈“地震”。[3] 从

---

〔1〕 参见［美］威廉姆斯：《资本主义经济制度》，段毅才译，商务印书馆2004年版，第100页。

〔2〕 参见陈四清：《美国金融危机的深层次原因分析及对中国银行业的启示——兼论金融危机与新资本协议的关系》，载《国际金融研究》2008年第12期。

〔3〕 参见戴志敏：《证券市场机构投资者规范化发展研究》，浙江大学出版社2008年版，第73页。

"基金黑幕"中也反映出在我国20世纪90年代中期至2000年前后以基金为代表的机构投资者具有某些庄家色彩。其后，随着机构投资者违法违规行为频频曝光，证券监管机构的从严规范，证券市场中旧庄股时代随之崩溃，机构投资者操纵市场现象也明显减少。但是，近年来，随着证券市场的大力发展，股票市场逐步活跃，股指期货金融衍生品市场日益发展，机构投资者操纵市场的行为趋势又重新抬头，尽管机构投资者不敢明目张胆地操纵市场，但是这些极具隐蔽性、花样不断翻新以逃避法律规制的操纵行为仍然是暗潮汹涌，给证券市场带来极大的风险隐患。

（二）内幕交易十分突出

在我国证券市场中存在机构投资者与上市公司共同合谋、利用信息的不对称进行谋利的潜规则，许多机构投资者也以这个潜规则作为公司的重要盈利模式。我国证券市场中上市公司进行选择性信息披露方式比较普遍，使证券市场中信息不对称现象比较严重，对于机构投资者而言，其信息优势也更加明显，利用内幕信息进行投资行为获利的空间也就更大。在这种情形下，机构投资者信息优势往往并不是其自身专业研究和判断，而主要是凭借其某种优势地位，这种特殊地位使其能够在第一时间获取相关上市公司重要市场信息（如上市公司重大重组、财务以及分红等信息），进而利用这些信息在市场中提前布局，获取暴利。另外，机构投资者信息优势不仅能够表现在可以与上市公司合谋提前获取上市公司的微观信息方面，还表现在机构投资者可以提前获取国家的宏观经济政策信息方面。例如，2009年我国为了应对国际金融危机，政府先后公布的产业振兴规划、区域振兴规划等有关刺激经济增长政策，均不同程度地在证券市场引起强烈反应，这些相关行业、区域的个股都出现较大幅度上涨。但是实际上，在产业、区域规划等政策尚未出台之前，证券市场中相关板块已经出现了较明显异动，成交量往往会突然放大，可见机构投资者提前布局、进行介入的迹象十分明显，其利用政策消息，可以最大限度地获取巨额资本利润。相比较于机构投资者的先知先觉，证券市场中广大中小投资者可以说是一直被蒙在鼓里，在证券市场信息不对称现象非常明显的环境中,中小投资者只能利用公开的有限信息进行投资。

(三)投机性较强

机构投资者作为投资专业化、组织化和社会化的产物,一般而言是以价值投资和长期投资相标榜,但在实际证券市场中,一些机构投资者为了牟取暴利,在价值投资的旗号下,进行着短期投机行为,过度投机氛围浓厚,表现出较强的投机性。

一是机构投资者热衷于短线投机,导致投资行为短期化,市场换手率过高。通过我国证券市场短暂发展史可以看出,一些机构投资者在市场中频繁调整投资组合,换手率偏高,反映出机构投资者比较明显的短期行为特征,违背了建立和发展机构投资者的目标。机构投资者的这种现象客观上与我国证券市场发展不成熟、股票和股指期货市场整体的投机性氛围、整体换手率高以及机构投资者面临的短期业绩压力等因素有关,但是主观上也与我国部分机构投资者的投资理念不成熟、内部控制制度不完善等因素有关。

二是机构投资者的羊群行为较为严重。证券市场中"羊群行为"是普遍存在的。国外机构投资者也存在"羊群行为",但是我国机构投资者的"羊群行为"相比更为严重。[1] 比较典型的表现有,2007 年起我国股票市场在一些所谓牛市观点吹捧下,部分机构投资者集体疯狂进入市场,致使已经明显泡沫化的股票市场屡屡创出新高,直至达到 6100 点的高峰。而后随着泡沫的逐渐破灭,在大盘指数跌破 2000 点后,机构投资者又集体看空,采取一致行动,致使最后下跌至 1664 点。与最高点相比,股票市场的跌幅达到 70% 以上。从我国证券市场跌宕起伏的变化中,不难看出机构投资者的"羊群行为"表现明显。

三是机构投资者追逐和偏好于对重组题材的炒作。近年来,随着我

---

〔1〕 金融市场中的"羊群行为"是一种特殊的非理性行为,是指投资者在信息环境不确定的情况下,行为受到其他投资者的影响,模仿他人决策,或者过度依赖于舆论(市场中的压倒多数的观念),而不考虑自己的信息的行为。参见戴志敏:《证券市场机构投资者规范化发展研究》,浙江大学出版社 2008 年版,第 28 页。

国资本市场的活跃创新,重组题材再度风靡证券市场,使市场投机氛围大大增强。不仅是一些私募基金、证券公司进行短期炒作,而且一些相对规范的机构投资者如证券投资基金、社保基金等也纷纷沓至重组题材的炒作行列,以牟取暴利,这种浓厚的投机倾向,显然是机构投资者对证券市场价值投资理念的扭曲。[1]

## 第三节　我国机构投资者内部风险控制制度的建立健全

### 一、机构投资者内部风险控制的基本要求

#### (一)机构投资者内部风险控制制度应系统化

机构投资者内部风险控制制度不仅要适应公司整体经营理念和价值目标,还要体现自身发展特色,以保证内部风险控制制度的完整、有序和高效,因此其内部风险控制制度应是一个相互制约、相互作用的系统。具体而言,公司应采用全方位的控制方法,有组织控制、经营控制、检查控制、设备和设施控制等;在公司整个业务过程中,应实施全面的事前、事中和事后控制;还应与公司的内外环境相协调,既充分结合机构投资者所处的外在社会环境,包括法律法规、市场氛围等,又要充分考虑和兼顾机构投资者自身的具体情况。建立机构投资者内部风险控制制度,应从系统的结构和功能上去整合平衡公司内外的各种利益关系,以实现机构投资者利益最大化和资产安全最大化之间的协调。

#### (二)机构投资者内部风险控制制度应动态化

由于机构投资者所处外在环境和自身经营状况都是一个不断发展变化的动态过程,建立内部风险控制制度之后,应根据变化的实际情形不断

〔1〕 参见宫玉松:《机构投资者的行为失范表现、成因与矫正》,载《东岳论丛》2010 年第 6 期。

修订、充实和完善，才能有效地发挥内部风险控制，并与客观实际发展相适应。不过应注意的是，强调内部风险控制的动态性，要求其是一个动态开放的过程是有前提条件的，即要保证内部风险控制制度的持续性和稳定性，发挥其整体功能。内部风险控制制度的动态性并不意味着对某项规定可以反复修改，而是指当机构投资者内外环境出现新变化时可以适度增加新规定进行补充，或者当原来规定不适应、滞后于新变化状况时可以进行修订，从而使机构投资者内部风险控制制度成为一个不断发现问题、解决问题的循环发展的动态系统。

（三）机构投资者内部风险控制制度应个性化

机构投资者内部风险控制制度并不存在一个固定模式，可以适用于所有的机构投资者。不同机构投资者内部风险控制制度因每个公司不同的经营规模、组织结构、业务性质以及范围等而存在较大差异。机构投资者在建立自身内部风险控制制度时应依据公司自身的业务发展需要、组织结构、人员安排等具体情况来确定，在遵循法律法规的同时，尽量体现公司特点，营造公司独特、个性化的内部风险管理控制制度，重塑公司独特形象，形成公司的经营品牌。

## 二、机构投资者内部风险控制机制的完善

（一）完善机构投资者的治理结构

随着我国证券市场深入发展和国际化水平逐步提高，以证券公司、证券投资基金、合格境外机构投资者等为主的机构投资者将成为我国证券市场投资者的主力军，成为股票和股指期货跨市场交易主体的主角。此时，如果证券监管部门管制过多，则比较容易形成僵化模式，影响机构投资者行业的自由发展；反之，如果管制过少，则机构投资者在日常投资交易中容易滋生风险，影响证券市场的有序发展。因此，亟须机构投资者建立健全内部自我监管模式，其中，就包括完善机构投资者的内部治理结构。机构投资者应以我国《公司法》为依据，以国际上公司治理结构的最新理论和实践发展为借鉴，建立科学公司治理结构，实现内部控制制度完

善，从而树立机构投资者严格的自律和自我约束意识。

1. 证券公司治理结构的完善

由于证券公司的专业知识背景、特殊经营特点，加之证券市场本身蕴含的高风险与高回报特征，使证券公司在证券市场中具有重要地位和作用。反之，如果证券公司在缺乏有效内部治理结构情形之下，其给证券市场造成的影响也将极其严重。在此情形下，证券公司经营者可能会利用自身对证券市场行情了解的专业知识优势以及自身代理客户进行资金管理的便利，进行挪用客户资金、操纵市场等违法违规行为，进而损害证券公司股东和广大投资者的合法权益。因此，为促进证券市场稳定发展，尤其是股票和股指期货市场的有序运行，就需要证券公司完善内部治理结构，形成有效的股东（大）会、董事会、监事会以及管理层之间相互制约、各负其责的治理结构，从而维护股东和广大投资者的合法权益，防范证券公司的自身经营风险。另外，随着我国合格境外机构投资者制度的不断发展，合格境外机构投资者也将逐步发展壮大，届时证券市场竞争将更为激烈。因此，我国证券公司为了更好地适应这种发展形势，在证券市场激烈竞争环境中能够得以生存并进一步发展壮大，就必须完善公司自身的内部治理结构。

关于证券公司内部治理机制方面，证券公司应严格按照《公司法》《证券法》等相关法律法规，来深化公司股份制改革以及健全内部三权分立的有效运作机制。即证券公司最高权力机构是股东大会，代表的是股权；公司决策机构是董事会，代表的是法人所有权；公司经营机构是经理层，代表的是经营权。三权分立的有效运作机制严格按照《公司法》的要求来规范运作，同时还应强化监事会的监督职能，以有效地预防和补偿经理道德风险的损失，保护股东尤其是中小股东和广大投资者的利益。

我国证券公司大多存在产权不明晰、国有产权比例过高的现象，因此，完善证券公司治理结构的关键在于实现股权结构的多元化。关于股权结构和公司治理绩效的关系，中外学者通过实证研究得出“股权结构相关论”和“股权结构无关论”两种不同结论，但更多地支持“股权结构相关论”观点。支持“股权结构相关论”的学者一般认为，股权高度集中的公司，由于其股权过度集中于监控动力和效率都最为低下的国家股股东手中，因此公司治理效率就会很低，公司经营业绩就相对较差；而股权中度集中的公司，其法人股股东具有相对较强的监控动机和监控效率，其在公司中若占据相对控股地位，则公司法人治理结构就较为完善，公司的绩效就相对较好。因此，选择法人股东相对控股、实现股权结构多元化就成为股权结构优化的目标。[1] 结合我国证券公司法人治理结构的完善，其关键点就在于我国政府部门或者国有独资公司应逐渐地退出证券公司，并且证券监管部门应出台相关措施以鼓励民间资本投资证券公司，从而使证券公司能够成为一个多元持股、股权分散的股份公司，真正按照现代企业制度理念和要求建立起相对完善的治理结构，有效防范证券公司存在的组织风险。

2. 证券投资基金公司治理结构的完善

完善证券投资基金公司治理结构主要就是协调基金公司相关利益方之间的经济关系，从而使相关利益方之间形成一种相互制衡、平衡的治理结构。证券投资基金的相关利益方主要是指基金持有人、基金管理人和基金托管人，这三方主要构成了基金内部治理结构中的“金三角”。具体而言，完善基金公司治理结构制度安排就是使基金公司的所有权、经营权以及保管监督权能够在基金持有人、管理人和托管人即“金三角”之间得到合理科学的分配，并在维护基金持有人利益最大化原则前提下，提升公司治理效率，缩小治理成本。

首先，应完善证券投资基金的独立董事制度。独立董事具有重要作用，其可以有效反对公司内部人控制，完善公司治理结构；可以较客观、公正地去评估和考核公司经理人员的经营业绩；可以较冷静、客观地处理公

---

〔1〕 参见王亚梅：《中国期货交易所公司化改制研究》，中国人民大学 2008 年博士学位论文，第 147 页。

司出现的重大事件;可以较好地维护中小投资者的合法权益。[1] 因此,独立董事制度成为我国证券投资基金治理的重要组成部分之一,尤其随着我国公司型证券投资基金治理模式不断发展,独立董事制度在其中发挥着日益重要作用。但是,由于我国基金存在组织从属性、独立性等问题,使独立董事制度在我国目前基金治理结构中并未发挥足够的监督作用。因此,完善基金的独立董事制度任重而道远,应在借鉴境外证券市场基金行业成熟经验的基础上,避免我国现行公司中独立董事制度存在的问题,赋予独立董事明确的责任和权利,并制定严格制度以保证独立董事选举等程序的正常运行。

其次,应健全证券投资基金经理的报酬机制。基金经理人对于基金公司的发展具有重要作用,与公司经营绩效息息相关。为了更好地促进基金公司经理人能够尽职尽责地为投资者和股东利益服务,不仅需要建立一套行之有效的监督机制,更需要建立健全能够符合基金公司经理人利益需求的激励机制,[2] 给予基金经理人合理业绩报酬。

(二)树立内部风险控制的企业文化

2008 年全球金融危机爆发使金融机构意识到,加强金融机构自身的全面风险管理,不仅是一个技术性问题,而且能将其深深嵌入企业自身文化理念。只有企业每一个员工都能将内部风险控制意识根植于心,使其成为员工自觉行为,并积极地对内部风险控制负有责任,认真参与并维护机构投资者内部风险控制制度,企业内部控制制度才有可能渗透到企业运行的每一个细小工作环节中,尽可能避免企业风险。

在实践中,大多机构投资者决策失误带来的风险损失主要是由其管理层较强的随意性造成的。因此,在机构投资者内部风险控制企业文化树立过程中,应重点培养与强化公司管理层的内部风险控制意识。最有

---

〔1〕 参见何德旭:《中国投资基金制度变迁分析》,西南财经大学出版社 2003 年版,第218 ~ 219 页。

〔2〕 参见朱雪琴、孙振峰:《试析投资基金中的委托—代理关系和道德风险控制》,载《世界经济状况》2001 年第 11 期。

效和最直接的方法就是强化管理层的个人责任,让管理层真正承担因自身随意决策而带来的不利后果,让其为自己草率行为付出应有代价,这样才会引起管理层对风险的高度重视,从而端正自己态度。管理层态度往往是企业文化的风向标,其必然会对企业所有员工关于风险态度带来示范效应。此外,还应定期在机构投资者内部举行报告会或者座谈,学习金融机构因风险损失而破产的案例,从中吸取经验教训。还应体现以人为本特点,通过编排一些生动活泼节目,让员工深入其中,切身感受风险的考验,以增强风险防范意识。此外,机构投资者风险管理职能部门或风险管理委员会应及时向公司管理层报告风险信息,并提供专业意见和建议,以促进机构投资者企业风险文化的形成和发展。[1] 人是风险的制造者,也是风险的控制者,是机构投资者组织中最基本的因素,是机构投资者平稳发展不可缺少的力量。当机构投资者形成并具备了风险意识较强的企业文化时,良好的企业文化可以带动企业所有员工工作的主动性和积极性,并成为每个员工的自觉行为,通过自律而发挥机构投资者内部风险控制的重要作用。

(三)健全机构投资者内部风险控制的组织框架

机构投资者内部风险控制是一个系统工程,为了顺利实现风险控制目标,保证内部治理的有效运行,应重视机构投资者内部风险控制在组织上的设计。因此,可以根据机构投资者内部各个层次和各个部门的具体职责,构建有效的内部风险控制组织框架,从而达到高质量的风险管理与控制。机构投资者内部风险控制组织架构可以分为两个层次:一是机构投资者的风险管理委员会;二是机构投资者内部风险控制的具体执行部门。

在构建机构投资者内部风险控制组织框架时,应注意遵循以下几个原则:一是风险控制与业务经营相分离的原则。高收益伴随着高风险,风

[1] 参见刘慧:《新形势下我国金融机构的内控制度研究》,载《江西社会科学》2009 年第 8 期。

险与收益之间的固有矛盾决定了机构投资者内部风险管理部门与业务经营部门两种职能部门的不同责任驱动机制。在建构组织框架时，应保证二者相互分离、独立，以有效实现机构投资者资产盈利与资产安全的双重目标。二是相互独立与相互制约原则。在设置机构投资者内部风险控制组织框架结构时，公司内各个部门及其职能、各种岗位职责等应保持相对独立，不受到彼此过多牵制，同时还应权责分明，做到相互制约。三是动态性原则。机构投资者内部风险控制是一个系统，并不是固定不变的，应能够随着外部经营环境变化和公司业务发展而不断完善、更新风险管理和控制的措施和方法。四是前瞻性原则。机构投资者内部风险控制体系的生命力就在于其能够及时发现风险，进行预警，避免风险进一步发生。因此，在构建组织框架时，应定位于防患于未然，建立配套预警机制。五是管理判断为重原则。构建完善的机构投资者内部风险控制组织框架，可以有效降低风险发生。但是，无论多么高级的内部风险控制体系都有其自身局限性，因此在机构投资者日常工作的风险管理与控制实践过程中，不能过分依赖系统与组织结构，应注重机构投资者内部管理人员的丰富经验和理性判断，并使其在风险管理与控制决策中发挥权重作用。

机构投资者风险管理委员会隶属于董事会。其构成应当包括一定数量比例的外部董事，以保证风险管理委员会客观、冷静地作出决策。风险管理委员会的主要职责就是负责考虑公司全局的风险管理、控制理念以及战略方针问题，其直接对机构投资者的董事会和总经理负责，既具有行政检查监督、经营业务稽核审计职责，又具有内部管理职责。具体而言，可以包括以下一些职责：向董事会提交风险管理与控制报告；有权审查机构投资者日常交易记录；提出风险管理与控制建议以及分工、责任制度；有权建立稽核检查和处罚制度；督促内部风险控制制度与措施的贯彻实施情况等。

机构投资者的风险管理执行部门则是由相应的公司高管人员或者风险管理与控制的专业人员组成。风险管理执行部门的主要职责包括：建立合理科学的风险监测体制；根据机构投资者具体实际设置动态性的风险管理系数,以便于进行监测;建立机构投资者日常合理的交易限额制度;建立定期检查风险动向程度的制度,并及时向风险管理委员会进行报告;针对风险管理与控制过程中存在的问题与相关部门进行沟通与协调。[1]

总的来说,在机构投资者内部风险控制组织框架结构中,保持风险管理与控制的独立性是机构投资者内部风险控制成功与否的关键因素。根据构建内部风险控制组织框架的原则,机构投资者风险管理与控制的报告路线必须独立于公司管理层经营战略的业务部门,应独立向风险管理委员会汇报,而风险管理委员会也应独立向其负责部门——董事会汇报。同时,机构投资者内部风险管理部门与经营业务部门应建立有效的沟通与协调机制,一方面,可以促进风险管理部门能够对经营业务部门日常业务运作过程中的风险进行及时有效监督和预警;另一方面,还可以促进风险管理部门与业务部门加强有关风险信息的交流与沟通,更好地发挥风险管理部门的基本职能。在保持机构投资者风险管理部门独立性同时,还应充分重视机构投资者内部风险控制体系内各个部门之间相互合作与相互交流。尤其是加强机构投资者各个业务部门、各不同办公科室,以及公司高级管理人员之间交流与互动,并使之成为机构投资者整体内部风险控制机制的有机组成部分。

## 三、机构投资者内部风险控制具体制度的建立健全

制度的建立健全是机构投资者内部风险控制体系的重要基础。因此,只有建立全面、完善的具体规章制度体系,才能有效地保障机构投资者内部风险控制工作的顺利开展。

### (一)建立科学的风险管理制度体系

一是风险评估制度。随着证券市场的深入发展和证券产品的日益复

[1] 参见戴志敏:《证券市场机构投资者规范化发展研究》,浙江大学出版社 2008 年版,第 204 页。

杂,机构投资者面临的风险不断增多,因此,建立有效的风险评估制度是机构投资者提高内部风险控制效率和效果的关键。一个有效的机构投资者内部风险控制系统,应是对即将面临的风险以及可能影响运营安全的各种风险能够进行连续评估,以便机构投资者能及时防范和化解这些风险。对于风险评估,可以采用先进的风险管理工具或者模型,运用多种方法,对风险进行判断,确定风险性质、风险程度等,并将评估判断的风险情况和信息及时报告给风险管理委员会和其他相关部门,从而采取相应措施以控制和化解风险,降低机构投资者的风险损失。

二是风险预警制度。机构投资者总是处于一定的外部监管之中,必须遵守政府监管部门设定的日常风险监管指标的量化标准,为了更有效地实现机构投资者投资的安全还必须建立风险量化和预警制度。通过建立机构投资者内部风险控制的量化指标体系,可以确定机构投资者面临的风险源、风险点、风险级别以及风险影响的识别标准和危害严重程度,以准确了解和把握风险的总体状况和不同经营业务种类的具体风险。当风险程度超过预先设定的控制区间范围时,风险预警系统应及时提示或发出有关警示信号,从而使机构投资者能够及时发现风险,并制定必要的防范措施。[1]

三是风险控制制度。机构投资者会面临不同的风险类型,如市场风险、信用风险、法律风险、操作风险以及流动性风险等,因此,机构投资者风险控制制度应依据整个公司业务特点、不同风险偏好的内在要求进行设计,既考虑公司面临的总体风险水平,又结合不同业务的具体风险。应以条文的形式明确规定风险控制的具体制度、具体操作细则以及相关授权限制等,并确定机构投资者交易风险的合理止损范围。

四是应急和风险补偿制度。2008 年全球金融危机给世界经济复苏和增长带来极大不确定性。通过此次金融危机,人们意识到在金融发展和

---

〔1〕 参见邱伟、丁志雄:《金融业综合经营风险预警系统研究》,载《经济论坛》2008 年第 11 期。

创新过程中,不仅应建立金融风险预警系统,还应建立应变应急机制和风险及时补偿制度。对于处于微观层次的机构投资者而言,应科学设计并量化风险监控的指标体系,能够对不断变化的外部环境及时作出反应,使机构投资者在外部突发性事件发生时将风险损失最小化。

五是风险控制检测制度。主要是对机构投资者内部风险控制制度的执行情况进行一定监督和测试检查,及时分析和总结风险控制和管理制度的制定、执行效果,并将这些分析信息及时反馈给机构投资者相关部门,以不断完善内部风险控制制度,确保机构投资者内部风险制度体系的有效运行。

### (二)建立顺畅的信息共享和风险报告制度

在一个高效的机构投资者整体运营过程中始终贯穿着信息的交流与沟通,信息共享是内部风险控制制度一个不可或缺的重要组成部分。加强信息的交流与沟通,一方面可以使机构投资者的管理层能够及时获取准确、全面的信息,据此进行较稳定的经营决策和管理;另一方面可以使机构投资者的所有员工能较清晰地了解自己在公司内部风险控制体系中的角色、职责以及与其他工作人员之间的联系。

建立顺畅的风险报告制度可以为机构投资者风险管理部门及时提供充分准确的信息。一般而言,内部风险控制报告的内容应包括市场风险报告、操作风险报告、信用风险评估报告、流动性风险报告和环境风险报告。风险报告的流程应为:机构投资者监事会可以责成公司的风险管理委员会或者内部会计审计部门共同完成内部风险控制中的各项风险预警指标体系,公司具体业务经营部门应定期检查本部门的经营风险状况并及时向风险管理委员会进行报告。同时,监事会应对公司内部风险控制的合规性进行客观、冷静地评估,并将形成的评估建议及时反馈给风险管理委员会,以保证风险管理和控制决策的准确性。另外,由于内部风险控制报告的重要性,因此应由具备一定专业知识和从业经验的人员从事报告工作,以保证内部风险控制报告的独立性、专业性和深入性。

### (三)建立有效的内部监督制度

机构投资者内部风险控制的有效运行离不开严格的内部监督制度。

机构投资者在建立健全内部风险控制体系过程中，应加强公司内部规章制度建设，形成完备的体系，尤其是严格落实公司经营管理考核制度、责任追究制度等，从而在规章制度上防范风险；还应建立上下级垂直领导的稽核制度，从而发挥其持续监督的效用。同时，机构投资者应注重现场检查和非现场检查方式的结合，根据实际加大稽核力度，从而形成较全面的综合监督制度体系，对机构投资者相关部门和人员的违法违规行为给予严肃处理。

在机构投资者内部风险控制的监督过程中，内部审计占有重要的一席之地。内部审计不仅是机构投资者内部风险控制制度体系中一个部分，同时还是内部风险控制制度有效性监督体系中主要力量之一。机构投资者内部审计部门应严格按照法律法规和公司规章进行工作，其主要职能为：审查机构投资者的会计账簿，考核评价机构投资者内部风险控制制度运行的有效性以及公司内部组织框架结构的运行效率，并将审计结果和相关建议向机构投资者管理层进行汇报。机构投资者内部审计部门应充分发挥自身重要而又特殊的作用，将自己视为公司的重要资源，审计人员应将自己的使命从简单的"我们实施审计"转变为更高层次的"我们帮助公司建立健全一些程序，以实现公司内部风险控制预期目标"。[1]鉴于内部审计的重要性，机构投资者内部应根据自身发展规模大小，设立专门内部审计部门，并与内部其他业务经营部门相互区别开来，以充分发挥内部审计独立监督、检查以及评估的作用。

---

[1] 参见赵保卿：《内部控制设计与运行》，经济科学出版社 2005 年版，第 47 ~93 页。

# 主要参考文献


**一、中文著作**

1. [德]恩斯特·卡西尔:《人论》,甘阳译,上海译文出版社1985年版。

2. [美]莫顿·米勒:《金融创新与市场的波动性》,王中华、杨林译,首都经济贸易大学出版社2002年版。

3. [美]查尔斯·P. 金德尔伯格:《疯狂、惊恐和崩溃:金融危机史》(第4版),朱隽、叶翔译,中国金融出版社2007年版。

4. [美]托马斯·A. 海尔奈莫斯:《期货交易经济学》(第2版),王学勤译,中国财政经济出版社2004年版。

5. [美]理查德·J. 特维莱斯、弗兰克·J. 琼斯等:《期货交易实用指南》(第3版),周刚、王化斌译,经济科学出版社2000年版。

6. [美]布莱克:《法律的运作行为》,唐越、苏力译,中国政法大学出版社1994年版。

7. [法]简·菲利普·鲍查德、[比]马克·波特:《金融风险理论——从统计物理到风险管理》,周为群译,经济科学出版社2002年版。

8. [英]大卫·福特:《股票衍生产品:关于市场、应用及风险的进阶指南》,吴林祥译,上海财经大学出版社1999年版。

9. [美]乔尔·赛利格曼:《华尔街变迁史——证券交易委员会及现代公司融资制度的演化进程》(修订版),田风辉译,经济科学出版社2004年版。

10. [英]约翰·基恩:《公共生活与晚期资本主义》,刘利奎等译,社会科学文献出版社1999年版。

11. [日]青木昌彦:《比较制度分析》,周黎安译,上海远东出版社2001年版。

12. [美]威廉姆斯:《资本主义经济制度》,段毅才译,商务印书馆2004年版。

13. [英]施泰因赫尔:《金融衍生品的发展与监管:金融野兽》,陈晗、张晓刚译,上海远东出版2003年版。

14. 丁一凡:《平衡木上的金融游戏》,华夏出版社2001年版。

15. 肖辉、刘文财:《股票指数现货市场与期货市场关系研究》,中国金融出版社2006年版。

16. 章和杰:《中国金融制度的风险机理及改革路径研究》,中国社会科学出版社2004年版。

17. 吴弘、胡伟:《市场监管法论——市场监管法的基础理论与基本制度》,北京大学出版社2006年版。

18. 徐孟洲:《金融监管法研究》,中国法制出版社2008年版。

19. 孙国华、朱景文主编:《法理学》,中国人民大学出版社1999年版。

20. 潘静成、刘文华主编:《经济法》,中国人民大学出版社2005年版。

21. 顾肖荣、张国炎:《证券期货犯罪比较研究》,法律出版社2003年版。

22. 任自力等:《证券集团诉讼:国际经验 & 中国道路》,法律出版社2008年版。

23. 王保树:《投资者利益保护》,社会科学文献出版社2003年版。

24. 陈晗:《金融衍生品:演进路径与监管措施》,中国金融出版社 2008 年版。

25. 陈野华:《证券业自律管理理论与中国的实践》,中国金融出版社 2006 年版。

26.《多德 – 弗兰克华尔街改革与消费者保护法案》,董裕平等译,中国金融出版社 2010 年版。

27. 褚玦海:《中国期货市场风险研究》,中国财政经济出版社 2002 年版。

28. 季冬生、魏建华等:《股指期货:中国金融市场新品种》,中国时代经济出版社 2002 年版。

29. 戴志敏:《证券市场机构投资者规范化发展研究》,浙江大学出版社 2008 年版。

30. 何德旭:《中国投资基金制度变迁分析》,西南财经大学出版社 2003 年版。

31. 赵保卿:《内部控制设计与运行》,经济科学出版社 2005 年版。

32. 赵锡军:《论证券监管》,中国人民大学出版社 2000 年版。

**二、期刊论文**

1. 李韬存:《股票的起源及金融工具的社会成本问题》,载《江西社会科学》2003 年第 10 期。

2. 余之明:《股票的起源及发展探微》,载《中国机电工业》1999 年第 1 期。

3. 王沛英:《股指期货市场发展问题研究》,载《武汉金融》2007 年第 1 期。

4. 许嘉辉:《创新是金融期货市场发展的生命力》,载《中国金融》2007 年第 8 期。

5. 徐瑞:《股指期货上市对市场的影响分析》,载《金融纵横》2010 年第 8 期。

6. 巴曙松:《后金融危机时代中国发展股指期货的内在逻辑》,载《经济》2009 年第 12 期。

7. 秦泰文、戴军等:《股指期货风险事件分析》,载《资本市场》2010 年第 5 期。

8. 戎生贤、杨立春:《证券市场投资者结构与行为的制度视角分析》,载《世界经济情况》2008 年第 1 期。

9. 郑庆寰、林莉:《跨市场金融风险的传递与监管》,载《南方金融》2006 年第 8 期。

10. 谢斌:《现阶段我国跨市场金融风险相关问题初探》,载《上海金融》2005 年第 7 期。

11. 颜竹梅、刘亦文等:《中国股市市盈率的变化趋势及国际比较》,载《经济与管理》2008 年第 5 期。

12. 石晓波:《股指期货市场与股市的跨市监管研究》,载《财政研究》2007 年第 12 期。

13. 任燕燕、李学:《股指期货与现货之间超前滞后关系的研究》,载《山东大学学报》(哲学社会科学版)2006 年第 5 期。

14. 张宗成、刘少华:《沪深 300 股指期货市场与现货市场联动性及引导关系实证分析》,载《中国证券期货》2010 年第 5 期。

15. 李志军:《中国股指期货的法律完善》,载《国际商务财会》2007 年第 6 期。

16. 石晓波:《股指期货市场与股市的联动效应及其风险监管》,载《投资研究》2008 年第 4 期。

17. 苏蓉:《论我国证券市场监管的完善》,载《云南大学学报》(法学版)2008 年第 6 期。

18. 华国庆:《完善我国金融监管法律制度刍议》,载《江淮论坛》1999 年第 1 期。

19. 张宗新:《中国新兴证券市场的均衡监管模式解析》,载《复旦学报》(社会科学版)2007 年第 6 期。

20. 王建文:《中国证监会的主体属性与职能定位:解读与反思》,载《法学杂志》2009年第12期。

21. 胡茂刚:《我国股指期货三层监管体系的法律思考》,载《政治与法律》2008年第5期。

22. 孙昌兴、秦浩:《中国证券政府监管和自律监管中的问题与完善对策》,载《安徽大学法律评论》2009年第1期。

23. 黄韬:《证券监管与权力资源的再分配》,载《法人》2008年第9期。

24. 陈旭光、陈旭东:《论股指期货中熔断机制在我国的效用》,载《东北财经大学学报》2010年第3期。

25. 董安生、郑小敏等:《我国操纵市场的监管:现状、反思与进路》,载《法学家》2005年第1期。

26. 马江河:《美国证券市场操纵认定标准研究》,载《证券市场导报》2005年第8期。

27. 唐洪敏:《欧盟关于市场操纵的定义及其特点》,载《证券市场导报》2005年第8期。

28. 蔡奕:《英国关于市场操纵的立法与实践》,载《证券市场导报》2005年第2期。

29. 陈峰:《澳大利亚关于市场操纵的认定及处罚》,载《证券市场导报》2008年第8期。

30. 马卫锋、黄运成:《期货市场操纵的认定:美国经验及其启示》,载《上海管理科学》2006年第2期。

31. 温观音:《美国期货法上的反操纵制度研究》,载《河北法学》2009年第7期。

32. 杨振能:《股指期货市场操纵的法律界定》,载《河北法学》2009年第6期。

33. 刘洪珊:《股指期货交易功能性监管的法律制度设计》,载《北方工业大学学报》2004年第2期。

34. 刘凤元:《现货市场与衍生品市场跨市监管研究》,载《证券市场导报》2007 年第 9 期。

35. 董长安等:《对建立我国期货市场监管新体制的建议》,载《中国农业大学学报》(社会科学版)2000 年第 3 期。

36. 张维、张建刚:《中国期货市场自律体系改革研究》,载《中国地质大学学报》(社会科学版)2006 年第 3 期。

37. 张雪莹:《现货与衍生品市场的跨市场操纵研究——基于大额交易者的分析》,载《经济论坛》2008 年第 1 期。

38. 邢精平:《香港衍生品跨市场监管机制与启示》,载《深交所》2008 年第 3 期。

39. 罗培新:《我国证券市场和谐生态环境之法律构建——以理念为研究视角》,载《中国法学》2005 年第 4 期。

40. 王春峰、卢涛等:《股票、股指期货跨市场信息监管的国际比较及借鉴国际》,载《国际金融研究》2008 年第 3 期。

41. 冯果、武俊桥:《由"类推监管"到"网络导向监管"——论网络信息时代证券信息披露监管制度的建构》,载《现代法学》2010 年第 12 期。

42. 董放:《我国股指期货交易中的熔断制度》,载《企业科技与发展》2007 年第 12 期。

43. 王定红:《论股指期货交易中的"熔断"制度》,载《中国人民大学复印报刊资料》(投资与证券)2007 年第 2 期。

44. 胡润峰、毕爱芳等:《股指期货悬念》,载《金融实务》2007 年第 4 期。

45. 杨峰:《海外股指期货市场比较研究》,载《金融研究》2001 年第 7 期。

46. 冯果、田春雷:《临渊羡鱼莫如退而结网——关于我国证券交易所组织形式改革的一点反思》,载《法学评论》2009 年第 5 期。

47. 汪琛德、敬艳辉:《股指期货涨跌停板研究》,载《中国证券期货》2006 年第 12 期。

48. 何晓春:《基于反跨市场联合操纵的监管探讨》,载《现代商贸工业》2008 年第 11 期。

49. 李志君:《证券市场自律的价值分析》,载《云南大学学报》(法学版)2009 年第 3 期。

50. 周璐:《证券公司法人治理结构的反思及规范思路》,载《嘉兴学院学报》2005 年第 12 期。

51. 程兆谦、徐金发:《企业文化与购并研究》,载《外国经济与管理》2001 年第 9 期。

52. 张卫东:《充分发挥企业文化灵魂作用》,载《企业科技与发展》2008 年第 22 期。

53. 王文怡:《当前商业银行内部控制存在的问题与对策》,载《青海金融》2005 年第 2 期。

54. 黄运成、王爱华等:《国际期货市场机构投资者的发展及借鉴》,载《证券市场导报》2007 年第 5 期。

55. 杜本峰:《机构投资者内部风险控制治理研究》,载《经济问题探索》2004 年第 1 期。

56. 朱荣恩、贺欣:《内部控制框架的新发展》,载《审计研究》2003 年第 6 期。

57. 刘慧:《新形势下我国金融机构的内控制度研究》,载《江西社会科学》2009 年第 8 期。

58. 谭燕芝、熊慧:《国际金融衍生品交易机构投资者的内部治理》,载《湘潭大学学报》(哲学社会科学版)2008 年第 1 期。

59. 陈四清:《美国金融危机的深层次原因分析及对中国银行业的启示——兼论金融危机与新资本协议的关系》,载《国际金融研究》2008 年第 12 期。

60. 朱雪琴、孙振峰:《试析投资基金中的委托—代理关系和道德风险控制》,载《世界经济状况》2001 年第 11 期。

61. 刘慧:《新形势下我国金融机构的内控制度研究》,载《江西社会科学》2009 年第 8 期。

62. 邱伟:《金融业综合经营风险预警系统研究》,载《经济论坛》2008 年第 21 期。

63. 曹红辉、刘震:《沪深 300 指数期货运行评估》,载《中国金融》2011 年第 8 期。

64. 陈红:《股指期货市场与股票市场跨市监管:海外建设经验及中国制度完善》,载《投资研究》2009 年第 11 期。

65. 张雪莹:《股票现货市场与期货市场的联合监管问题初探——基于 1987 年 10 月美国股市和期市暴跌的经验》,载《上海金融》2007 年第 5 期。

66. 史际春、李青山:《论经济法的理念》,载《华东政法学院学报》2003 年第 2 期。

67. 徐明、卢文道:《从市场竞争到法制基础:证券交易所自律监管研究》,载《华东政法学院学报》2005 年第 5 期。

68. 樊朱丽:《熔断机制的中国本土化及其法律适用》,载郭峰主编:《证券法律评论》(2016 年卷),中国法制出版社 2016 年版。

69. 李文莉、王冰冰:《我国熔断机制的存与废》,载郭峰主编:《证券法律评论》(2016 年卷),中国法制出版社 2016 年版。

**三、外文文献**

1. Allen and Dougla Gale, "Stock-Price Manipulation", *The Review of Financial Studies*, 1992.

2. Kose and Narayanan, "Market Manipulation and the Role of Insider Trading Regulation", *Journal of Business*, 1997.

3. Stoll, Hans and Robert Whaley, "Program Trading and Expiration-Day Effect", *Financial Analysts Journal*, 1987.

4. Chamberlain, Trevor W., Cheung, C. Sherman, "Expiration-Day Effect of Index Futures and Options: Some Canadian Evidence", *Financial*

*Analysts Journal*, 1989.

5. Kumar P., Seppi D., "The Manipulition of Cash Settled Futures Contracts", *Journal of Finance*, 1992.

6. Sidney S. Alexander, "Price Movements in Speculative Markets—Trends or Random Walks", *Industrial Management Review*, 1986.

7. Garbade K. D., Silber W. L., "Price Movement and Price Discovery in the Futures and Cash Markets", *Review of Economics and Statistics*, 1982.

8. Bigman, D. Goldfarb, E. Schechtman, "Futures Market Efficiency and the Time Content of the information Sets", *The Journal of Futures Markets*, 1983.

9. Engle, Granger, "Forecasting and Testing in the Cointegrated System", *Journal of Econometrics*, 1987.

10. Booth G., "Price Discovery in the German Equity Index Derivatives Markets", *The Journal of Futures Markets*, 1999.

11. Kim M., A. C. Szakmary, "Trading Costs and Price Discovery across Stock Index Futures, and Cash Markets", *The Journal of Futures Markets*, 1999.

12. Jonathan L. Charney, *Commentary: Compliance with International Soft Law*, Oxford University Press, 2000.

13. Robert W. Barnett, *Beyond War: Japan's Concept of Comprehensive National Security*, Washington: Pergaon-Brassey's international defense pulishers, 1984.

14. Bernanke, Ben, "A Letter to Sen. Bob Corke", *The Wall Street Journal*, 2009.

15. Foster D., Viswanathan S., "Strategic Trading With Asymmetrically Informed Traders and Long-lived Information", *Journal of Financial and Quantitative Analysis*, 1994.

16. Madhavan A., "Market Microstructure: A Survey", *Journal of*

*Financial Markets*, 2000.

17. Ma. C. K., R. S. Sears, "Volatility, Price Resolution and the Effectiveness of Price Limits", *Journal of Financial Services Research*, 1989.

18. Sutrick K. H., "Reducing the Bias in Empirical Studies due to Limit Moves", *Journal of Futures Markets*, 1993.

19. Arak M., "Do Daily Limits Acts as Magnets? The Case of Treasury Bond Futures", *Journal of Financial Services Research*, 1997.

20. Franklin R. Edwards, "Studies of the 1987 Stock Market Crash: Review and Appraisal", *Journal of Financial Services Research*, 1988.

21. Greenwald B., J. Stein, "Transactional Risk, Market Crashes, and the Role of Circuit Breakers", *Journal of Business*, 1991.

22. Christie W. G., S. A. Corwin, J. H. Harris, "Nasdaq Trading Halts: The Impact of Market Mechanisms on Prices, Trading Activity, and Execution Costs", *Journal of Finance*, 2002.

23. Charles S. Morris, "Coordinating Circuit Breakers in Stock and Futures Markets", *Economic Review*, 1990.

24. Merton H. Miller, "The Social Costs of Some Recent Derivatives Disasters", *Pacific-Basin Finance Journal*, 1996.

25. Friedrich Hayek, "The Use of Knowledge in Society", *American Economic Review*, 1945.

26. Hart O., J. Moore, "Incomplete Contracts and Renegotiations", *Economica*, 1988.

27. David M. Bovi, "Rule 10b – 5 Liability for Front-Running: Adding a New Dimension to the 'Money Game'", *Thomas L. Rev*. 103, 1994.

# 后　记

经过1年多的反复修改，这本关于股票与股指期货跨市场监管研究的专著终于完成。面对书稿的一字一句，我内心深处百感交集，久久不能平静。虽然我绞尽脑汁、竭尽所能终于完成了专著的写作，但是由于本人学识尚浅，书稿内容难免存在许多不足之处。2012年6月以“股票和股指期货跨市场监管法律制度”为博士学位论文选题，我顺利地从安徽大学法学院毕业，取得经济法学博士学位。当时，我国股期货交易推出仅仅两年，对股票市场的反作用力还没有显现，跨市场监管问题还不太突出。2016年年初我开始筹备专著出版事宜，于是放下手中其他的事情，集中心思对论文进行修改与完善。时过境迁，我在修改完善的过程中，发现很多资料已经过时，而且原有论文中探讨的一些问题已经得到解决，甚至有的内容如今看来已经毫无价值。这次论文修改到专著出版必将会是一个痛苦煎熬的过程。但是后来转念一想，也是一件好事，正好借此机会重新系统地研究我国股票与股指期货跨市场监管问题，审视并发现其中的变化，希望能够对我国股票和股指期货跨市场研究有新突破,故困难也就转化为动力。在煎熬与动力共同驱使下,书稿几经易稿,最终于 2017 年 4 月完成。

专著能够如期完成,首先要感谢我的博士研究生导师、安徽大学法学院教授张宇润老师。尽管我博士毕业已经 5 年有余,平时和老师见面的次数也不多,但是老师仍一直关心我的工作与学习,教导我作为一名大学教师一定要不断学习,提高自身科研水平。在本书稿撰写、修改过程中,老师提出了很多创见性和远见性的建议,使我醍醐灌顶、受益匪浅。老师渊博的知识、严谨的治学风格以及亲切和蔼的态度,深深影响着同样为人师的我,让我终身受益。

感谢安徽财经大学法学院刘永伟教授对专著出版的指导与支持。在专著出版过程中不仅给予我中肯的专业指导建议,而且作为时任法学院院长对于我提出的著作出版资助申请给予了大力支持。同时,还要感谢法学院张卫彬教授、杨仕兵教授、葛先园教授和高海教授的关心和帮助,感谢法学院同人在工作和学习中给予的鼓励与关照。

感谢安徽财经大学对本专著出版提供的资助。

感谢家人对我工作和学习始终如一的关心与支持。在考取硕士、攻读博士的生涯中,他们不仅分担着家庭的琐碎事务,而且时刻督促我抽出时间多花在学业上。可以说,如果没有家人默默的奉献与支持,我不会完成如今的学业和取得如今的收获。2012 年参加博士学位论文答辩时,我与腹中的宝宝共同完成博士论文答辩,顺利获得法学博士学位。如今,女儿已经 5 岁,在她懵懂的记忆中应该也会留存我在电脑前专注写书稿的背影。在本书稿撰写、修改的漫长过程中,感谢我的先生对我不断的督促与鼓励,感谢我的父母承担了大部分家务,感谢活泼可爱的女儿给予我枯燥写作生活带来的快乐。几年前撰写博士学位论文的过程是我一生中最刻骨铭心的回忆之一,如今本专著顺利完成也将是我人生记忆中的一个浓墨重彩。

王小丽

2017 年 10 月 18 日

**图书在版编目(CIP)数据**

股票与股指期货跨市场监管法律制度研究 / 王小丽著. -- 北京:法律出版社,2017
ISBN 978 - 7 - 5197 - 1798 - 8

Ⅰ.①股… Ⅱ.①王… Ⅲ.①股票交易-金融监管-证券法-研究-中国②股票指数期货-期货交易-金融监管-证券法-中国 Ⅳ.①D922.287.4

中国版本图书馆 CIP 数据核字(2017)第 309767 号

**股票与股指期货跨市场监管法律制度研究**
**GUPIAO YU GUZHI QIHUO KUA SHICHANG JIANGUAN FALÜ ZHIDU YANJIU**

王小丽 著

策划编辑 刘晓萌
责任编辑 沈小英 刘晓萌
装帧设计 李 瞻

**出版** 法律出版社
**总发行** 中国法律图书有限公司
**经销** 新华书店
**印刷** 北京虎彩文化传播有限公司
**责任校对** 马 丽
**责任印制** 吕亚莉

**编辑统筹** 财经法治出版分社
**开本** 720 毫米×960 毫米 1/16
**印张** 14.5
**字数** 237 千
**版本** 2017 年 12 月第 1 版
**印次** 2017 年 12 月第 1 次印刷

法律出版社/北京市丰台区莲花池西里 7 号(100073)
网址/www.lawpress.com.cn
投稿邮箱/info@lawpress.com.cn
举报维权邮箱/jbwq@lawpress.com.cn
销售热线/010 - 63939792
咨询电话/010 - 63939796

中国法律图书有限公司/北京市丰台区莲花池西里 7 号(100073)
全国各地中法图分、子公司销售电话:
统一销售客服/400 - 660 - 6393
第一法律书店/010 - 63939781/9782 西安分公司/029 - 85330678 重庆分公司/023 - 67453036
上海分公司/021 - 62071639/1636 深圳分公司/0755 - 83072995

**书号**:ISBN 978 - 7 - 5197 - 1798 - 8
**定价**:56.00 元